Die rechtliche Einordnung der Deklaration von Helsinki

Europäische Hochschulschriften

Publications Universitaires Européennes
European University Studies

Reihe II
Rechtswissenschaft

Série II Series II
Droit
Law

Bd./Vol. 4275

PETER LANG
Frankfurt am Main · Berlin · Bern · Bruxelles · New York · Oxford · Wien

Brigitta Hohnel

Die rechtliche Einordnung der Deklaration von Helsinki

Eine Untersuchung zur rechtlichen Grundlage humanmedizinischer Forschung

PETER LANG
Europäischer Verlag der Wissenschaften

Bibliografische Information Der Deutschen Bibliothek
Die Deutsche Bibliothek verzeichnet diese Publikation in der Deutschen Nationalbibliografie; detaillierte bibliografische Daten sind im Internet über <http://dnb.ddb.de> abrufbar.

Zugl.: Halle-Wittenberg, Univ., Diss., 2004

3
ISSN 0531-7312
ISBN 3-631-53798-0

www.peterlang.de

Für Andreas

Vorwort

Die Arbeit wurde im Sommersemester 2004 von der Rechtswissenschaftlichen Fakultät der Martin-Luther-Universität Halle-Wittenberg als Dissertation angenommen. Mein ganz besonderer, herzlicher Dank gebührt Herrn Prof. Dr. Hans Lilie, der die Arbeit angeregt und betreut hat. Zudem danke ich Herrn Prof. Dr. Winfried Kluth für die Erstellung des Zweitgutachtens und seine wertvollen Anregungen, die allesamt Eingang in die Arbeit gefunden haben. Ich bedanke mich auch bei der Hans Neuffer Stiftung für die Gewährung eines Stipendiums. Herzlichen Dank schulde ich auch den Mitarbeitern des Weltärztebundes in Ferney-Voltaire, die mich bei meinen Recherchen in ihren Archiven unterstützt haben. Schließlich bedanke ich mich bei meinem Mann, Dr. iur. Andreas Hohnel, für seine Geduld, Motivation und Diskussionsbereitschaft. Zum Gelingen der Arbeit hat schließlich auch Herr Dr. iur. Michael Köhler beigetragen, der mir immer wertvollen Zuspruch gegeben hat.

Inhaltsverzeichnis

Abkürzungsverzeichnis XV

A. Einleitung und Problemstellung der Arbeit 1

B. Die Deklaration von Helsinki und ihre rechtliche Bedeutung für die deutschen Ärzte 9

I. Der historische Hintergrund der Deklaration von Helsinki 9

1. Das humanmedizinische Experiment im internationalen Vergleich 12

2. Frühe internationale medizinische Kodizes und wissenschaftliche Stellungnahmen zum Problem humanmedizinischer Forschung 15

3. Humanmedizinische Experimente in Deutschland und erste Versuche staatlicher Reglementierung 18

4. Der Nürnberger Ärzteprozess und der Nürnberger Kodex von 1947 22

II. Die Entstehungsgeschichte der Deklaration von Helsinki 27

1. Die Gründung des Weltärztebundes im Jahr 1947 – Zielsetzung und Organisation 27

2. Erste Reaktionen und Stellungnahmen des Weltärztebundes zum Problem der humanmedizinischen Forschung – "Principles for those in Research and Experimation“ (1954) 31

3. Der Kodexentwurf der Deklaration von Helsinki (1961) und die Originalfassung der Deklaration von Helsinki (1964) 35

4. Die revidierte Fassung der Deklaration von Helsinki (1975) und die Revisionen von Venedig (1983), Hongkong (1989) und Somerset West (1996) 37

5. Die Revision der Deklaration von Helsinki in Edinburgh, Oktober 2000 41

a. Der Revisionsvorschlag der American Medical Association 41

b. Die Reaktion der nationalen Ärztekammern – das Göttinger Thesenpapier 42

c. Die Deklaration von Helsinki in Edinburgh, Oktober 2000 – Darstellung der wesentlichen Neuerungen und Kritik 43

d. Bedeutung der Deklaration von Helsinki in der Fassung von Edinburg 2000 für Nichtmediziner 50

III. Rechtliche Einordnung der Deklaration von Helsinki auf internationaler Ebene – Verhältnis zum Nürnberger Kodex von 1947 55

IV. Sonstige internationale und nationale Regelugen auf dem Gebiet der humanmedizinischen Forschung und ihr Verhältnis zur Deklaration von Helsinki, Somerset West (1996) 61

1. Einführung und Problemstellung 61

2. Übereinkommen über Menschenrechte und Biomedizin des Europarates vom 4. April 1997 – Bedeutung für Deutschland und Vergleich mit der Deklaration von Helsinki, Somerset West (1996) 63

3. Bundes- und landesgesetzliche Regelungen zur humanmedizinischen Forschung – Vergleich mit den Schutzkriterien der Deklaration von Helsinki in der Fassung von Somerset West (1996) 69

a. §§40, 41 AMG 69

b. Unterschiede zwischen §§40, 41 AMG und der Deklaration von Helsinki, Somerset West (1996) 73

c. §§20, 21 AMG 79

d. Unterschiede zwischen §§20, 21 AMG und der Deklaration von Helsinki, Somerset West (1996) 82

e. §41 Strlsch VO 84

f. Regelungen in den Heil- und Kammerberufsgesetzen der Länder im Zusammenhang mit humanmedizinischen Forschungsvorhaben, die Satzungen zum Verfahren der öffentlich-rechtlichen Ethikkommissionen und die standesrechtlichen Vorschriften zur humanmedizinischen Forschung nach dem Vorbild des §15 Abs.2 MBO-Ä 1997 85

g. Zwischenergebnis 87

4. Verhältnis zwischen bundesgesetzlichen Regelungen zur humanmedizinischen Forschung und Satzungen der Landesärztekammern 89

V. Der Verbindlichkeitsanspruch der Deklaration von Helsinki im Rahmen des nationalen Rechts vor dem Hintergrund der jüngsten Rechtsquellendiskussion 91

1. Einführung und Problemstellung 91

a. Phänomene der Rechtsquellendiskussion 92

b. Folgerungen aus der Rechtsquellendiskussion für die Deklaration von Helsinki 99

2. Regelungsinhalt der Deklaration 106

a. Der Wortlaut der Deklaration 106

aa. Art.I: Allgemeine Grundsätze 109

bb. Art.II: Medizinische Forschung in Verbindung mit ärztlicher Versorgung (klinische Versuche) 112

cc. Art.III: Nicht-therapeutische Forschung in Verbindung mit ärztlicher Forschung (klinische Versuche) 113

b. Zwischenergebnis 114

3. Die Voten der öffentlich-rechtlichen Ethikkommissionen: Rechtsnatur, Grundrechtsrelevanz und verfassungsrechtliche Legitimation 115

a. Rechtsnatur der Voten der öffentlich-rechtlichen Ethikkommissionen 117

aa. Votum der öffentlich-rechtlichen Ethikkommissionen im Rahmen der klinischen Arzneimittelforschung 118

bb. Votum der öffentlich-rechtlichen Ethikkommissionen im Rahmen der klinischen Forschung nach dem MPG 125

cc. Votum der öffentlich-rechtlichen Ethikkommission im Rahmen der ärztlichen Berufsordnungen 126

dd. Votum der öffentlich-rechtlichen Ethikkommissionen im Rahmen multizentrischer Studien 127

b. Die Voten und Beratungsentscheidungen der öffentlich - rechtlichen Ethikkommissionen als Grundrechtseingriffe 128

aa. Der Begriff des Grundrechtseingriffs 128

bb. Mittelbar-faktischer Eingriff in den Schutzbereich des Art.5 Abs.3 GG 135

cc. Mittelbar-faktischer Eingriff in den Schutzbereich des Art.12 Abs.1 S.1 GG 140

dd. Eingriff in den Schutzbereich des Art.2 GG 144

c. Ermächtigungsgrundlage für die mittelbar-faktischen Grundrechtseingriffe 146

aa. Anforderungen an die Ermächtigungsgrundlage bei mittelbar-faktischen Grundrechtsbeeinträchtigungen 146

bb. Die bundes- und landesgesetzlichen Regelungen als Ermächtigungsgrundlage für die Tätigkeit der öffentlich-rechtlichen Ethikkommissionen 149

cc. Beurteilungsspielraum oder uneingeschränkte gerichtliche Überprüfung der Entscheidungen der öffentlich-rechtlichen Ethikkommissionen 151

dd. Die berufsrechtlichen Regelungen in den Berufsordnungen nach dem Vorbild des §15 Abs.2 MBO-Ä 1997 und die Satzungen der öffentlich-rechtlichen Ethikkommissionen als verfassungsrechtlich ausreichende Ermächtigungsgrundlagen für den Erlass der Voten bzw. Beratungsentscheidungen der öffentlich-rechtlichen Ethikkommissionen 154

(1) Die Gesetzgebungstechnik der Verweisung in §15 Abs.2 MBO-Ä 1997 156

(2) Die Zulässigkeit der berufsrechtlichen Verweisungen auf die Deklaration von Helsinki mit Blick auf die verfassungsrechtlichen Anforderungen an die Rechtfertigung von Eingriffen in Art.12 GG, Art.5 GG und Art.2 GG 160

VI. Zusammenfassung 167

VII. Literaturverzeichnis 173

Abkürzungsverzeichnis

a.a.O.	am angegebenen Ort
a.F.	alte Fassung
abgdr.	abgedruckt
ABlEG	Amtsblatt der Europäischen Gemeinschaften
Abs.	Absatz
AMG	Arzneimittelgesetz
ÄndG	Änderungsgesetz
Amtl.	amtliche
Anm.	Anmerkung
AöR	Archiv des öffentlichen Rechts
Art.	Artikel
Az.	Aktenzeichen
Bad.-Württ.	Baden-Württemberg
BÄK	Bundesärztekammer
BAnz.	Bundesanzeiger
BayOLG	Bayerisches Oberstes Landesgericht
BayVBl.	Bayerische Verwaltungsblätter
BayVGH	Bayrischer Verwaltungsgerichtshof; auch Sammlung von Entscheidungen des bayrischen Verwaltungsgerichtshofs
Bd.	Band
Begrd.	Begründung
Beschl.	Beschluss
BfArM	Bundesinstitut für Arzneimittel und Medi zinprodukte
BGB	Bürgerliches Gesetzbuch
BGBl.	Bundesgesetzblatt
BGH	Bundesgerichtshof
BGHSt	Entscheidungen des Bundesgerichtshofs in Strafsachen
BGHZ	Entscheidungen des Bundesgerichtshofs in Zivilsachen
BMJ	British Medical Journal
BR-Drs.	Bundesrat-Drucksache
BSG	Bundessozialgericht
BVerfG	Bundesverfassungsgericht
BVerfGE	Entscheidungssammlung des Bundesverfassungsgerichts
BVerwG	Bundesverwaltungsgericht
BVerwGE	Entscheidungssammlung des Bundesverwaltungsgerichts

bzw.	beziehungsweise
d.h.	das heißt
DÄBl.	Deutsches Ärzteblatt
ders.	derselbe
dies.	dieselbe, dieselben
DÖV	Die öffentliche Verwaltung
EncBE	Encyclopedia of Bioethics
Erl.	Erläuterungen
EU	Europäische Union
f.	folgend
ff.	fortfolgende
Fn	Fußnote
FS	Festschrift
gem.	gemäß
GenTG	Gentechnikgesetz
GG	Grundgesetz
HeilbG	Heilberufekammergesetz
HessVGH	Hessischer Verwaltungsgerichtshof
Hrsg.	Herausgeber
Hs	Halbsatz
i.d.F.	in der Fassung
i.ü.	im Übrigen
i.V.m.	in Verbindung mit
IHR	Zeitschrift für das Recht des internationalen Warenkaufs und -vertriebs
JAMA	Journal of the American Medical Association
JuS	Juristische Schulung
JZ	Juristische Zeitung
Kap.	Kapitel
KBV	Kassenärztliche Bundesvereinigung
Komm.	Kommentar
LG	Landgericht
Lit.	Literatur
m.w.N.	mit weiteren Nachweisen
MBO-Ä	Musterberufsordnung-Ärzte
Med.Klin.	Medizinische Klinik
MedR	Zeitschrift für Medizinrecht
Min.Bl.	Ministerialblatt
MPG	Medizinproduktegesetz
Münch.Med.Wochenzeitschrift	Münchner Medizinische Wochenzeitschrift
n.F.	neue Fassung
NEngJMed	New England Medical Journal

NJW	Neue Juristische Wochenschrift
Nr.	Nummer
NRW	Nordrhein-Westfalen
NVwZ	Neue Zeitschrift für Verwaltungsrecht
NZS	Neue Zeitschrift für Sozialrecht
OLG	Oberlandesgericht
OVG	Oberverwaltungsgericht
Rdn.	Randnummer
Rspr.	Rechtsprechung
S.	Satz, Seite
SGB	Sozialgesetzbuch
sog.	sogenannt
Sp.	Spalte
StrlSchG	Strahlenschutzgesetz
StrlSchVO	Strahlenschutzverordnung
u.	und
u.a.	und andere
u.s.w.	und so weiter
Urt.	Urteil
v.	von, vom
v. Chr.	vor Christus
VBlBW	Verwaltungsblätter für Baden-Württemberg
VersR	Versicherungsrecht
Verw.Arch.	Verwaltungsarchiv
VGH	Verwaltungsgerichtshof
vgl.	vergleiche
Vorb.	Vorbemerkung
VwGO	Verwaltungsgerichtsordnung
VwVfG	Verwaltungsverfahrensgesetz
WHO	World Health Organisation
WMA	World Medical Association
WMJ	World Medical Journal
ZaeFQ	Zeitschrift für ärztliche Fortbildung und Qualität im Gesundheitswesen
z.B.	zum Beispiel
Ziff.	Ziffer
ZRP	Zeitschrift für Rechtspolitik

A. Einleitung und Problemstellung der Arbeit

Die Deklaration von Helsinki ist aufgrund ihres erheblichen Einflusses auf die ärztliche Ethik einerseits und auf die Entwicklung nationaler Regelungen zur biomedizinischen Forschung am Menschen andererseits als wohl wichtigstes Dokument ärztlicher Standesauffassung zur medizinischen Forschung am Menschen anzusehen.[1] Dies erstaunt Juristen zunächst deshalb, weil es sich bei der Deklaration von Helsinki nicht um einen völkerrechtlich verbindlichen Rechtsakt handelt, sondern nur um eine unverbindliche Empfehlung des Weltärztebundes an die Ärzteschaft. Die Verfasser des Dokuments bezeichnen die Deklaration in der Überschrift als "Recommendations guiding physicians in biomedical research involving human subjects", d.h. in der deutschen Übersetzung als "Empfehlungen für Ärzte, die in der biomedizinischen Forschung am Menschen tätig sind". Zumindest auf den ersten Blick scheint es sich also um ein Dokument zu handeln, dass sich ausschließlich mit Fragen der ärztlichen Ethik im Zusammenhang mit der medizinischen Forschung mit und am Menschen befasst und dem sich die Mediziner aufgrund freiwilliger Selbstbindung unterwerfen.

Die vorliegende Arbeit wird sich mit der Deklaration von Helsinki unter der Fragestellung befassen, ob und welche juristische Relevanz die Deklaration für die deutsche Ärzteschaft und möglicherweise auch für den Nichtmediziner hat.

Um den rechtshistorischen Kontext der Verabschiedung der Originalversion der Deklaration im Jahr 1964 und den damit verbunden Diskussionshintergrund und die Intention ihrer Verfasser zu verdeutlichen, erfolgt zunächst ein kurzer Überblick über die Entwicklung des humanmedizinischen Experiments bis zum Ende des Dritten Reiches sowie über frühe internationale medizinische Kodizes und wissenschaftliche Stellungnahmen zur humanmedizinischen Forschung. Besonders hervorgehoben wird das Verhältnis der Deklaration zum Nürnberger Kodex aus dem Jahr 1947.

Die Untersuchung setzt fort mit einer Darstellung der heute maßgeblichen internationalen und nationalen Regelungen auf dem Gebiet der humanmedizinischen Forschung. Auf internationaler Ebene ist das Übereinkommen über Menschenrechte und Biomedizin des Europarates vom 4. April 1997 zu nennen, das bisher nicht von Deutschland gegengezeichnet wurde und dass erhebliche Abweichungen zu den Bestimmungen der Deklaration enthält, so insbesondere im Hinblick auf die Rechte der nichteinwilligungsfähigen Patienten. Auch in

[1] Vgl. Deutsch/Taupitz, MedR 1999, 402.

den nationalen Regelungen zur humanmedizinischen Forschung, §§40, 41 AMG und §§20, 21 MPG lassen sich unterschiedliche Schutzkriterien im Verhältnis zu den Bestimmungen der Deklaration feststellen.

Im Hauptteil der Arbeit wird das Problem erörtert, ob der Deklaration im Rahmen des nationalen Rechts ein rechtlicher Verbindlichkeitsanspruch zuerkannt werden kann. Die Deklaration von Helsinki wird in der von der Bundesärztekammer im Jahr 1997 verabschiedeten Musterberufsordnung für die deutschen Ärztinnen und Ärzte - im folgenden MBO-Ä 1997 abgekürzt - ausdrücklich genannt. §15 Abs.2 MBO-Ä 1997 lautet:

„Bei durchzuführenden Beratungen nach Absatz 1 ist die Deklaration des Weltärztebundes von 1964 (Helsinki) in der Fassung von 1975 (Tokio), 1983 (Venedig), 1989 (Hongkong) und 1996 (Somerset West) zugrunde zu legen."

Dieser Auffassung wird entgegenzuhalten sein, dass die Regeln der Deklaration überwiegend konkrete Handlungsanweisungen an die in der humanmedizinischen Forschung tätigen Ärztinnen und Ärzte beinhalten. Es handelt sich bei den Regelungen der Deklaration um originäre Arztpflichten im Zusammenhang mit der ärztlichen Forschungstätigkeit.[2] Die Deklaration wendet sich nicht an den kurativ tätigen, sondern an den forschenden Arzt. Beide ärztlichen Tätigkeitsfelder werden vom Anwendungsbereich der MBO-Ä 1997 erfasst: Gemäß der Präambel der MBO-Ä 1997 beinhaltet die Berufsordnung die Überzeugung der Ärzteschaft zum Verhalten von Ärzten gegenüber den Patienten, den Kollegen, den anderen Partnern im Gesundheitswesen sowie zum Verhalten in der Öffentlichkeit.[3] Danach wird nicht zwischen ärztlichem Verhalten im kurativen bzw. forschenden Tätigkeitsbereich unterschieden. Mit der Festlegung der Berufspflichten dient die Berufsordnung vielmehr dem generellen Ziel, berufswürdiges Verhalten zu fördern und berufsunwürdiges Verhalten zu verhindern.[4] Für den Bereich der biomedizinischen Forschung, der mit besonderen Risiken für die Patienten und Probanden verbunden ist, dienen die Regelungen der Deklaration der Erreichung dieses Ziels.

Die Arbeit wird untersuchen, ob über §15 Abs.2 MBO-Ä 1997 bzw. über die entsprechenden Regelungen in den Landesberufsordnungen für Ärztinnen und Ärzte den Bestimmungen der Deklaration zumindest mittelbar rechtliche Verbindlichkeit gegenüber den deutschen Ärztinnen und Ärzte zugesprochen werden kann. Dabei wird aufgezeigt, dass die Regelung des §15 Abs.2 MBO-Ä 1997 unter verfassungsrechtlichen Gesichtspunkten problematisch ist.

[2] Vgl. ausführlich zum Wortlaut der Deklaration unter Abschnitt B. V. 2. a.
[3] Vgl. Präambel der MBO-Ä 1997.
[4] Vgl. Präambel der MBO-Ä 1997.

Fraglich ist nämlich, ob sich die Regelung des §15 MBO-Ä 1997 insgesamt innerhalb der Satzungskompetenz der Ärztekammern[5] hält und verfassungsgemäß ist.

Im Zentrum der Diskussion steht dabei die Frage, ob ärztliches Standesrecht in Form der derzeit vorhandenen Berufsregeln die Kraft und die Kompetenz hat, die Materie der Vorprüfung von Forschungsvorhaben am Menschen in verfassungsrechtlich einwandfreier Weise rechtsverbindlich zu ordnen. Die Grenzen der Satzungsgewalt hat das BVerfG im Facharztbeschluss[6] klar umrissen. Das BVerfG hat in dieser Entscheidung festgestellt, dass sich der Gesetzgeber seiner Rechtsetzungsbefugnis nicht völlig entäußern und seinen Einfluss auf den Inhalt der von den körperschaftlichen Organen zu erlassenden Normen nicht gänzlich preisgeben darf. Zumindest die statusbildenden Bestimmungen muss der Gesetzgeber selbst treffen. Dies folge sowohl aus dem Prinzip des Rechtsstaats als auch aus dem Demokratieprinzip. Die Rechtsetzungsautonomie der Kammern stößt danach auf umso engere Grenzen, je stärker die Regelung in Grundrechte der Verbandsmitglieder eingreift oder außenstehende Dritte berührt. Die Landesärztekammern sind demnach also grundsätzlich befugt, Berufsregeln zu erlassen, jedoch nur innerhalb der von der höchstrichterlichen Rechtsprechung gesetzten Grenzen.

Die Rechtmäßigkeit des §15 MBO-Ä 1997 - entsprechend die jeweiligen Regelungen in den ärztlichen Berufsordnungen der Länder - erscheint vor dem Hintergrund der höchstrichterlichen Rechtsprechung als verfassungsrechtlich fragwürdig.

Die Arbeit soll verdeutlichen, dass die über Art.5 Abs.3 GG verfassungsrechtlich garantierte Freiheit von Wissenschaft und humanmedizinischer Forschung, die durch §15 Abs.1 und Abs.2 MBO-Ä 1997 berührt wird, weder wertneutral ist noch angesichts der Reichweite ihrer Folgen allein der persönlichen Freiheit des Forschers und der Regelungsbefugnis der ärztlichen Standesorganisationen überantwortet werden darf. Die ethische Vertretbarkeit biomedizinischer Forschung ist an erster Stelle eine Frage der Menschenwürde, die in Art.1 Abs.1 GG und über Art.79 Abs.3 GG herausragenden, grundrechtlich verankerten Schutz erfahren hat. Leben und Gesundheit der Probanden und Patienten stehen bei Forschungsvorhaben am Menschen ebenso auf dem Spiel wie schutzwürdige Belange von Mitarbeitern und Dritten im Umkreis von Laborversuchen. Das Verfahren der Vorprüfung von Forschungsvorhaben, die Organisation, Zusammensetzung, Verfahrens- und Entscheidungsprinzipien der öffentlich-rechtlichen

[5] Allgemein zur Entstehungsgeschichte und den Rechtsgrundlagen der Ärztekammern vgl. Kluth, S. 82ff.

[6] Vgl. BVerfGE 33, 125, abgdr. in: NJW 1972, 1504.

Ethikkommissionen und damit auch die über §15 Abs.2 MBO-Ä 1997 in Bezug genommenen Prinzipien der Deklaration von Helsinki, all dies sind nicht ohne weiteres nur das Standesrecht der Ärzteschaft betreffende Angelegenheiten, sondern betreffen außerhalb der ärztlichen Berufsorganisationen stehende Dritte und deren verfassungsrechtlich garantierte Rechte.

Seit der Einführung von öffentlich-rechtlichen Ethikkommissionen in den nationalen Regelungen, veranlasst durch die revidierte Deklaration von Helsinki 1975, ist zudem von einer bloßen Beratungs- zu einer Offenlegungspflicht der klinischen Versuche und einer Beratung durch die Kommissionen übergegangen worden, die zwangsläufig die Forschungs- und Berufsfreiheit tangiert. Aufgrund der erneuten Revision der Deklaration von Helsinki in Edinburgh, Schottland, im Oktober 2000 sind die Ethikkommissionen nunmehr zu einem sog. review, d.h. einer kritischen Begutachtung des biomedizinischen Forschungsvorhabens übergegangen, so Art. B. Ziffer 13 der Deklaration von Helsinki in der Fassung von 2000.

Außerdem wurde den Ethikkommissionen u.a. das Recht zur Überwachung des fortlaufenden Versuchs eingeräumt.[7] Die damit verbundenen Einflussmöglichkeiten der Voten der Ethikkommissionen im Vorfeld und im Verlauf biomedizinischer Forschung, die durch die revidierten Bestimmungen der Deklaration weiter verstärkt wurden, zeigen die Bedeutung der Frage nach der rechtlichen Verbindlichkeit der Deklaration im deutschen Recht. Die Arbeit wird sich im Zusammenhang mit der neuesten Fassung der Deklaration auch mit der Möglichkeit eines rechtlichen Verbindlichkeitsanspruchs der Deklaration im Verhältnis zum Nichtmediziner befassen. Um den Anforderungen einer immer komplexer werdenden biomedizinischen Forschung gerecht zu werden, erscheint es unabdingbar, dass auch Nichtmediziner, z.B. Biologen, Chemiker und Pharmazeuten neben dem Mediziner an Forschungsvorhaben am Menschen teilnehmen. Eine rechtlich relevante Wirkungserstreckung der Deklaration über die Ärzteschaft hinaus lässt sich nach Auffassung der Verfasserin aus verfassungsrechtlichen Gründen zwingend nur über gesetzgeberisches Handeln lösen.

Im Rahmen der verfassungsrechtlichen Prüfung soll dabei auch auf die Zulässigkeit der in §15 Abs.2 MBO bzw. den ärztlichen Landesberufsordnungen ausgesprochenen Verweisungen[8] eingegangen werden. Außerdem wird die

[7] Vgl. Abschnitt B. Ziffer 13 der Deklaration von Helsinki in der Fassung von Edinburgh, Oktober 2000, zu finden in Originalversion im Internet unter http://www.wma.net/e/policy/b3.htm.

[8] Vgl. zum Problem der Verweisungen: Wimmer, NZS 1999, 113ff.; ders. bereits in MedR 1996, 425; Clemens, MedR 1996, 433ff.; schon früher zum Problem der Verweisung auf Richtlinien im Kassenarztrecht, vgl. Hill, NJW 1982, 2104.

Frage nach dem rechtlichen Verbindlichkeitsanspruch der Deklaration von Helsinki im nationalen Recht vor dem Hintergrund der jüngsten Rechtsquellendiskussion betrachtet werden. Ausgangspunkt der Diskussion ist dabei die Feststellung, dass zunehmend nichtklassische Regelungsinstrumente neben die klassischen Rechtsquellen des modernen Staates treten, so im Arztrecht insbesondere die sog. medizinische Leitlinie,[9] auf deren rechtliche Bedeutung einzugehen sein wird. Die Untersuchung zeigt, dass die Deklaration aufgrund ihres Wortlauts und ihrer Entstehungsgeschichte als Leitlinie für gutes ärztliches Forschungshandeln eingeordnet werden kann. So erschöpft sie sich nicht in unverbindlichen ethischen Aussagen, sondern enthält überwiegend konkrete Handlungsvorgaben an den forschenden Arzt.

Bereits das Vorwort der Deklaration in der überwiegend in den Berufsordnungen zitierten Fassung der Deklaration von Helsinki aus dem Jahr 1996 gibt für diese Überlegung Anlass. Es heißt in Abs. 8 des Vorwortes der Deklaration von Helsinki in der Fassung von Somerset West, Oktober 1996:

„(...), hat der Weltärztebund die folgende Empfehlung als eine Leitlinie für jeden Arzt erarbeitet, der in der biomedizinischen Forschung am Menschen tätig ist (...)."

In Abs. 9 des Vorwortes der Deklaration von Helsinki in der Fassung von Somerset West, Oktober 1996 heißt es weiter:

„Es muss betont werden, dass diese Empfehlung nur als Leitlinie für die Ärzte auf der ganzen Welt gedacht ist; kein Arzt ist von der straf-, zivil- und berufsrechtlichen Verantwortlichkeit nach den Gesetzen seines Landes befreit."

Die Verfasser der Deklaration benutzten selbst unterschiedliche Statusbezeichnungen für die Deklaration. Es fällt bei der Untersuchung des Wortlauts insgesamt auf, dass die Deklaration keine durchgängig bestimmte Formulierungsart aufweist, die eine bestimmte dogmatische Einordnung des Dokuments zwingend machen würde. Weder handelt es sich bei der Deklaration um eine Aneinanderreihung von ärztlichen Selbstverpflichtungen wie beim Genfer Gelöbnis, noch um eine Liste von Arztpflichten wie bei der Internationalen Ärztlichen Standesordnung, noch werden durchgängig Patientenrechte formuliert wie es die "Patients' Bill of Rights" der American Hospital Association aus dem Jahre 1971 oder die "Rights of the Patient" des Weltärztebundes aus dem Jahre 1981 vorsehen. Verschiedene Formulierungsarten sind vielmehr vermischt und treten in verschiedener Häufigkeit auf.

[9] Vgl. zum Begriff der ärztlichen Leitlinien Hart, MedR 1998, 8ff.; Wigge, MedR 2000, 574; zu den verfassungsrechtlichen Anforderungen an untergesetzliche Rechtsnormen: di Fabio, NZS, 1998, 449; Ossenbühl, NZS 1997, 497; Vesting, MedR 1998, 168.

An dieser Stelle soll nur kurz hervorgehoben werden, dass die Deklaration z.B. nur ein einziges Mal der Begriff der ärztlichen Selbstverpflichtung verwendet. So wird im Vorwort der Deklaration das Genfer Gelöbnis wie folgt zitiert:

„Die Gesundheit meines Patienten soll mein vornehmstes Anliegen sein."

Ausdrückliche Arztpflichten in der dritten Person werden mehrmals und dazu an signifikanten Stellen formuliert, so gleich am Beginn der Deklaration. Es heißt in Abs.1 S.1 des Vorwortes der Deklaration von Helsinki in der Fassung von Somerset West, Oktober 1996:

„Aufgabe des Arztes ist die Erhaltung der Gesundheit des Menschen."

Abs.2 des Vorwortes der Deklaration von Helsinki in der Fassung von Somerset West, Oktober 1996 in der englischen Fassung enthält das Zitat aus der Internationalen Ärztlichen Standesordnung, das wie folgt lautet:

„A physician shall act only in the patient´s interest."

Die Deklaration enthält in der Mehrzahl ihrer Aussagen konkrete Handlungspflichten für den Arzt und seit der Reform der Deklaration in Edinburgh 2000 auch für sonstige Personen die in der humanmedizinischen Forschung tätig sind, so dass sich unter dem Eindruck der aktuellen Leitliniendiskussion im Medizinrecht eine Einordnung der Deklaration als allgemeine Leitlinie für gutes Versuchshandeln geradezu aufdrängt. Bemerkenswert sind allerdings Aussagen amerikanischer Rechtsgelehrter und Ärzte, dass die Deklaration von Helsinki für die Forschung innerhalb der Vereinigten Staaten zu keinem Zeitpunkt als eine Art Leitlinie angesehen wurde.[10]

Kurz vor Beendigung der vorliegenden Arbeit wurde auf dem 105. Deutschen Ärztetag vom 28. bis 31. Mai 2002 in Rostock die MBO-Ä 1997 novelliert und u.a. §15 Abs.2 MBO-Ä 1997 aufgehoben.[11] §15 Abs.2 MBO-Ä 2002 sieht nunmehr eine Regelung zur ärztlichen Schweigepflicht im Rahmen der wissenschaftlichen Forschung und Lehre vor.[12]

[10] Vgl. Eser-Doppelfeld, S.87; Deutsch/Taupitz-Doppelfeld, Revision der Deklaration, S. 341f. unter Hinweis auf den Länderbericht der Vereinigten Staaten von Amerika von Timothy S. Jost, S. 231ff.

[11] Top V. des Beschlussprotokolls des 105. Deutschen Ärztetages vom 28. bis 31. Mai 2002, Rostock; hierzu Lippert, MedR 2003, 681.

[12] §15 Abs.2 MBÖ-Ä 2002 lautet: Zum Zwecke der wissenschaftlichen Forschung und Lehre dürfen der Schweigepflicht unterliegende Tatsachen und Befunde grundsätzlich nur soweit offenbart werden, als dabei die Anonymität des Patienten gesichert ist oder dieser ausdrücklich zustimmt.

Zehn der insgesamt siebzehn Landesärztekammern haben bisher ihre ärztlichen Berufsordnungen entsprechend angepasst und §15 Abs.2 MBO-Ä 1997 aufgehoben und gemäß der Beschlüsse des 105. Deutschen Ärztetages im Jahr 2002 neu gefasst.[13]

Die übrigen Berufsordnungen der Ärztinnen und Ärzte enthalten weiterhin die Regelung gemäß §15 Abs.2 MBO-Ä 1997, nach der die Deklaration des Weltärztebundes von 1964 (Helsinki) in der Fassung von 1975 (Tokio), 1983 (Venedig), 1989 (Hongkong) und 1996 (Somerset West) im Rahmen der von den öffentlich-rechtlichen Ethikkommissionen durchzuführenden Beratungen anzuwenden ist.[14]

Die auf dem 105. Deutschen Ärztetag verabschiedete Änderung des §15 Abs.2 MBO-Ä 1997 wurde damit begründet, dass §15 Abs.2 MBO-Ä 1997 keine originären berufsrechtlichen Pflichten normiere, sondern die Arbeit der Ethikkommissionen regele.

[13] Vgl. §15 Abs.2 der Berufsordnung der Ärztinnen und Ärzte der Landesärztekammer Baden Württemberg vom 10. April 2003 i.d.F. vom 21. Januar 2004, §15 Abs.2 der Berufsordnung der Ärztinnen und Ärzte der Landesärztekammer Bremen vom 9. September 1998 i.d.F. vom 16. September 2002, §15 Abs.2 der Berufsordnung der Ärztinnen und Ärzte der Landesärztekammer Hamburg vom 27. März 2000 i.d.F. vom 23. Juni 2003, §15 Abs.2 der Berufsordnung der Ärztinnen und Ärzte der Landesärztekammer Hessen vom 2. September 1998 i.d.F. vom 3. Dezember 2003, §15 Abs.2 der Berufsordnung der Ärztinnen und Ärzte der Landesärztekammer Niedersachsen vom 11. Februar 2004, §15 Abs.2 der Berufsordnung der Ärztinnen und Ärzte der Landesärztekammer Saarland vom 16. Mai 2001 i.d.F. vom 4. Dezember 2002, §15 Abs.2 der Berufsordnung der Ärztinnen und Ärzte der Landesärztekammer Sachsen vom 24. Juni 1998 i.d.F. vom 3. Dezember 2003, §15 Abs.2 der Berufsordnung der Ärztinnen und Ärzte der Landesärztekammer Sachsen-Anhalt vom 8. November 1997 i.d.F. vom 1. März 2001, §15 Abs.2 der Berufsordnung der Ärztinnen und Ärzte der Landesärztekammer Schleswig-Holstein vom 23. April 2003 sowie §15 Abs.2 der Berufsordnung der Ärztinnen und Ärzte der Landesärztekammer Thüringen vom 21. Oktober 1998 i.d.F. vom 8. November 2002, §15 Abs.2 der Berufsordnung der Ärztinnen und Ärzte der Landesärztekammer Westfalen-Lippe vom 21. März 1998 i.d.F. vom 25. November 2000.

[14] Vgl. §15 Abs.2 der Berufsordnung der Ärztinnen und Ärzte der Landesärztekammer Bayern vom 12. Oktober 1997 vom 12. Oktober 2003 i.d.F. vom 24. Januar 2001, §15 Abs.2 der Berufsordnung der Ärztinnen und Ärzte der Landesärztekammer Berlin vom 1. Juli 1998 i.d.F. vom 24. Januar 2001, §15 Abs.2 der Berufsordnung der Ärztinnen und Ärzte der Landesärztekammer Brandenburg vom 25. Juni 2003 i.d.F. vom 2. Juni 2004, §15 Abs.2 der Berufsordnung der Ärztinnen und Ärzte der Landesärztekammer Mecklenburg-Vorpommern vom 26. Januar 2000, §15 Abs.2 der Berufsordnung der Ärztinnen und Ärzte der Landesärztekammer Nordrhein vom 14. November 1998 i.d.F. vom 22. November 2003, §15 Abs.2 der Berufsordnung der Ärztinnen und Ärzte Rheinland-Pfalz vom 29. November 1997 i.d.F. vom 15. Mai 2002.

Es wurde die Aufnahme einer entsprechenden Regelung in die Verfahrensordnung der Ethikkommissionen empfohlen.[15] Bereits auf dem 107. Deutschen Ärztetag vom 18. Mai - 21. Mai 2004 in Bremen wurde §15 MBO-Ä-1997 um folgenden Abs.4 wieder ergänzt[16]:

„Der Arzt beachtet bei der Forschung am Menschen die in der Deklaration von Helsinki des Weltärztebundes niedergelegten ethischen Grundsätze für die medizinische Forschung am Menschen."

Bemerkenswert ist die Begründung zur Ergänzung des §15 MBO-Ä-1997: Insoweit wird ausgeführt, dass die Deklaration eine „(...) Leitlinie für den ethisch korrekten Umgang mit den Problemen der Forschung (...)" sei.[17]

Die in einem sehr kurzen Zeitraum wiederholten Änderungen des §15 MBO-Ä-1997 dokumentieren einerseits den Wunsch auf Seiten der Interessensvertreter der deutschen Ärzteschaft, den Bestimmungen der Deklaration eine berufsrechtlich verankerte, rechtlich verbindliche Bedeutung zu verschaffen. Die Begründung zur avisierten Ergänzung des §15 MBO-Ä-1997 bestätigt die Verfasserin andererseits in ihrer These, dass die Deklaration als Leitlinie einzuordnen ist. Das Problem der verfassungsgemäßen Verweisung stellt sich allerdings für die geplante Neuregelung des §15 MBO-Ä-1997 weiterhin, da auch die Neuregelung lediglich auf eine unbestimmte Fassung der Deklaration verweist. Die Absicht, der Deklaration im Rahmen der ärztlichen Berufsordnungen einen rechtlichen Verpflichtungsanspruch gegenüber dem forschenden Arzt zu verschaffen, wird jedoch nur durch eine verfassungsrechtlich zulässige Verweisungstechnik gewährleistet.

[15] Vgl. Flenker, Ärztekammer Westfalen-Lippe, zur Novellierung der Regelungen in §§27, 28, 15 Abs.2, 20 Abs.3 MBO-Ä 1997, TOP V der Tagesordnung des 105. Deutschen Ärztetages vom 28. Mai - 31. Mai 2002 in Rostock.

[16] Hierzu Clade, DÄBl. 2004,B-1298, der einen an den Deutschen Ärztetag gerichteten Appell des Vorstandsvorsitzenden der WMA, Herrn Dr. Yoram Blachar, zitiert, die Deklaration „(...) müsse in jedwede nationale ärztliche Berufsordnung implementiert und uneingeschränkt beachtet werden (...)".

[17] Vgl. die Antragsbegründung Prof. Dr. Dr. Jörg-Dietrich Hoppe im Beschlussprotokoll zu TOP IV der Tagesordnung des 106. Deutschen Ärztetages vom 20. Mai - 23. Mai 2003 in Köln.

B. Die Deklaration von Helsinki und ihre rechtliche Bedeutung für die deutschen Ärzte

I. Der historische Hintergrund der Deklaration von Helsinki

Die Deklaration von Helsinki wird in der wissenschaftlichen Auseinandersetzung über die Reglementierung humanmedizinischer Forschung meist in einem Atemzug mit dem Nürnberger Kodex[18] von 1947 genannt. Der Nürnberger Kodex wird allgemein als das erste internationale Dokument aufgeführt, dass sich grundsätzlich und umfassend mit den ethischen Voraussetzungen bzw. rechtlichen Beschränkungen humanmedizinischer Forschung auseinandersetzt, dies insbesondere im Hinblick auf die Bedeutung der vor Versuchsbeginn seitens des Probanden zu erteilenden Einwilligung.[19] Kontrovers diskutiert wird, in welchem Verhältnis die Deklaration von Helsinki zum Nürnberger Kodex steht. Das Verhältnis zwischen dem Nürnberger Kodex und der Deklaration von Helsinki ist im Rahmen der Fragestellung dieser Arbeit wesentlich, da es für die Analyse der rechtlichen Bedeutung der Deklaration von Helsinki im Gesamtgefüge der internationalen und nationalen Regelungsinstitute auf dem Gebiet der humanmedizinischen Forschung entscheidend darauf ankommt, ob die Deklaration gegenüber diesen Regularien eine autonome, insbesondere rechtliche Funktion einnimmt.

Zum Verhältnis zwischen der Deklaration von Helsinki und dem Nürnberger Kodex werden unterschiedliche Standpunkte vertreten. Teilweise wird von einer strikten Trennung beider Dokumente ausgegangen.[20] Deutsch vertrat zunächst die Auffassung, dass die Deklaration von Helsinki den Nürnberger Kodex fortschreibe.[21]

18 Abgdr. bei Mitscherlich/Mielke, S.273; andere Fassungen finden sich in NJW 1949, 377.

19 Vgl. Vollmann/Winau, BMJ 1996 (313) 1445; Leaning, BMJ 1996 (313) 1413; Grodin-Annas/Grodin, S.201.

20 Vgl. zu den verschiedenen Theorien unter Abschnitt III.; Deutsch, NJW 1978, 573 m.w.N.; Beecher, Research, S.227ff.

21 Vgl. Deutsch, NJW 1978, 573; Fluss-Annas/Grodin, S.158: Fluss zitiert Prof. Povl Riis, einen der drei Experten, die mit der Revision der Deklaration im Jahr 1975 betraut waren. Dieser bestätigte, dass die Konzepte des Nürnberger Kodexes sowohl in der Originalfassung der Deklaration aus dem Jahr 1964 als auch in der Revision von 1975 eine wichtige Rolle gespielt haben, wobei die Wortwahl des Nürnberger Kodexes nicht als Paradigma gedient habe.

An anderer Stelle wiederum spricht Deutsch davon, dass sich die Prinzipien des Nürnberger Kodexes und die Regelungen der Deklaration von Helsinki gegenseitig ergänzten bzw. dass der Nürnberger Kodex die Grundlage für die Deklaration von Helsinki bilde.[22] Schließlich geht Deutsch in seinen jüngsten Publikationen davon aus, dass die Deklaration von Helsinki den Nürnberger Kodex ersetze.[23]

Der Nürnberger Kodex nimmt eine Sonderstellung im Verhältnis zu den sonstigen nationalen und internationalen Regelungsinstituten zur humanmedizinischen Forschung ein, da es sich dabei um eine auf Richterrecht basierende Entscheidungsgrundlage handelt und der Kodex deshalb nicht zu den sog. organisierten Rechtsquellen gehört.[24] Die im Nürnberger Ärzteprozess ausgesprochenen Verurteilungen stützten sich auf folgende Rechtsgrundlagen:

1. Das Londoner Viermächte-Abkommen vom 8. August 1945
2. Das Londoner Statut für den Internationalen Militärgerichtshof vom 8. Mai 1945, das als wesentlicher Bestandteil zum Londoner Viermächte-Abkommen vom 8. August 1945 gehört
3. Das Kontrollratgesetz Nr. 10 vom 20. Dezember 1945
4. Quellen des allgemeinen Völkerrechts[25]

Der Nürnberger Kodex ist aufgrund seiner formal rechtlichen Funktion primär als Bestandteil der ausgesprochenen Strafurteile zu begreifen und aufgrund der genannten Legitimationsgrundlagen Ausfluss des allgemeinen Völkerrechts. Dieser Gedanke kommt auch explizit im Urteilsspruch zum Ausdruck, wenn es heißt, dass die verurteilten Menschenversuche eine völlige Missachtung internationaler Abmachungen, der Gesetze und Gebräuche des Krieges, der sich aus den Strafgesetzen aller Kulturstaaten ableitenden Grundsätzen des Strafrechts und des Kontrollratgesetzes Nr.10 darstellten.[26] Und im Urteil heißt es weiter:

> „Menschenversuche unter solchen Bedingungen widersprechen offenbar den Grundsätzen des Völkerrechts, wie sie sich aus den unter Kulturvölkern angenommenen Gebräuchen, den Gesetzen der Menschlichkeit und dem Diktat des öffentlichen Gewissens ergeben."[27]

[22] Vgl. Deutsch, NJW 1978, 573 m.w.N.; Jahrmärker Med.Klin. 1990, 672.
[23] Vgl. Deutsch, VersR 1999, 1f.; ders., in: Medizinrecht, Rdn.536; ders. noch anders NJW 1978, 573.
[24] Vgl. zum Begriff der nicht-organisierten Rechtsquellen beispielhaft Isensee/Kirchhof, Bd. III, §61 Rdn.35; Scheuner, S.521ff.
[25] Vgl. Heinze/Schilling, S.XVII.
[26] Wille, NJW 1949, 377.
[27] Wille a.a.O.

Vertritt man also die These, dass die Deklaration von Helsinki den Nürnberger Kodex ersetze bzw. diesen fortschreibe, so führt dies konsequenterweise zu dem Ergebnis, dass man auch die Deklaration von Helsinki auf eine völkerrechtliche Legitimationsebene hebt. Die Deklaration von Helsinki könnte unter dieser Prämisse etwa als im Sinne des Nürnberger Kodexes fortentwickeltes Völkergewohnheitsrecht[28] betrachtet werden. Bereits an dieser Stelle ist im Hinblick auf die Fragestellung, ob die Deklaration von Helsinki auch auf Nichtmediziner Anwendung findet, festzuhalten, dass die Ersetzungs- bzw. Fortschreibungstheorie zu inhaltlichen Widersprüchen führt. Gemäß Art.I Ziffer 3 der Deklaration von Helsinki gilt nämlich folgendes:

"Bio-medizinische Forschung am Menschen sollte nur von wissenschaftlich qualifizierten Personen und unter Aufsicht eines klinisch erfahrenen Arztes durchgeführt werden. Die Verantwortung für die Versuchsperson trägt stets ein Arzt und nie die Versuchsperson selbst, auch dann nicht, wenn sie ihr Einverständnis gegeben hat."[29]

Nach ihrem Wortlaut verlangt die Deklaration, biomedizinische Forschung muss unter Aufsicht eines klinisch erfahrenen Arztes stattfinden. Anders der Nürnberger Kodex, hier heißt es unter Ziffer 8:

"Der Versuch darf nur von wissenschaftlich geschulten Personen durchgeführt werden. Die größte Geschicklichkeit und die größte Vorsicht müssen in allen Stufen des Versuches von denjenigen angewandt werden, die den Versuch leiten oder durchführen."

Die in der Deklaration ausgesprochene obligatorische Beaufsichtigung des Experiments durch einen Arzt wird im Nürnberger Kodex also gerade nicht vorgesehen, vielmehr ist der Nürnberger Kodex seinem Wortlaut nach ohne Unterscheidung sowohl auf Ärzte als auch auf Dritte, d.h. generell auf alle Personen anwendbar, die Forschungsversuche an Menschen unternehmen, vorausgesetzt es handelt sich gemäß Ziffer 8 des Nürnberger Kodexes um wissenschaftlich geschulte Personen. Die Auseinandersetzung mit dem Verhältnis des Nürnberger Kodexes zur Deklaration von Helsinki ist notwendig, um die Deklaration von Helsinki rechtsdogmatisch beurteilen zu können. Beide Regelungswerke sollen zunächst vor dem Hintergrund des historischen Kontextes betrachtet werden unter besonderer Berücksichtigung der internationalen Entwicklung des humanmedizinischen Experiments und früherer medizinischer Kodizes auf dem Gebiet humanmedizinischer Forschung.

[28] Vgl. zum Begriff des Völkergewohnheitsrechts z.B. Werle, S.54ff. m.w.N.
[29] Art.I Ziffer 3 der Deklaration von Helsinki in der Fassung von Somerset West, Oktober 1996.

1. Das humanmedizinische Experiment im internationalen Vergleich

Zwar haben die Menschenversuche im Nazideutschland, die der Nürnberger Ärzteprozess 1947 ins internationale öffentliche Bewusstsein gebracht hat, eine bis dahin nicht da gewesene, juristische und medizinethische Auseinandersetzung mit dem Problem humanmedizinischer Forschung ausgelöst. Die historische Entwicklung des humanmedizinischen Experiments reicht jedoch weit in die Geschichte der Menschheit zurück.

Definiert man den Begriff des Humanexperiments - entsprechend der Entwurfsfassung der Deklaration von Helsinki aus dem Jahre 1961 - als "an act whereby the investigator deliberately changes the internal or external environment in order to observe the effects of such a change",[30] so belegen archäologische Funde, dass bereits 15.000 v. Chr. im Sinne dieser Definition humanmedizinische Experimente durchgeführt wurden.[31] Der oft zitierte Satz, die Geschichte des Experiments am Menschen sei so alt, wie die Medizin selbst,[32] scheint also richtig zu sein.

Das methodisch akademische Interesse an humanmedizinischer Forschung setzt besonders Anfang des 19. Jahrhundert ein, in dem es zum gewaltigen Aufschwung einer wissenschaftlich orientierten Medizin - vor allem auf den Gebieten der Bakteriologie, Immunologie und Physiologie - kommt. Diese Entwicklung brachte zwangsläufig ein gesteigertes Bedürfnis nach humanmedizinischer Forschung mit sich. Die medizinhistorische Entwicklung war eingebettet in die geistesgeschichtliche Entwicklung der westlichen Welt, die zunehmend die Menschenwürde und die Menschenrechte ins öffentliche Bewusstsein brachte. Gleichzeitig entwickelte sich eine wachsende Sensibilisierung der Öffentlichkeit im Hinblick auf die Verletzung dieser grundrechtlich garantierten Werte.[33]

30 Definition nach BMJ 1962 (2) 1119.

31 Archäologische Funde belegen, dass bereits 15.000 v. Chr. chirurgische Eingriffe sog.Trepanationen vorgenommen wurden. Mit Faustkeilen und bohrerähnlichen Instrumenten wurden kleine Löcher in den Schädel geschnitten. Gelegentlich waren diese Eingriffe erfolgreich und reduzierten den Schädelinnendruck, so dass chronische Kopfschmerzen geheilt werden konnten. Sigerists Darstellung "Große Ärzte" zeigt anschaulich die Entwicklung des Humanexperiments anhand der Biographien bedeutender Ärzte der Zeitgeschichte, wie z.B. Santorio Santorio (1561-1636), William Harvey (1578-1657), Giorgio Baglivi (1668-1707), Edward Jenner (1749-1823), Claude Bernard (1813-1878) u.a.

32 EncBE, 684; Beecher, JAMA 1959 (169), 461; Schaupp, S.47.

33 EncBE, 684-692; Vollmann/Winau, BMJ 1996 (313) 1445; Schaupp, S.47ff. m.w.N.; Wiesemann/Frewer-Maio, S.45 m.w.N.

Ausführliche schriftliche Berichte über humanmedizinische Experimente finden sich im Jahre 1722: Voltaire berichtete in den "Lettres Anglaises"[34] über die Praxis der Tscherkessen, die ihre Kinder regelmäßig mit Pocken inokulierten. Der britische Botschafter berichtete dies nach London und die dortige Regierung veranlasste daraufhin, dass im Newgate-Gefängnis einer Reihe von zum Tode Verurteilten die Möglichkeit gegeben wurde, sich einer versuchsweisen Pockenimpfung zu unterziehen. Für den Fall, dass das Impfexperiment erfolgreich war, sollten die Probanden begnadigt werden. Alle Versuchspersonen überlebten die Impfung.

Experimente mit der Pockenimpfung wurden etwa zeitgleich auch erfolgreich an Waisenkindern durchgeführt und noch im Jahr 1722 sogar an den jungen Prinzen von Wales. Die erfolgreich durchgeführte Impfung der jungen Prinzen von Wales gab der Pockenimpfung, die man als Variolation bezeichnete, erheblichen Auftrieb, so dass sie sich danach schnell auf der britischen Insel verbreitete.[35] Medizinische Versuche, ein Impfmittel gegen die Pockenerkrankung - der damals allein in Deutschland jährlich über 30.000 Menschen zum Opfer fielen[36] - zu finden, wurden etwa zur gleichen Zeit auch in Frankreich durchgeführt. Anders als in England, verbot jedoch das Parlament von Paris, das in der vorrevolutionären Zeit als Gericht der Hauptstadt fungierte, die Pockenimpfungen als Körperverletzung.[37]

In Frankreich entwickelte Josef Viktor Broussais (1772-1838), einer der berühmtesten Kliniker von Paris, eine Krankheitstheorie, die als letzte Krankheitsursache eine entweder zu starke oder zu schwache Reizung des Organismus annahm. Beides manifestierte sich für ihn in der Gastro-Enterité, die er therapeutisch mit der Blutentziehung durch Applikation von Blutegeln behandelte. In seiner Pariser Klinik floß das Blut in Strömen.[38] Hunderte seiner Patienten starben. Trotzdem wurden bis ins Jahr 1827 weitere 33 Millionen Blutegel für die Experimente nach Frankreich eingeführt.[39]

Auch in der anglo-amerikanischen Rechtstradition finden sich schon sehr früh Berichte über medizinische Versuche mit Menschen sowie gerichtliche Entscheidungen im Zusammenhang mit Humanexperimenten: Das älteste bekannte

34 Voltaire, S.62ff., erörtert auch bei Deutsch, VersR 1999, 1; ders., Medizinrecht, Rdn.532; detaillierter wird die Geschichte der Versuche mit Pockenimpfungen dargestellt bei Sigerist, S.229ff.

35 Sigerist, S.230.

36 Sigerist, S.229.

37 Deutsch, NJW 1995, 3020.

38 Toellner/Toellner, Ethikkommission, S.9.

39 Toellner/Toellner a.a.O.

Gerichtsurteil zum Humanexperiment ist in England im Jahr 1767 ergangen.[40] Ein Arzt und ein Apotheker wurden beschuldigt, das nach einem Bruch gerichtete und im Heilungsprozess befindliche Bein des Klägers ohne dessen Zustimmung mit Hilfe einer Maschine erneut gebrochen zu haben. Im Rahmen des anschließenden Zivilverfahrens entschied das Gericht, dass es für einen Chirurgen unpassend sei, einen gut heilenden Bruch ohne Zustimmung des Patienten erneut zu brechen. Das Gericht ging davon aus, der Arzt habe lediglich ein neues Instrument ausprobieren wollen. In der anglo-amerikanischen Rechtsprechung entwickelte sich seit diesem Urteil aus dem Jahr 1767 eine Präjudizienkette, derzufolge ein Arzt, welcher von der herkömmlichen Behandlung abweicht, das Risiko des Versuchs zu übernehmen hatte. Der Arzt hatte also für das Gelingen des von ihm durchgeführten Humanexperiments in jedem Fall einzustehen.[41] Entsprechend entschied das oberste Gericht des Staates Colorado aus dem Jahr 1895, dass der betroffene Arzt von der herkömmlichen Phimose-Behandlung nur abweichen dürfe, wenn er das Risiko des Versuches übernehme.[42] Diese Rechtsprechung wurde letztmals im Jahr 1902 vom ersten Gericht des Staates Wisconsin bestätigt.[43] Heute gilt in den USA wie in den meisten Ländern der Grundsatz, dass die Therapie, deren Versuchscharakter dem Patienten mitgeteilt wurde und der er zugestimmt hat, auf Gefahr des Patienten erfolgt.[44]

Frühe Beispiele medizinischer Versuche am Menschen finden sich auch im außereuropäischen Raum. Von Versuchen mit zum Tode Verurteilten wird zu Beginn dieses Jahrhunderts aus Manila berichtet: Es ging - ähnlich wie 1722 bei den Versuchen im Newgate-Gefängnis - um Versuche mit ansteckenden Krankheiten; dabei hatte man sich allerdings nur die Zustimmung der Behörde, nicht aber die der Versuchspersonen eingeholt.[45]

In die Geschichte der internationalen humanmedizinischen Forschung ist eine Versuchsreihe unter dem bezeichnenden Titel "Reis und Beriberi" eingegangen, die im Jahr 1905 in einer Heilanstalt für Geisteskranke in Kuala Lumpur vom dortigen Anstaltsleiter durchgeführt wurde.[46] Nachdem dort unter den Anstalts-

[40] Slater v. Baker & Stapelton, 95 English Reports 860 (1767); Beecher, JAMA 1959 (169), 462 m.w.N.; Deutsch, Medizinrecht, Rdn.657; ders., NJW 1978, 571 m.w.N.

[41] Deutsch, Medizin und Forschung, S.37.

[42] Jackson v. Burnham, 39 P. 577 (Colorado 1895).

[43] Allen v. Voje, 89 N.W. 924 (Wisconsin) 1902.

[44] Vgl. etwa Carmichael v. Reitz, 17 Cal.App.3d 958 (1971); Karp v. Cooly, 349 F.Supp. 827 (S.D. Texas, 1972) bestätigt 493 F. 2d 408 (5th. Circuit, 1974); weitere Bsp. aus der US-amerikanischen Rechtsprechung bei Deutsch, Recht der klinischen Forschung, S.28ff.; Deutsch, Medizinrecht, Rdn.657 .

[45] Vgl. Deutsch, Medizin und Forschung, S.36.

[46] Vgl. Fletcher, The Lancet 1907 (1), 1776ff.

insassen eine Beriberi-Epidemie[47] ausgebrochen war, ließ der Anstaltsleiter die Insassen antreten, teilte sodann die Anstaltsinsassen in zwei gleich große Gruppen und ordnete an, dass die eine Gruppe mit ungeschältem Reis ernährt werden sollte, während die Verpflegung der anderen Gruppe aus geschältem und poliertem Reis bestehen sollte. Das überraschende Ergebnis dieses Versuchs war, dass von den 120 Mitgliedern derjenigen Testgruppe, die mit geschältem Reis ernährt worden war, 34 Personen die Beriberi Krankheit entwickelten, 18 Personen sogar mit tödlichem Ausgang. In der anderen Testgruppe entwickelten hingegen nur 2 von 123 Personen die Beriberi Erkrankung. Die zwei festgestellten Beriberi Erkrankungen - so vermutete man - waren bereits vor Eintritt in die Heilanstalt entstanden. Aufgrund dieser Untersuchung stand fest, dass es sich bei Beriberi um eine Ernährungskrankheit handelte. Die Zustimmung der Häftlinge zu diesem Versuch war allerdings von der Regierung gegeben worden und nicht von den Probanden selbst.[48]

2. Frühe internationale medizinische Kodizes und wissenschaftliche Stellungnahmen zum Problem humanmedizinischer Forschung

Die internationale wissenschaftliche Auseinandersetzung mit dem Problem der Ethik in der humanmedizinischen Forschung findet im anglo-amerikanischen Rechtskreis und in Frankreich bereits Anfang des 19. Jahrhunderts statt. Wegweisend waren die Kodizes von Thomas Percival (England, 1803), von William Beaumont (USA, 1833) und von Claude Bernard (Frankreich, 1865).[49]

Thomas Percival (1740-1804) forderte schon zum Ende des 18. Jahrhunderts in seiner berühmten Schrift "Medical Ethics", dass keine neue Behandlungsmethode angewandt werden sollte "(...) without a previous consultation of the physicians or surgeons, according to the nature of the case (...)".[50] Manche Autoren erblicken hierin gar die Wurzel der Ethikkommissionen des späten 20. Jahrhunderts.[51]

Das 1803 veröffentlichte Werk gilt als eines der ersten systematischen Handbücher medizinischer Ethik und wurde in England und Nordamerika im 19. Jahrhundert vielfach aufgegriffen und in ärztlichen Kodizes zitiert. So adaptiert

[47] Die Beriberi Krankheit ist eine Thiamin-Vitamin-B1-Mangelerkrankung, vgl. MSD-Manual, S. 298ff.
[48] Vgl. Fletcher, The Lancet 1907 (1), 1776ff.; Deutsch, NJW 1995, 3021 m.w.N.
[49] Eine ausführliche Diskussion der Kodizes findet sich bei Annas/Grodin-Grodin, S.124ff.; vgl. Wiesemann/Frewer-Maio, S.46ff.
[50] Vgl. Leake, Percivals Medical Ethics, S.76.
[51] Vgl. Wiesemann/Frewer-Maio, S.51.

z.B. 1823 die New York State Medical Society eine Reihe von ethischen Prinzipien, die in ihrem Wortlaut fast mit dem von Percival 1803 veröffentlichten Kodex übereinstimmen. 1832 folgt die Baltimore Medical Society und übernimmt ebenfalls sinngemäß die von Percival aufgestellten Prinzipien, ohne dass man sich ausdrücklich auf dessen Urheberschaft beruft.[52] Auch die erste Berufsordnung der American Medical Association aus dem Jahr 1847 übernimmt die von Percival aufgestellten ethischen Prinzipien als "Principles of Medical Ethics of the American Medical Association".[53]

1833 fordert William Beaumont (1785-1853) ausdrücklich die vorherige Einwilligung des Probanden als Voraussetzung humanmedizinischer Forschungsexperimente. Von besonderer Bedeutung für die Geschichte des humanmedizinischen Experiments sind sodann die Physiologen Francois Magendie (1783-1855) und Claude Bernard (1813-1878). Sie erheben in der ersten Hälfte des 19. Jahrhunderts das wissenschaftliche Experiment zum methodischen Prinzip.[54] Zentrale Idee des wissenschaftlichen Arbeitens wird damit das humanmedizinische Experiment und zwar - und das ist das revolutionäre an den Ideen Bernards und Megendies - nicht mehr in seiner primär therapeutischen Ausrichtung, sondern mit dem Anspruch auf wissenschaftliche Erkenntnisgewinnung.[55]

Auf der Grundlage dieses dogmatischen Ansatzes trifft Claude Bernard in seiner bekannten Schrift "Introduction à l`étude de la médicine expèrimentale"[56] die zu den grundlegenden Prinzipien der Deklaration von Helsinki gehörende Unter-

[52] Vgl. Fishbein, American Medical Association, S.36.

[53] Toellner/Wiesing-Wiesemann, S.81 m.w.N.

[54] Maio, Ethik in der Medizin 1994, 143, 144.

[55] Vgl. Wiesemann/Frewer-Maio, S.47.

[56] In seinem Werk "Introduction à l`étude de la médicine expérimentale" vertieft Bernard im Kapitel zur Vivisektion die Zulässigkeit des Humanexperiments. Bernard führt die nach seiner Auffassung entscheidenden Prinzipien der ethischen Zielsetzung humanmedizinischer Forschung wie folgt aus: "It is our duty and our right to perform an experiment on man whenever it can save his life, cure him or gain him some personal benefit. The principle of medical and surgical morality therefore consists in never performing on man an experiment which mightbe harmful to him to any extent, even though the result might be highly advantageous to science, i.e. to the health of others." Obwohl sich Bernard in seinen Ausführungen auf das nicht-therapeutische, rein wissenschaftliche Experiment am Menschen bezieht, geht er in allen seinen Ausführungen immer von dem notwendigen Nutzen des Experiments für den Patienten aus, vgl. auch Wiesemann/Frewer- Maio, S.48ff., der feststellt, mit Claude Bernard sei die physiologische Forschung schon auf experimenteller Ebene mit dem Nimbus der Heilkunst versehen worden.

scheidung zwischen nicht-therapeutischen und therapeutischen Versuchen.[57] Bernards epochales Werk ist in der Medizingeschichte die erste wissenschaftliche, umfassende Abhandlung des Humanexperiments. Bernards Abhandlung befasst sich jedoch nur am Rande mit der ethischen Beurteilung des humanmedizinischen Versuchs bzw. mit den damit in Zusammenhang stehenden juristischen Fragestellungen.

Als weiterer wissenschaftlicher Beitrag zum Problem der humanmedizinischen Forschung ist die Monografie von Charles Nicolles (1866-1936) mit dem Titel "L'éxperimentation en médicine" zu nennen. Im Unterschied zu Bernard betont Nicolles die ethische Komponente des wissenschaftlichen Versuchs am Menschen im Spannungsfeld von Therapie und Forschung. Nicolles kommt dabei zu dem Ergebnis, dass vor jedem humanmedizinischen Versuch zwingend die vorherige Aufklärung des Patienten durchzuführen und der Versuch des Weiteren dann zulässig sei, wenn sich die Versuchsperson freiwillig dazu bereit erklärt habe.[58]

Die Schriften Beaumonts, Percivals, Bernards und Nicolles` belegen zum einen, dass es bereits vor Erlass des Nürnberger Kodexes im Jahr 1947 zum Teil umfassende Abhandlungen zur Zulässigkeit des humanmedizinischen Experiments gab und zum anderen, dass die für die heutige Diskussion über die Zulässigkeit humanmedizinischer Forschung entscheidende Differenzierung zwischen therapeutischem und nicht-therapeutischem Versuch bereits lange vor dem Nürnberger Kodex bekannt war. Umso erstaunlicher ist deshalb, dass diese wesentliche Unterscheidung keinen Eingang in den Nürnberger Kodex gefunden hat, obwohl nachweislich die Schriften Beaumonts, Percivals und insbesondere die umfassende Abhandlung Claude Bernards den Richtern des Nürnberger Tribunals, speziell den maßgeblichen medizinischen Sachverständigen des Nürnberger Ärzteprozess, Alexander und Ivi, bekannt waren.[59] Die fehlende Unterscheidung zwischen therapeutischem Versuch einerseits und nicht-therapeutischem Versuch andererseits ist einer der wesentlichen Kritikpunkte am Nürnberger Kodex und eines der Abgrenzungskriterien zwischen dem Nürnberger Kodex und der Deklaration von Helsinki.

[57] Die deutliche Unterscheidung zwischen therapeutischem und nicht-therapeutischem Versuch wird mit der Revision der Deklaration von Helsinki aus dem Jahr 2000 aufgeben, vgl. Abschnitt B. II. 5. c.

[58] Vgl. Wiesemann/Frewer-Maio, S.50ff.; nach Maio ist jedoch der Stellenwert, den die Einwilligung bei Nicolles` ethischer Beurteilung des Humanexperiments einnimmt, eher gering einzustufen. Entscheidend sei auch bei Nicolles letztlich nicht die Einwilligung des Probanden, sondern allein die Einschätzung des forschenden Arztes von den Auswirkungen des Experiments.

[59] Vgl.Annas/Grodin-Grodin, S.126.

3. Humanmedizinische Experimente in Deutschland und erste Versuche staatlicher Reglementierung

Berichten aus dem Jahre 1931 zufolge, wurden in Deutschland bereits im 19. Jahrhundert Humanversuche praktiziert und zwar insbesondere Versuche mit Krankenhauspatienten, die sich im letzten Stadium einer Geschlechtskrankheit befanden.[60] Forschung am Menschen wurde im 19. Jahrhundert auch in Deutschland meistens an Krankenhauspatienten vorgenommen, oft ohne deren vorherige Aufklärung oder Zustimmung und allein unter dem Ethos von Wissenschaft und medizinischem Fortschritt.[61] Die Durchführung wissenschaftlicher Experimente wurde für den forschenden Arzt durch das anonymisierte und wesentlich stärker hierarchisierte Arzt-Patienten-Verhältnis der damaligen Krankenhäuser im Verhältnis zur sonstigen Praxis vereinfacht.[62]

Dass offensichtlich auch an Gefangenen medizinische Versuche, ebenfalls ohne deren vorherige Zustimmung, durchgeführt wurden, zeigen die zum Ende des 19. Jahrhunderts erlassenen amtlichen Dienstanweisungen, die im Jahre 1891 vom Preußischen Minister des Inneren an alle deutschen Gefängnisse gerichtet waren und die bestimmten, dass Tuberculin zur Behandlung von Tuberkulose in keinem Fall gegen den Willen des jeweiligen Patienten angewendet werden dürfe.[63] Ob und in welcher Form diesen Dienstanweisungen tatsächlich Folge geleistet wurde und ob deren Nichtbefolgung rechtliche Konsequenzen nach sich zogen, ist nicht belegt und erscheint eher unwahrscheinlich. Jedenfalls deutet die Existenz solcher Dienstanweisungen darauf hin, dass auch im Deutschland der Jahrhundertwende das Prinzip der vorherigen Einwilligung des Probanden bekannt war und dass sich - im Unterschied zum anglo-amerikanischen und französischem Recht - bereits außerhalb der medizinischen Profession, nämlich auf staatlicher Ebene mit dem Problemkreis humanmedizinischer Forschung auseinander gesetzt wurde.

Dass sich die deutsche Diskussion über humanmedizinische Forschung anders als im Ausland ziemlich rasch aus der innerprofessionellen Ebene löste und auf die staatliche verlagerte, zeigt insbesondere die am 29. Dezember 1900 vom preußischen Kultusministerium erlassene "Anweisung an die Vorsteher der

[60] Vgl. Schloßmann, Münch.Med.Wochenzeitschrift 1931, 985; Müller, Münch.Med.Wochenzeitschrift 1931, 104; Stauder, Münch. Med. Wochenzeitschrift 1931,107; Deutsch, Medizinrecht, Rdn.658 m.w.N.

[61] Vgl. Vollmann/Winau, BMJ 1996 (313), 1445 m.w.N.

[62] Vgl. Toellner/Wiesing-Wiesemann, S.82 m.w.N.; zu den strukturellen Ähnlichkeiten zwischen Krankenhausanstalten und Strafanstalten im frühen 19. Jahrhundert vgl. Foucault, Mikrophysik; ders., Geburt des Gefängnisses.

[63] Vgl. Min.Bl. für die gesamte innere Verwaltung in den Königlich Preußischen Staaten 1891 (52) 27; JAMA, 1891 (16) 492; Vollmann/Winau, BMJ 1996 (313), 1445.

Kliniken, Polikliniken und sonstigen Krankenanstalten im Centralblatt der gesamten Unterrichtsverwaltung in Preußen".[64] Dem Erlass war der sog. Neisser Fall vorausgegangen,[65] der sowohl in der Tagespresse als auch in juristischen Kreisen und im preußischen Parlament ausführlich diskutiert wurde: 1898 veröffentlichte der Arzt, Professor Albert Neisser, Entdecker des Gonococcus[66] und Professor für Dermatologie und Verneologie an der Universität von Breslau, eine Studie über klinische Versuche mit Syphilispatienten. Um eine Methode zur Verhinderung von Syphilis zu erforschen, hatte er Nichtsyphilis-Patienten zellenfreies Serum von Syphilispatienten injiziert. Die meisten der auf diese Weise infizierten Patienten waren Prostituierte, die weder über das Experiment informiert noch nach ihrer Einwilligung gefragt worden waren. In denjenigen Fällen, in denen die Patienten Syphilis entwickelten, schlussfolgerte Neisser, dass seine Impfung nicht anschlug. Gleichzeitig argumentierte er jedoch, dass diese Frauen die Krankheit nicht als Folge seiner Seruminfektionen entwickelten, sondern aufgrund ihrer Arbeit als Prostituierte.[67]

Obwohl die Doppelbödigkeit der Argumentation Neissers offensichtlich erscheint, unterstützten ihn die meisten Mediziner der damaligen Zeit. Eine Ausnahme stellte der Arzt Albert Moll dar, der sich öffentlich gegen die Experimente Neissers aussprach. Albert Moll war privat praktizierender Psychiater in Berlin und hatte bereits 1902 in seiner Schrift "Medizinische Ethik" eine Sammlung von 690 Fällen unethischer, nicht-therapeutischer Forschung an Menschen zusammengetragen und die Notwendigkeit des Prinzips der informellen Zustimmung proklamiert.[68] Neisser wurde schließlich vom Königlichen Disziplinargericht für seine Vorgehensweise mit einem Verweis und einer Geldstrafe von 300,- Reichsmark bestraft.[69]

[64] Vgl. Erlass vom 29.Dezember 1900 des preußischen Ministers für Religion, Erziehung und medizinische Angelegenheiten in: Centralblatt der gesamten Unterrichtsverwaltung in Preußen, S.188f.; eine inoffizielle Übersetzung in englischer Sprache findet sich bei Grodin-Annas/Grodin, S.127: Grodin hat die herausragende Bedeutung des Erlasses von 1900 damit begründet, dass dort zum ersten Mal das Problem der Ethik humanmedizinischer Experimente aufgegriffen worden sei. Insbesondere habe man darin den notwendigen Schutz von Minderjährigen und Behinderten im Zusammenhang mit humanmedizinischer Forschung betont.

[65] Erste Massenproteste gegen Humanexperimente in Krankenhäusern wurden bereits in den Jahrzehnten nach der Einführung der gesetzlichen Krankenversicherungspflicht aus dem Jahr 1883 laut. Eine zweite Welle öffentlicher Proteste erlebte Deutschland in den frühen dreißiger Jahren des 20. Jahrhunderts, vgl. Toellner/Wiesing-Wiesemann, S.83 m.w.N.

[66] Vgl. MSD-Manual, S.1572ff. Gonococcus ist ein bakterieller Erreger (neisseria gonorrhoeae), der zur Entwicklung von Gonorrhö führt.

[67] Vgl. ausführlich zum Fall Neisser: Grodin-Annas/Grodin, S.127ff.

[68] Erörtert bei Vollmann/Winau, BMJ 1996 (313) 1445.

[69] Vgl. Toellner-Toellner, Ethikkommission, S.11.

Das Gericht entschied, dass Neisser - obgleich eine medizinische Autorität auf seinem Gebiet - wohl von der Harmlosigkeit des Versuchs überzeugt gewesen sei, allerdings hätte er zwingend - so die Urteilsbegründung - die vorherige Zustimmung der Patientinnen einholen müssen.

Der Erlass von 1900 untersagte ausdrücklich medizinische Eingriffe zu anderen als diagnostischen Heil- und Immunisierungszwecken, wenn die Versuchsperson nicht voll geschäftsfähig war, es an ihrer Zustimmung fehlte oder eine sachgemäße Belehrung über die nachteiligen Folgen nicht vorausgegangen war.[70] Nach dem Wortlaut des Erlasses durften Versuche am Menschen nur von den Klinikvorstehern bzw. mit deren ausdrücklicher Erlaubnis durchgeführt werden. Schließlich wird auch ausdrücklich verlangt, dass jeder durchgeführte Versuch schriftlich dokumentiert wird, wobei insbesondere die Erfüllung des Erlasses zu bestätigen war.

Obwohl der Erlass von 1900 als das früheste Dokument deutscher Legislative auf dem Gebiet der Humanforschung gilt,[71] hatte er keinen nachweisbaren Einfluss auf spätere nationale oder internationale legislative Maßnahmen auf dem Gebiet der klinischen Forschung am Menschen.[72]

Erst dreißig Jahre später, am 28. Februar 1931, verkündet das Reichsministerium des Inneren in Deutschland ein "Rundschreiben betreffend Richtlinien für neuartige Heilversuche und für die Vornahme wissenschaftlicher Experimente am Menschen."[73]

Neben einer Präambel und einer grundsätzlichen Abwägung der kollidierenden Rechte und Pflichten findet sich dort je eine Definition des Heilversuches und des wissenschaftlichen Experiments in strikter Unterscheidung voneinander. Ziffer 2 der Richtlinie vom 28. Februar 1931 nennt hierzu folgende Definitionen:

„Unter neuartiger Heilbehandlung im Sinne dieser Richtlinien sind Eingriffe und Behandlungsweisen am Menschen zu verstehen, die der Heilbehandlung dienen, also in einem bestimmten einzelnen Behandlungsfall zur Erkennung, Heilung oder Verhütung einer Krankheit oder eines Leidens oder zur Beseitigung eines körperlichen Mangels vorgenommen werden, obwohl ihre Auswirkungen und Folgen auf Grund der bisherigen Erfahrungen noch nicht ausreichend zu übersehen sind."

[70] Vgl. Deutsch, NJW 1978, 571.
[71] Vgl. Annas/Grodin-Grodin, S.127.
[72] Vgl. Vollmann/Winau, BMJ 1996 (313), 1446.
[73] Abgdr. in: Münch.Med.Wochenzeitschrift 1931, 469 und bei Mitscherlich/Mielke, S.270.

Ziffer 3 der Anweisungen lautet:

"Unter wissenschaftlichen Versuchen im Sinne dieser Richtlinien sind Eingriffe und Behandlungsweisen am Menschen zu verstehen, die zu Forschungszwecken vorgenommen werden, ohne der Heilbehandlung im einzelnen Falle zu dienen, und deren Auswirkungen auf Grund der bisherigen Erfahrungen noch nicht ausreichend zu übersehen sind."

Hier wird die bei Bernard getroffene Unterscheidung zwischen therapeutischen und nicht-therapeutischen Versuchen aufgegriffen, die sich bis zur Revision der Deklaration in Edinburgh im Jahr 2000 als wesentliches Strukturmerkmal der Deklaration von Helsinki durchgesetzt hat. Modern erscheint auch, dass ausdrücklich eine vernünftige Risiko-Nutzen-Abwägung vor Durchführung des Humanexperiments verlangt wird. Es werden darüber hinaus - wie später im Nürnberger Kodex - ein detaillierter Forschungsplan und vorherige Tierversuche gefordert, um mögliche Risiken für die Versuchsperson zu minimalisieren.

Auch die Notwendigkeit der Aufklärung des Probanden wird betont; Versuche an Kindern, Sterbenden und Geisteskranken werden explizit ausgeschlossen. Außerdem werden erschwerte Bedingungen für die Durchführung wissenschaftlicher Versuche ohne therapeutischen Zweck aufgestellt. Schließlich wird sogar Position bezogen gegen die Ausnutzung einer sozialen Notlage. Veröffentlichungen der Versuchsergebnisse sollten die Würde des Probanden beachten und auch das Gebot der Menschlichkeit. In der akademischen Ausbildung müsse - so die Richtlinie abschließend - jede Gelegenheit genutzt werden, um die Verantwortung des Mediziners bei medizinischen Versuchen zu betonen. Der Detailreichtum der Richtlinie von 1931 ist vereinzelt als klarer, konkreter und weitreichender eingeschätzt worden als die Regeln des Nürnberger Kodexes bzw. die Deklaration von Helsinki.[74] Keine andere Nation konnte Anfang des 20. Jahrhunderts ein solches staatliches Regularium, dass sich mit dem Problem humanmedizinischer Forschung sowohl in juristischer als auch medizinisch-ethischer Hinsicht auseinandersetze, aufweisen. Trotzdem ist die Richtlinie von 1931 während des Dritten Reiches offensichtlich reine Makulatur geblieben, obwohl sie während des Hitler-Regimes nicht annulliert worden war. Sie hat die in dieser Zeit von Ärzten begangenen Menschenversuche nicht verhindern können. Es herrscht bis heute jedoch Uneinigkeit darüber, ob die Richtlinie von 1931 für die betroffenen Ärzte rechtlich bindend war oder nicht.[75] Die Richtlinie

[74] Vgl. Vollmann/Winau, BMJ 1996 (313), 1446; Toellner-Toellner, Ethikkommission, S.21.

[75] Nach Annas/Grodin-Grodin, S.129 lag jedenfalls während des gesamten Nürnberger Ärzteprozesses keine englische Textfassung der Richtlinien vor. Die einzige bekannte englische Version befindet sich im International Digest of Health Legislation 31 (1980), 408-411; Ohne eine tiefergehende Diskussion über die rechtliche Bindungswirkung der Richtlinie von 1931 zu eröffnen, kann der Standpunkt, die Richtlinie sei nicht für die verurteilten

von 1931 wurde erst wieder am Ende des Nazi-Regimes, nämlich im Rahmen des Nürnberger Ärzteprozesses in das Bewusstsein der Öffentlichkeit und in die juristische Diskussion gebracht. Sie wurde als eines der im Prozess zugelassenen allgemeinen Beweismittel zur Beantwortung der Frage nach der grundsätzlichen Zulässigkeit medizinischer Versuche und dem damit verbundenen Problem der ärztlichen Ethik herangezogen.

4. Der Nürnberger Ärzteprozess und der Nürnberger Kodex von 1947

Der Nürnberger Ärzteprozess oder Medical Case fand vom 29. Oktober 1946 bis zum 20. August 1947 im Nürnberger Justizpalast als sog. erster Nachfolgeprozess des internationalen Kriegsverbrecherprozesses statt. Vor einem aus drei US-Amerikanern bestehendem Militärgericht[76] waren 23 Ärzte bzw. hohe Verwaltungsbeamte des Gesundheitsdienstes wegen Verschwörung, Kriegsverbrechen und Verbrechen gegen die Menschlichkeit sowie der Mitgliedschaft in verbrecherischen Organisationen angeklagt.[77] Sieben der Angeklagten wurden zum Tode verurteilt und hingerichtet, sieben weitere zu lebenslanger Haft verurteilt, zwei Angeklagte erhielten zeitliche Haftstrafen, sieben Angeklagte wurden freigesprochen. Einige andere Beschuldigte starben schon vor Beginn des Prozesses, weitere begangen Selbstmord oder konnten flüchten.[78] Insbesondere waren es folgende Versuche an KZ-Insassen, die im Rahmen des Ärzteprozesses aufgedeckt und durch Zeugenaussagen belegt wurden: Erfrierungsexperimente,[79]

Ärzte rechtlich bindend gewesen, lediglich mit dem schwachen Argument vertreten werden, dass eine uneingeschränkte Anwendung der Richtlinien im Hinblick auf die angeklagten Verbrechen wohl nur nach dem Wortlaut der Richtlinie von 1931 problematisch erscheint, nämlich im Hinblick auf die Einleitung, in der es heißt, dass es sich bei der Richtlinie um eine Entschließung handele, wonach alle in Anstalten der geschlossenen und offenen Krankenbe- handlung oder Krankenfürsorge tätigen Ärzte verpflichtet werden sollten. Es ist eine schreckliche Tatsache, dass die Menschenversuche in den Konzentrationslagern weder Krankenbehandlungen noch Krankenfürsorge darstellten und dass es sich insbesondere bei fast allen für die Menschenversuche missbrauchten KZ-Häftlingen um völlig gesunde Menschen handelte. Nach dem Sinn und Zweck der Richtlinie, den uneingeschränkten Schutz des Probanden zu gewährleisten, erscheint ihre Anwendung im Rahmen der Strafverfahren in Nürnberg zwingend.

76 Während der allgemeine Nürnberger Prozess von einem international besetzten Militärgerichtshof geführt wurde, waren die Mitglieder des Gerichtshofes im Ärzteprozess ausschließlich US-Amerikaner.

77 Vgl. Heinze/Schilling, S.285.

78 Vgl. Schaupp, S.57 m.w.N.

79 Versuchspersonen wurden stundenlang in Eiswasser gehalten, um Erfrierungen zu provozieren; Ziel war es, die effektivsten Behandlungsmethoden zu erforschen.

Höhenexperimente,[80] Salzwasser-Experimente,[81] Experimente zur Erforschung von Ätiologie und Therapie von Infektionskrankheiten wie Malaria, Gelbfieber, Typhus, Parathyphus, Cholera etc.,[82] Sulfanilamid-Experimente,[83] Experimente mit Knochenbrüchen und Transplantationen,[84] Giftexperimente,[85] Versuche mit Möglichkeiten der Massentötung.[86] Obwohl die aufgeführten Menschenversuche meist ohne jegliches wissenschaftliches Konzept durchgeführt worden waren, die Experimente darüber hinaus immer mit erheblichen Verletzungen und oft mit dem Tod für die Versuchspersonen verbunden waren, wurden in der Anklage und im Urteil alle angeklagten kriminellen Akte ohne Unterscheidung als medizinische Experimente am Menschen eingeordnet.[87] Der wissenschaftliche Wert dieser Experimente war jedoch meist gleich Null, die Brutalität überwog.[88]

Die Anklage stand im Nürnberger Ärzteprozess vor dem Problem, dass bis zu diesem Zeitpunkt keine gesetzlich verankerten Regeln zur humanmedizinischen Forschung vorhanden waren. Die medizinhistorischen Schriften Percivals, Beaumonts, Bernards und die im Hinblick auf ihre juristische Verbindlichkeit umstrittene Richtlinie von 1931 sowie die im Laufe des Verfahrens zu allgemei-

[80] Versuchspersonen wurden in Niederdruckkammern einem ständig sinkenden Luftdruck ausgesetzt um die Überlebensfähigkeit des Menschen in großen Höhen zu erforschen.

[81] Durch Verabreichung von Salzwasser sollten die Überlebenschancen von Menschen nach Schiffbruch herausgefunden werden.

[82] Bekannt geworden ist insbesondere der Fall Rose: Dieser hatte als Leiter der Abteilung Tropenmedizin des Robert-Koch-Krankenhauses an Konzentrationslager Fleckfieberviren und -impfstoffe zu experimentellen Zwecken geliefert. Er besuchte die Krankenstuben in Buchenwald und sah sich die Krankengeschichten an. Dort wurden zum Zwecke des Versuchs eine geimpfte und eine ungeimpfte Gruppe mit Fleckfieber infiziert. Von den insgesamt 729 Probanden starben wenigstens 154. So weit die Insassen überhaupt aufgeklärt worden waren, hatte man ihnen das Experiment als harmlos dargestellt und ihnen eine bessere Verpflegung versprochen. Viele Versuchspersonen wurden nur zu dem Zweck infiziert, um den Virusstamm verfügbar zu halten. Rose wurde wegen Kriegsverbrechen und Verbrechen gegen die Menschlichkeit verurteilt. Rose sagte im Rahmen seiner Vernehmung auch aus, dass er allein für den Monat Februar 1942 10.000 Fleckfiebererkrankungen und 1.300 Todesfälle meldete. Vgl. auch Mitscherlich/Mielke, S.91ff.

[83] Den Versuchspersonen wurden willkürlich Wunden beigebracht (simulierte Kriegsverletzungen) und diese mit verschiedenen Erregern infiziert (Streptokokken, Gasbrand, Tetanus), um anschließend die Wirksamkeit von Sulfanilamid zu testen.

[84] Mitscherlich/Mielke, S.153ff.

[85] Die Versuchspersonen wurden durch vergiftete Nahrung umgebracht, um anschließend Autopsien durchzuführen.

[86] Es wurden Experimente mit vergifteten Kugeln, Tötung durch Injektion von Phenol, Benzin und anderer Substanzen durchgeführt. Ein Schwerpunkt lag auch bei der Massensterilisation.

[87] Kritisch hierzu Deutsch in: Wassermann-FS, S.72f.

[88] Vgl. Schaupp, S.54; Deutsch in: Wassermann-FS, S.78.

ner Prinzipien ärztlicher Ethik und zur Zulässigkeit medizinischer Versuche am Menschen befragten Angeklagten und hinzugezogenen Sachverständigen trugen mit unterschiedlicher Gewichtung zur Urteilsfindung bei.[89] So legten die Verteidiger der angeklagten Ärzte als Beweismaterial zahlreiche Auszüge internationalen medizinischen Schrifttums vor, wonach Versuche an Menschen überall in der Welt von der Öffentlichkeit akzeptiert würden.[90] Die Verteidigung berief sich darauf, dass bis zum Zeitpunkt des Ärzteprozesses keine rechtlich verbindlichen Regeln geschaffen worden seien, auf deren Grundlage man ein medizinisches Experiment als Verbrechen beurteilen könne.[91]

Am 20. August 1947 fällte das Militärgericht sein Urteil und sprach im Rahmen seiner Urteilsbegründung die Überzeugung aus, dass gewisse medizinische Experimente an Menschen der ärztlichen Ethik entsprächen, wenn sie innerhalb klar festgelegter Grenzen blieben. Solche Versuche erzielten für das Wohl der Menschheit Ergebnisse, welche durch andere Methoden oder Studien nicht zu erlangen seien.[92] Das Gericht ging im Ergebnis davon aus, ärztliche Experimente an Menschen seien innerhalb bestimmter Richtlinien zulässig. Diese Richtlinien sind als die 10 Punkte von Nürnberg bzw. der Nürnberger Kodex bekannt geworden. Wer die zehn Punkte von Nürnberg letztlich verfasst hat, ist umstritten.[93] Als wesentliche Argumentationsgrundlage des am 20. August 1947 gefällten Urteils gilt insbesondere die gutachterliche Stellungnahme des amerikanischen Arztes Dr. Ivi, der von der Anklage als Sachverständiger benannt worden war, sowie ein Beschluss der amerikanischen Ärztevereinigung vom Juli 1946.[94] Der Nürnberger Kodex lautet wie folgt:

1. Die freiwillige Zustimmung der Versuchsperson ist unbedingt erforderlich. Das heißt, dass der Betreffende die gesetzmäßige Fähigkeit haben muss, seine Einwilligung zu geben; in der Lage sein muss, eine freie Entscheidung zu treffen, unbeeinflusst durch Gewalt, Betrug, List, Druck, Vortäuschung oder irgendeine andere Form der Beeinflussung oder des Zwanges; und genügend Kenntnis von und Einsicht in die Bestandteile des betreffenden Gebietes

89 Zum Verteidiger- und Anklagevorbringen vgl. Grodin-Annas/Grodin, S.132ff.; Mitscherlich/Mielke, S.275ff.

90 Die Verteidigung führte u.a. einen im US-Magazin LIFE erschienenen Zeitungsartikel an, nach dem an 800 Häftlingen eines Gefängnisses im Staate Illinois Malariaversuche durchgeführt worden waren. Die Häftlinge hatten sich jedoch freiwillig zur Verfügung gestellt. Vgl. Mitscherlich/Mielke, a.a.O.; Deutsch in: Wassermann-FS, S.73 m.w.N.

91 Die Verteidigung erachtete die Richtlinien von 1931 für die angeklagten Ärzte als rechtlich unverbindlich, vgl. Mitscherlich/Mielke, S.250.

92 Vgl. Wille, NJW 1949, 377.

93 Zum Streit über die Urheberschaft des Nürnberger Kodexes vgl. Deutsch in: Wassermann-FS, S.74; ders., NJW 1978, 537.

94 Vgl. Deutsch in: Wassermann-FS, S.78; vgl. auch Schaupp, S.57.

haben muss, um eine verständnisvolle und aufgeklärte Entscheidung treffen zu können. Diese letzte Bedingung macht es notwendig, dass der Versuchsperson vor der Annahme ihrer bejahenden Entscheidung das Wessen, die Länge und der Zweck des Versuchs klargemacht werden; sowie die Methode und die Mittel, welche angewendet werden sollen, alle Unannehmlichkeiten und Gefahren für ihre Gesundheit oder ihre Person, welche sich aus der Teilnahme ergeben mögen. Die Pflicht und die Verantwortlichkeit, den Wert der Zustimmung festzustellen, obliegt jedem, der den Versuch anordnet, leitet oder ihn durchführt. Dies sind persönliche Pflichten und persönliche Verantwortungen, welche nicht ungestraft auf andere übertragen werden können.

2. Der Versuch muss derart sein, dass fruchtbare Ergebnisse für das Wohl der Gesellschaft zu erwarten sind, welche nicht durch andere Forschungsmittel oder Methoden zu erlangen sind und welche ihrem Wesen nach nicht willkürlich und unnötig sind.

3. Der Versuch ist so zu planen und auf den Ergebnissen von Tierversuchen und einer Kenntnis des Wesens der Krankheit oder des sonstigen Problems aufzubauen, dass die vermutlichen Ergebnisse die Ausführung des Versuchs rechtfertigen.

4. Der Versuch ist so durchzuführen, dass alle unnötigen körperlichen und geistigen Leiden und Verletzungen vermieden werden.

5. Kein Versuch darf durchgeführt werden, wenn a priori ein Grund besteht für die Annahme, dass der Tod oder ein dauernder körperlicher Schaden eintreten wird, mit der Ausnahme vielleicht jener Versuche, bei welchen Versuchsleiter gleichzeitig als Versuchspersonen dienen.

6. Das Gefahrenmoment darf niemals die Grenzen überschreiten, welche sich aus der humanitären Bedeutung des zu lösenden Problems ergeben.

7. Angemessene Vorbereitungen sind zu machen und ausreichende Vorkehrungen zu treffen, um die Versuchsperson gegen selbst die geringste Möglichkeit der Verletzung, der bleibenden gesundheitlichen Schädigungen oder des Todes zu schützen.

8. Der Versuch darf nur von wissenschaftlich geschulten Personen durchgeführt werden. Die größte Geschicklichkeit und die größte Vorsicht müssen in allen Stufen des Versuches von denjenigen angewandt werden, die den Versuch leiten oder durchführen.

9. Während des Versuches muss der Versuchsperson freigestellt bleiben, den Versuch zu beenden, wenn sie körperlich oder geistig den Punkt erreicht hat, an dem ihr seine Fortsetzung unmöglich erscheint.

10. Im Verlauf des Versuches muss der Versuchsleiter jederzeit bereit bleiben, den Versuch einzustellen, wenn er bei Anwendung des von ihm geforderten guten Glaubens, besonderer Geschicklichkeit und Sorgfalt des Urteils Grund hat anzunehmen, dass eine Fortsetzung des Versuchs eine Verletzung, eine bleibende gesundheitliche Schädigung oder den Tod der Versuchsperson herbeiführen könnte.[95]

Unabhängig von der juristischen Bewertung des Nürnberger Kodexes, hat der Nürnberger Kodex weltweite Bedeutung erfahren, indem er bis heute ständiger Referenzpunkt in der ärztlichen Diskussion und im Rahmen von Gerichtsentscheidungen geblieben ist.[96] Bereits mit seiner Verkündung wurde er als westliches Credo der humanmedizinischen Forschung bezeichnet.[97] Unmittelbare Vorbildfunktion wird dem Nürnberger Kodex ausdrücklich für einige später erstellte Richtlinien und Kodizes zugesprochen. Zu nennen ist dabei insbesondere der sog. Green-Report (1948).[98] Im Green-Report wird in Anlehnung an den Nürnberger Kodex u.a. ausdrücklich die Teilnahme von Häftlingen an humanmedizinischer Forschung nur unter der Voraussetzung der freiwilligen Zustimmung als zulässig erachtet. Auch das sog. Wiggers-Statement (1950)[99] orientiert sich am Nürnberger Kodex. Ebenso das Drei-Punkte-Statement der American Medical Association zur Humanforschung aus dem Jahr 1946,[100] von dem teilweise behauptet wird, es entspräche dem Wesen nach den Nürnberger Richtlinien.[101] Dies erscheint jedoch angesichts der Kürze und des beschränkten Inhalts des Statements nicht haltbar.[102]

[95] Nürnberger Kodex abgdr. in NJW 1949, 377.
[96] Vgl. Schaupp, S.59.
[97] Vgl. Beecher, JAMA 1959 (169), 472.
[98] Vgl. Beecher, JAMA 1948 (136), 457.
[99] Vgl. Beecher, JAMA 1959 (169), 472.
[100] Abgdr. in JAMA 1946 (132), 1090; Beecher, JAMA 1959 (169), 472.
[101] Vgl. Schaupp, S.59; Beecher, JAMA 1959 (169), 472.
[102] Vgl. Schaupp, S.59; das Statement - abgdr. in JAMA 1946 (132), 1090 - umfasst nur drei Punkte, nämlich: 1. freiwillige Zustimmung, 2. vorausgehende Tierexperimente, 3. Durchführung unter geeigneter medizinischer Führung und medizinischer Schutz.

II. Die Entstehungsgeschichte der Deklaration von Helsinki

1. Die Gründung des Weltärztebundes im Jahr 1947 - Zielsetzung und Organisation

Der Weltärztebund wurde am 18. September 1947 in Paris von den Delegierten der 27 Gründungsmitglieder konstituiert. Die Initiative zur Gründung des Weltärztebundes ging maßgeblich von der Britischen Ärztevereinigung aus. Diese hatte vom 25. bis zum 27. September 1947 in London eine Versammlung von Vertretern nationaler Ärzteorganisationen einberufen, um die Nachfolge der internationalen Ärzteorganisation Association Professionelle Internationales des Médicins (APIM) zu klären. Diese Organisation war im Jahr 1926 gegründet worden, mit dem Ziel, die Zusammenarbeit der weltweiten ärztlichen Organisationen zu fördern, hatte jedoch ihre Tätigkeit zu Beginn des zweiten Weltkrieges eingestellt.[103] Auf der Londoner Versammlung wurde ein Organisationskomitee ins Leben gerufen, mit der Aufgabe, die Statuten der neu zu gründenden Organisation zu erarbeiten und die Gründungsversammlung in Paris vorzubereiten, auf der der Weltärztebund am 18. September 1947 etabliert wurde. Der Weltärztebund hatte seinen Sitz zunächst in New York, wo er als nicht-profitorientierte, wissenschaftliche Vereinigung eingetragen wurde. Im Jahr 1974 wurde aus finanziellen Gründen eine Sitzverlegung ins französische Ferney-Voltaire vorgenommen.[104]

Auf der Gründungsversammlung 1947 wurden die Ziele des Weltärztebundes in sieben Punkten festgelegt, die wie folgt lauten:

1. Förderung engerer Beziehungen zwischen den nationalen Ärztevereinigungen und zwischen den einzelnen Ärzten der ganzen Welt

2. Wahrung der Ehre des Berufstandes und Schutz der Interessen der medizinischen Profession

3. Internationaler Informationsaustausch über professionsspezifische Probleme; Organisation von Informationsaustausch

[103] Vgl. Rieger, Rdn.1896.
[104] Vgl. Routely, WMJ 1959 (6), 327ff.; WMA Handbook, 1f.; Weltärztebund Handbuch, 1f.

4. Kontakt zu anderen weltweiten Vereinigungen und Vertretungen der Ärzteschaft gegenüber Organisationen wie z.B. den Vereinten Nationen u.a.

5. Förderung des höchstmöglichen Gesundheitsstandards für alle Menschen der Erde

6. Förderung des Weltfriedens[105]

Die Ziele zeigen, dass der Weltärztebund im Zeitpunkt seiner Gründung noch keine Veranlassung sah, sich mit medizinethischen Problemen auseinanderzusetzen, sondern dass der internationale, innerprofessionelle und wissenschaftliche Informationsaustausch, die Vertretung der allgemeinen Interessen der ärztlichen Profession in den Mitgliedsländern sowie die generelle Bereitschaft zur Zusammenarbeit mit anderen internationalen Organisationen im Vordergrund standen. Erst in den Folgejahren wird in die Statuten des Weltärztebundes auch das Erreichen höchstmöglicher medizinischer Ethik zum offiziellen Ziel des Weltärztebundes erklärt, so unter Punkt 2. der Statuten:[106]

"The purpose of the Association shall be to serve humanity by endeavoring to achieve the highest international standards in medical education, medical science, medical art and medical ethics, and health care for all people of the world."

1953 wurde zur Realisierung dieses Zwecks ein Ausschuss für medizinische Ethik eingerichtet, der sich fortan ausschließlich mit Fragen ärztlicher Ethik beschäftigt und seine Ergebnisse auf den Vorstandssitzungen und den Generalversammlungen in Form von Berichten zur Diskussion und Abstimmung vorgelegt.

Die Mitgliedschaft beim Weltärztebund steht den nationalen ärztlichen Berufsvertretungen gemäß den geltenden Statuten des Weltärztebundes unter folgenden vier Bedingungen offen:

1. Die nationale Ärztevereinigung muss in ihrem Land die zahlenmäßig repräsentativste Standesvertretung sein

2. Sie muss politisch unabhängig sein, d.h. sie darf weder Teil einer staatlichen Organisation sein, noch von einer solchen Stelle kontrolliert werden

105 Vgl. Schaupp, S.172.

106 Revidierte Statuten der WMA finden sich in WMJ 1979 (26), 12ff.; die vorliegende Darstellung orientiert sich an der englischen Fassung der sog. Articles and Bylaws of the World Medical Association, Stand Oktober 1996.

3. Ihre Mitglieder dürfen sich nur aus Ärzten und Medizinstudenten zusammensetzen

4. Pro Land darf nur eine Organisation Mitglied sein[107]

Zurzeit sind mehr als 70 Organisationen im Weltärztebund zusammengeschlossen. Die deutsche Ärzteschaft wurde im Jahr 1951 aufgenommen und wird seitdem von der Bundesärztekammer vertreten.[108] Seit 1979 können auch einzelne Ärzte Mitglied des Weltärztebundes werden. Diesen steht jedoch weder in der Generalversammlung noch in sonstigen Gremien des Weltärztebundes ein Stimmrecht zu. Ausschließlich die nationalen Organisationen sind nach den Statuten berechtigt, stimmberechtigte Delegierte in die Generalversammlung, die nach den derzeitigen Statuten einmal jährlich einberufen wird, zu entsenden. Pro 10.000 dem Weltärztebund angegebener und - entsprechend den Gebührenregelungen der sog. Bylaws, d.h. der Zusatzbestimmung der Statuten - bezahlter Mitglieder darf die nationale Ärztevereinigung jeweils einen Delegierten zu den Generalversammlungen entsenden. Dieser muss Arzt mit Hochschuldiplom sein und eine Praxislizenz besitzen. Weiter muss er Mitglied seiner nationalen Vereinigungen sein und einen Wohnsitz im entsprechenden Land haben.[109]

Die Entsendung stimmberechtigter - bezahlter - Mitglieder zur Generalversammlung ist entscheidend, da nur auf der Generalversammlung durch die Stimmabgabe Einfluss auf die Beschlussfassungen der offiziellen Stellungnahmen und Deklarationen des Weltärztebundes ausgeübt werden kann.[110] Deklarationen, Stellungnahmen und Resolutionen des Weltärztebundes, die nach Auffassung des Ethikausschusses ihrer Natur nach den Bereich der Medizinethik betreffen, benötigen zu ihrer Annahme dreiviertel der bei der jeweiligen Abstimmung anwesenden Delegiertenstimmen.

Geleitet wird der Weltärztebund von einem Vorstand, dem sog. Council sowie einem Generalsekretär, der gleichzeitig Vorsitzender des Vorstands und Leiter der Generalversammlung ist. Außerdem wird der Vorstand von einem Präsidenten besetzt, der von der Generalversammlung jährlich gewählt wird, der sog. elected president. Dieser tritt erst ein Jahr nach seiner Wahl sein Amt an und erhält nach seiner einjährigen Amtsperiode für ein weiteres Jahr den Status als sog. immediate-past-president.

[107] Vgl. Chapter I, Section 1 der Bylaws.
[108] Vgl. Laufs/Uhlenbruck-Laufs, Arztrecht, §13 Rdn.33.
[109] Vgl. Chapter III, Section 2. und Section 3. der Bylaws.
[110] Vgl. die Aufgaben der Generalversammlung in Chapter III, Section 9. der Bylaws.

Gewählter, amtierender und scheidender Präsident sind Mitglieder des Vorstandes. Der Vorstand setzt sich außerdem aus Delegierten der sechs Regionen Europa, Asien, Pazifik, Lateinamerika, Afrika und Nordamerika zusammen, in die alle nationalen Ärztevereinigungen eingeteilt sind.

Pro 50.000 angegebener und bezahlter Mitglieder je Region gibt es einen Sitz im Council. Die Mitgliedschaft des Council ist nach den Statuten des Weltärztebundes zum einen an die bestehende Mitgliedschaft in der jeweiligen nationalen Ärztevereinigung, zum anderen an die dem Weltärztebund zu entrichtenden Beitragszahlungen gebunden.

Weitere Voraussetzung ist, dass die jeweilige nationale Ärztevereinigung in good-standing, d.h. in einem guten Verhältnis zum Weltärztebund steht,[111] wobei unklar ist, was damit konkret gemeint ist. Aufgabe des Council ist es, vor Einberufung der Generalversammlung, die Agenda festzusetzen. Dadurch werden bereits im Vorfeld der Generalversammlung, d.h. durch die in der Agenda vorgenommene Themenauswahl, entscheidende Weichen für die spätere Beschlussfassung der Generalversammlung gestellt.

Die Organisationsstruktur des Weltärztebundes führt dazu, dass dem Einfluss bei Abstimmungen sowohl im Council als auch in der Generalversammlung zwangsläufig die Höhe des finanziellen Beitrags für die Organisation entspricht. Sowohl die Mitgliedschaft im Council als auch in der Generalversammlung ist nämlich zwingend daran gebunden, dass die satzungsmäßigen Beiträge gezahlt sind. So werden derzeit knapp 50 % der Beiträge allein von der AMA, dem Japanischen Ärzteverband und der BÄK erbracht. Zusammen mit fünf weiteren Mitgliedern tragen sie nahezu den gesamten Haushalt der WMA.[112] Auch gehören in vielen Ländern, abhängig vom nationalen Recht, bei weitem nicht alle Ärzte der nationalen Mitgliedsorganisation der WMA an – übliche Schätzungen bewegen sich zwischen 20 % (USA) und 100 % (Deutschland).[113]

Die Organisationsstruktur des Weltärztebundes führt in letzter Konsequenz dazu, dass finanziell schwache Länder mit entsprechend finanziell schwach ausgestatteten Ärztevereinigungen entweder nur wenige oder überhaupt keine Mitglieder als stimmberechtigt deklarieren können.

[111] Vgl. Chapter IV, Section 2. der Bylaws; Chaper IV, Section 4. der Bylaws und Chapter III, Section 9. der Bylaws.

[112] Vgl. Doppelfeld DÄBl. 2001 B 1612.

[113] Vgl. Doppelfeld a.a.O.; ders. DÄBl. 2000 B 2478f. schätzt, dass nur etwa 640.000 Ärzte, d.h. nur ca. 8 % der acht Millionen weltweit tätigen Ärztinnen und Ärzte durch eine Mitgliedschaft bei der WMA gebunden werden. Doppelfeld weist auch auf die weitgehende Personengleichheit in den Gremien der WMA hin.

Den Ärzteorganisationen der finanziell ärmeren Mitgliedsländer ist deshalb allenfalls geringer Einfluss auf die Entscheidungen des Council und der Generalversammlung möglich. Die ärmsten Länder der Welt können unter Umständen gar keine Mitgliedschaft finanzieren.

Die dargelegte Organisationsstruktur führt zu einem Demokratiedefizit in der Entscheidungsfindung des Weltärztebundes: Nicht nur, dass es im Wesentlichen die finanziell starken nationalen Ärztevereinigungen sind, die registrierte und durch Mitgliedsgebühr zur Stimmabgabe legitimierte Delegierte zu den Abstimmungen des Council und in die Generalversammlung entsenden können, sondern es sind darüber hinaus auch die Vertreter dieser nationalen Ärztevereinigungen, die im Vorfeld zu den Abstimmungen der Generalversammlungen, d.h. in den jeweiligen Ausschüssen und dem Council nach vorheriger Beratung und Bewertung der zur Beschlussfassung gestellten Themen eine in ihrer Bedeutung nicht zu unterschätzende Themengewichtung und -auswahl vornehmen.

Der Einfluss der finanziell gut ausgestatteten Ärztevereinigungen wirkt sich im Ergebnis auf allen Organisationsebenen des Weltärztebundes aus, nämlich auf den Generalversammlungen, im Council und in den Ausschüssen. Diejenigen Ärztevereinigungen aber, die aufgrund ihrer ungenügenden finanziellen Ausstattung nur wenige Delegierte in den Weltärztebund entsenden, können - trotz möglicherweise größerer Quantität national registrierter Mitglieder - unter Umständen keine, die Anzahl ihrer nationalen Mitgliedschaft repräsentierende Anzahl von Delegierten am Entscheidungsfindungsprozess des Weltärztebundes beteiligen. Es erscheint aufgrund des aufgezeigten Demokratiedefizits im Ergebnis deshalb zweifelhaft, ob die vom Weltärztebund verabschiedeten Deklarationen, Resolutionen und Stellungnahmen tatsächlich ein weltumspannendes ärztliches Ethos bzw. allgemeine internationale ärztliche Standesauffassung widerspiegeln können.[114]

2. Erste Reaktionen und Stellungnahmen des Weltärztebundes zum Problem der human-medizinischen Forschung - "Principles for Those in Research and Experimentation" (1954)

Die im Rahmen des Nürnberger Ärzteprozesses öffentlich bekannt gewordenen Menschenversuche und die damit verbundene internationale Diskussion

[114] Vgl. auch Doppelfeld DÄBl. 1999 B 2545, 2546; zur umstrittenen Anerkennung der im Oktober 2000 in Edinburgh revidierten Deklaration vgl. Doppelfeld DÄBl. 2001 B1612,1613.

ethischer Grundfragen humanmedizinischer Forschung waren im Gründungszeitpunkt des Weltärztebundes - wie ausgeführt - nur von untergeordneter Bedeutung. Auf der Gründungsversammlung im Jahr 1947 wurde lediglich eine Resolution verabschiedet, in der der Weltärztebund die von den deutschen Ärzten während des Nazi-Regimes begangenen Menschenverbrechen verurteilt und fordert, die deutsche Ärzteschaft möge eine öffentliche Erklärung zu den Kriegsverbrechen abgeben.[115] Weder der Nürnberger Ärzteprozess noch der Nürnberger Kodex noch das Problem der humanmedizinischen Forschung an sich werden jedoch auf der Gründungsversammlung konkret diskutiert. Dies, obwohl die Urteile des Nürnberger Ärzteprozesses erst am 20. August 1947 verkündet worden waren, mithin kaum vier Wochen vor der Pariser Gründungsversammlung des Weltärztebundes am 18. September 1947. Die Reaktion der internationalen Ärzteschaft, als dessen öffentliches Sprachrohr sich der Weltärztebund im Jahr 1947 gerierte, beschränkte sich auf eine Bestandsaufnahme der bisherigen Entwicklungen humanmedizinischer Forschung.

Erst 1953 nahm sich der Weltärztebund dem Problem der humanmedizinischen Forschung an, nachdem in den Niederlanden der öffentliche Gesundheitsrat im selben Jahr einen Unterausschuss gebildet hatte, der sich mit dem Thema humanmedizinischer Forschung auseinandersetzen sollte. Am 10. Oktober 1955 legte der niederländische Unterausschuss einen detaillierten Abschlussbericht vor, der auf erhebliche Missstände in der humanmedizinischen Forschung hinwies, insbesondere in Bezug auf die Rechte der Probanden. Der niederländische Bericht beinhaltete einen Katalog konkreter Handlungsanweisungen für den forschenden Arzt. So wurden z.B. mit Risiken, Schmerzen oder Unannehmlichkeiten verbundene medizinische Experimente mit Kindern, Alten, geistig Behinderten und Häftlingen als nicht vertretbar eingestuft und allgemein wurde auf die Möglichkeit sublimer Zwangssituationen bei Häftlingen, Krankenschwestern und Medizinstudenten hingewiesen.[116]

Zeitgleich zur niederländischen Initiative aus dem Jahr 1953, forderte die niederländische Ärzteorganisation den Weltärztebund auf, sich ebenfalls eingehend mit dem Thema humanmedizinischer Forschung zu befassen.[117] Der Weltärztebund konstituierte daraufhin 1953 auf seiner 7. Generalversammlung

[115] Danach sollte ein Bericht über die seit 1933 von Ärzten und medizinischen Einrichtung in Deutschland und anderer Ländern begangenen Verbrechen und damit verbundene Verletzung medizinischer Ethik verfasst und allen Ärzten der Welt zugänglich gemacht werden. Der Weltärztebund verurteilte im Weiteren ausdrücklich die Verbrechen, die durch bestimmte Mitglieder der medizinischen Profession an Menschen begangen worden waren, vgl. die Protokolle zur ersten jährlichen Generalversammlung des Weltärztebundes (Paris) vom 17. bis 20. September 1947.

[116] Vgl. WMJ 1957 (4), 299ff.

[117] Vgl. Schaupp, S.178.

den bereits genannten Ethikausschuss, der mit der Aufgabe betraut wurde, einen Bericht zum Problem der humanmedizinischen Forschung abzufassen. 1954 legte der Ethikausschuss den geforderten Bericht auf der 8. Generalversammlung in Form von fünf Prinzipien vor. Diese fünf Prinzipien wurden in modifizierter Form von der Generalversammlung des Weltärztebundes als die sog. Principles for Those in Research and Experimentation[118] verabschiedet. Es handelt sich bei den principles um eine lose Aneinanderreihung von fünf, in ihrer Formulierung sehr allgemein gehaltenen ethischen Grundsätzen, die sich mit dem Problem der humanmedizinischen Forschung unter folgenden Gesichtspunkten befasst:

1. Allgemein wissenschaftliche und moralische Aspekte des Experimentieren
2. Zu beachtende Sorgfalt bei der Veröffentlichung der ersten Resultate von Experimenten
3. Experimente an gesunden Subjekten
4. Experimente an kranken Subjekten
5. Notwendigkeit, die Person, die sich einem Experiment unterwirft, über Natur, Gründe und Risiken eines Experimentes aufzuklären

Die principles ermangeln bereits formell eines durchdachten logischen Aufbaus, was sich anhand ihrer Gliederung zeigt: Während das Problem der Veröffentlichung von Forschungsergebnissen gleich zu Anfang als zweiter Punkt genannt wird, wird das grundlegende Prinzip der vorherigen Zustimmung des Probanden erst am Schluss des Dokuments formuliert. Ein offensichtlicher Wertungsfehler: Das Prinzip der vorherigen Zustimmung war schon seit Percival und Beaumont als zentrale Voraussetzung humanmedizinischer Forschung festgestellt worden. Entsprechend wird das Erfordernis der vorherigen Zustimmung auch im Nürnberger Kodex an erster Stelle genannt.

Zugleich weist das Dokument auch inhaltliche Mängel auf, dies insbesondere im Hinblick auf seine allgemein gehaltenen, zum Teil auch unklaren Formulierungen, die weder tatsächliche Handlungsdirektiven für den Forscher enthalten noch detaillierte Schutzbestimmungen für den Forschungsprobanden. So bleibt z.B. im Zusammenhang mit Experimenten an Kranken und dem Erfordernis der informierten Zustimmung nach dem Wortlaut unklar, ob das Gewissen des Arztes über die Zulässigkeit des Experiments entscheidet oder ob sich die Gewissensentscheidung des Arztes nur auf die einzuholende Zustimmung des Kranken bzw. dessen gesetzlichen Vertreters bezieht.[119]

[118] Principles for Those in Research and Experimentation, adopted by the 8th General Assembly of the World Medical Association, Rome, 1954, abgdr. in: WMJ 1955 (2), 14f.

[119] Im englischen Originaltext heißt es hierzu unter Ziffer 4 der Principles: Experimentation on Sick Subjects: Here it may be that in the present of individual and desperate cases one

Die principles richten sich nach ihrer Formulierung auch nicht nur an Mitglieder der Ärzteschaft, sondern darüber hinaus unspezifisch an alle Wissenschaftler, die sich mit humanmedizinischer Forschung beschäftigen. So werden schon in der Überschrift unspezifisch „(...) those in Research and Experimentation (...)" als Normadressaten genannt. Nur im Hauptteil ist ein einziges Mal wörtlich vom Arzt als Erklärungsempfänger die Rede, ansonsten umfassend von Experimentierern und Forschern.[120]

Schutzbestimmungen für Kinder, Behinderte, Häftlinge, Heiminsassen etc., bei denen die intellektuelle Einsichtsfähigkeit grundsätzlich eingeschränkt ist bzw. bei denen ein physisches oder psychisches Abhängigkeitsverhältnis vorliegt, mit der Folge, dass besondere Voraussetzungen im Zusammenhang mit dem Erfordernis der Aufklärung, Einwilligung und deren mögliche Ersetzung zu bedenken sind, finden keine Erwähnung.

Zusammenfassend kann gesagt werden, dass die principles, aufgrund ihres unklaren, das Problem der Humanforschung nur oberflächlich behandelnden Inhalts, weder dem Praxisbedürfnis der an Humanforschung Beteiligten noch dem Erfordernis der Rechtsklarheit genügen. Das Dokument erreicht aufgrund seiner inhaltlichen Unklarheiten und strukturellen Mängel auch nicht die Bedeutung einer gehaltvollen Stellungnahme bzw. einer Handlungsdirektive, sondern zeigt allenfalls ein erstes Bemühen des Weltärztebundes, sich des Problems humanmedizinischer Forschung anzunehmen.

Die Folgerung, dass die principles konkreten Einfluss auf den späteren Kodexentwurf der Helsinki Deklaration aus dem Jahre 1961 ausgeübt hätten, lässt sich deshalb nicht ziehen. Dies zeigt sich - unabhängig von oben genannten formalen und inhaltlichen Mängeln - vor allem darin, dass der Kodexentwurf und auch die Ursprungsfassung der Helsinki Deklaration die zwingende Unterscheidung zwischen therapeutischem und nicht-therapeutischem Versuch vornimmt, die sich bis zur Revision der Deklaration im Oktober 2000 als Strukturprinzip durchgesetzt hat.

may attemp an operation or treatment of a rather daring nature. Such exceptions will be rare and require the approval either of a person or his next of kin. In such a situation it is the doctor´s conscience which will make the decision.

120 Ziffer 1 der Principles: experimentator, scientific qualities; Ziffer 3: the research worker; hingegen heißt es unter Ziffer 4: the doctor´s conscience.

Bereits der Entwurf aus dem Jahr 1961 ist inhaltlich wesentlich komplexer als die principles: Abgesehen von dem bereits in den principles aus dem Jahr 1954 festgeschriebenen, dort allerdings erst am Ende genannten, elementaren Erfordernis der vorherigen Aufklärung und Zustimmung des Probanden, ist keine Gemeinsamkeit zwischen dem Kodexentwurf und den principles zu erkennen.

3. Der Kodexentwurf der Deklaration von Helsinki (1961) und die Originalfassung der Deklaration von Helsinki (1964)

Bereits 1958, auf der 12. Generalversammlung des Weltärztebundes, wurde das Thema humanmedizinische Forschung wieder im Ethikausschuss diskutiert und schon auf der nachfolgenden Generalversammlung 1959 beschäftigte man sich konkret mit der Vorbereitung eines Kodexentwurfs zur humanmedizinischen Forschung. Auf der 15. Generalsversammlung im Jahr 1961 und auf der Vorstandssitzung des Weltärztebundes im Mai 1962 wird schließlich der erste Kodexentwurf, der den Titel „A Draft Code of Ethics on Human Experimentation" trägt, erörtert.[121] Der Veröffentlichung des Kodexentwurfs schließt sich eine zweijährige Diskussion innerhalb des Weltärztebundes an, nach der die Endfassung beschlossen wird. Die wesentlichen Unterschiede zwischen dem Kodexentwurf und der ersten Fassung der Helsinki Deklaration sind die folgenden:[122]
Der auffälligste Unterschied zwischen dem Kodexentwurf und der im Jahr 1961 verabschiedeten Deklaration von Helsinki findet sich bereits zu Beginn des Entwurfs. Dort wird im ersten Absatz der Begriff des Humanexperiments definiert, nämlich wie folgt:

"An experiment on a human being is an act whereby the investigator deliberately changes the internal or external environment in order to observe the effects of such a change."[123]

Als Experiment wird danach jedes bewusste Verändern der inneren oder äußeren Umstände eines menschlichen Individuums angesehen, das geschieht, um die Folgen einer solchen Intervention zu beobachten. In der Endfassung der Deklaration wird der Begriff des Experiments durch den Ausdruckklinische Forschung ersetzt. Korrespondierend hierzu entfällt in der Endfassung auch eine

[121] Draft Code of Ethics on Human Experimentation, abgdr. in: BMJ 1962 (2), 1119.
[122] Zu den Unterschieden zwischen dem Kodexentwurf und der Originalfassung der Deklaration von Helsinki vgl. Schaupp, S.215ff.; Kritisch zum Kodexentwurf Hill, BMJ 1963, 1043.
[123] Abs.1 des Draft Code of Ethics on Human Experimentation, abgdr. in: BMJ 1962 (2), 1119.

Definition des Humanexperiments. Statt- dessen beginnt die Endfassung - in Anlehnung an das Genfer Gelöbnis und die internationale ärztliche Standesordnung - mit einer Erklärung zum allgemeinen ärztlichen Ethos. Durch den Begriffsaustausch wird erreicht, dass die tendenziell negative Besetzung des Wortes Experiment als ein mit dem Nimbus des Zufalls verbundenes Unterfangen verhindert wird. Durch die Verwendung des Begriffs der klinischen Forschung wird außerdem die gedankliche Verbindung zu den Menschenversuchen im Dritten Reich weitgehend ausgeschlossen.

Die bereits im Begrifflichen erkennbare Betonung legitimer Forschungsinteressen des Arztes setzt sich im formalen Aufbau fort: So werden die Zustimmungsklauseln nicht mehr - wie im Entwurf vorgesehen - in den allgemeinen Prinzipien aufgeführt, sondern in den beiden Kapiteln zur therapeutischen und nichttherapeutischen Forschung. Die Bedeutung der Zustimmung als Rechtfertigungselement humanmedizinischer Forschung wird dadurch auch formell betont.

Ein hervorzuhebender Unterschied zwischen dem Entwurf und der später verabschiedeten Fassung der Deklaration liegt weiter darin, dass die Endfassung der Deklaration die Forschung an Häftlingen, geistig Behinderten, psychisch Kranken und an Heimkindern grundsätzlich als zulässig erachtet. Anders im Entwurf: Dort werden explizit Häftlinge und Behinderte aus dem möglichen Kreis der Probanden herausgenommen. Darüber hinaus ist nach dem Wortlaut des Entwurfs auch keine Ausnahme von der Pflicht zur Einholung der informierten Zustimmung zulässig, auch dann nicht, wenn es sich um ausschließlich therapeutische Experimente handelt. In der Endfassung der Deklaration wird hingegen unter Art.II die Möglichkeit eröffnet, die persönliche Zustimmung des Probanden durch die des gesetzlichen Vertreters zu ersetzen. Der Entwurf sah schließlich auch die bis zur Revision der Deklaration im Oktober 2000 klare Unterscheidung zwischen therapeutischen Versuchen einerseits und nichttherapeutischem Versuchen andererseits vor.[124]

Im Hinblick auf die Fragestellung, ob die Deklaration auch auf den Nichtmediziner Anwendung findet, erscheint es interessant, dass dieses Problem bereits im Zusammenhang mit dem Kodexentwurf diskutiert wurde: So hat Hill in seiner Stellungnahme zum Kodexentwurf im British Medical Journal 1963 kritisiert, der Entwurf gebe einerseits eine allgemeine Definition des Experiments, andererseits stelle er diese Experimente unter die grundsätzliche Aufsicht eines Arztes.

[124] Siehe die Definitionen zum therapeutischen und nicht-therapeuthischen Experiment im Kodexentwurf, abgdr. in: BMJ 1962 (2), 1119.

Bei vielen psychologischen Experimenten (z.B. Lernexperimenten) würden jedoch - im Sinne der im Entwurf gewählten Definition des Experiments - äußere Bedingungen geändert und deren Folgen beobachtet. Derartige Versuche müssten wohl kaum unter die Aufsicht eines Arztes gestellt werden.[125]

4. Die revidierte Fassung der Deklaration von Helsinki (1975) und die Revisionen von Venedig (1983), Hongkong (1989) und Somerset West (1996)

Schon bald nach Verabschiedung der Deklaration im Jahr 1961 wird die medizin-ethische Diskussion über das Humanexperiment erneut angefacht. Bereits im Jahr 1966 nimmt die American Medical Association inhaltliche Ergänzungen der Deklaration von Helsinki vor, nachdem in den wissenschaftlichen Veröffentlichungen von Beecher[126] und Pappworth[127] schwere Vorwürfe gegen die gängige Praxis medizinischer Forschung erhoben worden waren. Beecher veröffentlichte im Jahre 1966 im New England Journal of Medicine einen Aufsatz, in dem er zeigte, dass die Durchsicht von 100 fortlaufenden Veröffentlichungen von Forschungsergebnissen zu dem Ergebnis führten, das 12 als unethisch erschienen.[128] Er zeigte die ethischen Bedenken auf und versuchte bereits eine Typisierung, indem er die Vorenthaltung der wirksamen Therapie von der allgemeinen Untersuchung sowie der technischen Studie und der bizarren Untersuchung unterschied.[129] Der Beecher Report ist auch vor dem Hintergrund der enormen Expansion medizinischer Forschung nach dem 2. Weltkrieg in den USA zu sehen. So heißt es in einem Bericht im U.S. News & World Report vom 24. Januar 1994:

„Von 1945 bis in die 70er Jahre haben die amerikanische Atomenergiebehörde, das Verteidigungsministerium, sowie die CIA Gefangene, Drogenabhängige, psychisch Kranke, Studenten und Soldaten zu brutalen Experimenten benutzt. Im harten Kampf mit dem Kommunismus sei Amerika keine Methode zu abwegig gewesen, um die Möglichkeiten einer Gehirnwäsche oder geistigen Kontrolle an den menschlichen Versuchstieren zu testen: radioaktive Strahlung, LSD oder Elektroschocks. Die meisten ahnten nicht einmal, wozu sie

[125] Vgl. Hill, BMJ 1963, 1043.

[126] Vgl. Beecher, JAMA 1959 (169), 461; ders. JAMA 1966 (195), 34; ders. NEnglJMed 1966 (274), 1354.

[127] Vgl. die Berichte von Pappworth, Menschen als Versuchskaninchen.

[128] Beecher, NEnglJMed 1966 (274), 1354.

[129] Vgl. Toellner-Deutsch, Ethikkommission, S.68.

missbraucht wurden. Lange habe die amerikanische Regierung zu den Schadenersatzklagen der Opfer geschwiegen und sich geweigert, die eigene Schuld öffentlich zuzugeben".[130]

Allerdings sah der Weltärztebund angesichts der amerikanischen Geschehnisse zunächst keine Veranlassung, die offiziell gültige Fassung der Deklaration zu revidieren. Erst 1971 wird die Reformbedürftigkeit der Deklaration von Helsinki zum Diskussionsgegenstand der jährlichen Generalversammlung des Weltärztebundes[131] und im Jahr 1972 wird der Vorstand des Weltärztebundes von der Generalversammlung offiziell damit beauftragt, die Revisionsbedürftigkeit der bisher vom Weltärztebund verabschiedeten Deklarationen von Genf, Helsinki, Sydney und Oslo zu überprüfen.

Die erste Revision der Deklaration von Helsinki wird im Auftrag des Vorstandes des Weltärztebundes schließlich von einem dreiköpfigen skandinavischen Team vorbereitet und veröffentlicht.[132] Die Revisionsvorschläge betrafen zwar nicht die grundsätzliche Ausrichtung der Deklaration von Helsinki, es wurden aber zum Teil erhebliche Begriffsänderungen der Originalfassung vorgenommen sowie 17 Paragraphen ergänzt. Für die vorliegende Arbeit sind folgende Änderungen von Bedeutung:

Die Unterscheidung zwischen therapeutischen und nicht-therapeutischen Versuchen wird in der 1975-er Revision der Deklaration detaillierter formuliert; zudem werden dem forschenden Arzt weitere Pflichten auferlegt. Die entscheidende Neuerung erfährt das Dokument in den sog. Basic Principles, den Allgemeinen Grundsätzen.

Dort heißt es fortan in Art.I Ziff. 2 der Deklaration:

"The desgin and performance of each experimental procedure involving human subjects should be clearly formulated in an experimental protocol which should be transmitted to a specially appointed independent committee for consideration, comment and guidance."

Die Zusatzregelung unter Art.I Ziff.2 ist von entscheidender Bedeutung. Es wird dort erstmals vorgeschlagen, vor Durchführung eines humanmedizinischen Forschungsprojekts eine Ethikkommission anzurufen. Entsprechend dieser Empfehlung riet 1979 der Vorstand der Bundesärztekammer nach längeren Beratungen den Landesärztekammern Kommissionen zur Beratung und Beurteilung ethischer und rechtlicher Aspekte von Forschungen am Menschen

[130] Zit. nach Münch.med.Wochenzeitschrift 136 (1994) Nr. 7, 10.
[131] Vgl. WMJ 1971 (18), 102f.
[132] Vgl. WMJ 1971 (21), 106; WMJ 1975 (22), 38.

einzurichten.[133] Aufgrund der Beschlüsse des 79. Deutschen Ärztetages 1976 und der Ärztetage 1977, 1979, 1983 und 1985 wurde die Neufassung einer Musterberufsordnung der deutschen Ärzte verabschiedet, die in §1 Abs.4 folgende Regelung enthielt:

"Der Arzt soll vor der Durchführung klinischer Versuche am Menschen oder der Forschung mit vitalen menschlichen Gameten und lebenden embryonalem Gewebe oder der epidemiologischen Forschung mit personenbezogenen Daten eine bei der Ärztekammer oder einer medizinischen Fakultät gebildete Ethikkommission anrufen, um sich über die mit seinem Vorhaben verbundenen berufsethischen und berufsrechtlichen Fragen beraten zu lassen."[134]

Die ärztlichen Standesorganisationen reagierten hierauf uneinheitlich: Eine Reihe von Landesärztekammern transformierten diese Richtlinien in verbindliches Satzungsrecht, wobei einzelne Standesorganisationen anstelle der Soll- eine Muss-Bestimmung wählten. Seit 1988 findet sich in §15 Abs.1 MBO-Ä 1988 folgende Regelung:

"Der Arzt muss sich vor der Durchführung klinischer Versuche am Menschen oder der epidemiologischen Forschung mit personenbezogenen Daten durch eine bei der Ärztekammer oder bei einer medizinischen Fakultät gebildeten öffentlich-rechtlichen Ethikkommission über die mit seinem Vorhaben verbundenen berufsethischen und berufsrechtlichen Fragen beraten lassen."

Darüber hinaus wurde in §15 Abs.2 MBO-Ä 1997 ausdrücklich auf die Deklaration Bezug genommen. Dort heißt es:

"Bei durchzuführenden Beratungen nach Absatz 1 ist die Deklaration des Weltärztebundes von 1964 (Helsinki) in der Fassung von 1975 (Tokio), 1983 (Venedig), 1989 (Hongkong) und 1996 (Somerset West) zugrunde zu legen."

Im Ergebnis führt die Revision der Deklaration von Helsinki 1975 aufgrund der dadurch veranlassten Änderungen der Musterberufsordnung dazu, dass alle Landesberufsordnungen für Ärzte heute ausdrücklich auf die Deklaration von Helsinki verweisen: Die angerufenen Ethikkommissionen müssen nach dem Wortlaut der jeweiligen Landesberufsordnung ihren Beratungen über die Zulässigkeit es humanmedizinischen Forschungsprojekt zwingend die Deklaration von Helsinki zu Grunde legen.

[133] Empfehlung der Bundesärztekammer vom 12. Januar 1979 zur Errichtung von Ethik kommissionen abgdr. bei Ratzel, Standesrecht, Anhang IV.
[134] §1 Abs.4 MBO-Ä 1976.

1983 erfolgte auf der Generalversammlung in Venedig eine weitere Revision der Deklaration.[135] Der Ausdruck medical doctor wird durchgängig durch den Begriff physician ersetzt und im Vorwort wird das Zitat aus der Internationalen Ärztlichen Standesordnung an deren revidierte Fassung aus dem gleichen Jahr angeglichen sowie eine Klausel eingeführt, wonach bei Kindern auch deren persönliche Zustimmung verlangt wird, vorausgesetzt, dass diese entsprechend ihrem Alter dazu fähig sind.

Im Juli 1989 nimmt das Council des Weltärztebundes einen Revisionsvorschlag der deutschen Ärztevereinigung an,[136] der 1996 auf der 48. Generalversammlung des Weltärztebundes in leicht modifizierter Fassung verabschiedet und in Art.I Ziffer 2 der Deklaration von Helsinki in der revidierten Fassung von Somerset West, 1996 Niederschlag findet:

"The design and performance of each experimental procedure involving human subjects should be clearly formulated in an experimental protocol which should be transmitted for consideration, comment and guidance to a specially appointed committee independent of the investigator and the sponsor provided that this independent commitee is in conformity with the laws and regulations of the country in which the research experiment is performed."

Der Vorschlag der Bundesärztekammer erklärt sich vor dem Hintergrund, dass seit der Einführung der öffentlich-rechtlichen Ethikkommissionen im Jahr 1975 eine Reihe von freien Ethikkommissionen die nach der Deklaration und der MBO vorgesehene Begutachtung von Forschungsvorhaben wahrgenommen hatte. Dies, obwohl ihnen nach einer im arztrechtlichen Schrifttum getroffenen Feststellung neben den staatlich oder standesrechtlich autorisierten Gremien keinerlei Funktion im Rahmen der Revidierten Deklaration von Helsinki zugebilligt wurde.[137]

[135] Vgl. WMJ 1983 (30), 54; WMJ 1983 (30), 82.

[136] Vgl. Minutes of the World Medicial Association (Az. 17.C/A/89, Proposed Amendment to WMA Declaration of Helsinki). Nach dem Vorschlag der Bundesärztekammer sollte die Ziffer 2 der Basic principles wie folgt abgeändert werden: "The desgin and performance of each experimental procedure involving human subjects should be clearly formulated in an experimental protocol which should be transmitted for consideration, comment and guidance to a specially appointed committee independent of the investigator and the sponsor and recognized by a competent body which may differ among countries."

[137] Vgl. Deutsch, VersR 1989, 429, 431.

5. Die Revision der Deklaration von Helsinki in Edinburgh, Oktober 2000

Während die Änderungen und Ergänzungen der Deklaration von Helsinki seit ihrer Neufassung im Jahr 1975 als eher unwesentlich einzustufen sind und fundamentale Prinzipien der Deklaration unberührt blieben, stellt die jüngste Revision der Deklaration auf der 62. Hauptversammlung der World Medical Association im Jahr 2000 eine umfassende Neuregelung bis dahin grundlegender Prinzipien der Deklaration dar. Die Neufassung der Kernaussagen der Deklaration von Helsinki wurde hauptsächlich von Vertretern der American Medical Association, der amerikanischen Ärztevereinigung, in Gang gesetzt.

a. Der Revisionsvorschlag der American Medical Association

1999 schlug die American Medical Association eine umfassende Revision der Deklaration vor.[138] Die amerikanische Initiative sah die Aufgabe der bis dahin gültigen Einteilung in allgemeine Regeln, therapeutische Versuche und nicht-therapeutische Versuche vor. Therapeutische Versuche und nicht-therapeutische Versuche sollten gleich behandelt werden. Auch die Regelungen in Bezug auf die Ethikkommissionen sollten nach dem amerikanischen Vorschlag grundlegend umgestaltet werden: Die Änderungen betrafen die Befugnisse und Pflichten der Ethikkommissionen sowie die Aufgabe der örtlichen Zuständigkeit der Ethikkommissionen. Die Ethikkommissionen sollten den jeweiligen Prüfplan auch unter dem Gesichtspunkt seiner Wissenschaftlichkeit untersuchen und auch hierzu ihre Zustimmung geben müssen.

Der Vorschlag sah außerdem eine besondere Funktion der Ethikkommission im Rahmen der Patienten-/Probanden Einwilligung vor. Die Prinzipien der Einwilligung nach Aufklärung und der medizinischen Vertretbarkeit sollten vermischt und unter verschiedenen Aspekten betrachtet werden mit der Folge, dass eine klare Abgrenzung zwischen den drei Kernvoraussetzungen humanmedizinischer Forschung, nämlich der Probandeneinwilligung, der Aufklärung sowie der medizinischen Vertretbarkeit aufgegeben wurde. Der amerikanische Vorschlag beinhaltete schließlich, dass sich die Deklaration nicht nur an Ärzte, sondern generell an alle Personen wenden sollte, die mit medizinischen Versuchen am Menschen befasst waren, also auch Psychologen, ärztliches Hilfspersonal, Physiker, Chemiker u.s.w.

[138] Proposed New Version of the Declaration of Helsinki, submitted by the American Medical Association, November 1997, abgedr. In Deutsch/Taupitz, Revision der Deklaration, Anhang S. 389ff. vgl. Doppelfeld DÄBl. 2000 B-2478f; ders. DÄBl. 2000 B-1346f.; ders. DÄBl. 2001 B-1612f.

b. Die Reaktion der nationalen Ärztekammern - das Göttinger Thesenpapier

Veranlasst durch den amerikanischen Revisionsvorschlag, veranstaltete die Abteilung für Arzt- und Arzneimittelrecht des juristischen Seminars der Universität Göttingen gemeinsam mit dem Institut für Deutsches, Europäisches und Internationales Medizinrecht, Gesundheitsrecht und Bioethik der Universitäten Heidelberg und Mannheim ein internationales Symposium auf dem der amerikanische Revisionsvorschlag von Vertretern europäischer und außereuropäischer Ärztekammern kritisch diskutiert und die Ergebnisse in einem Beschluss, dem sog. Göttinger Papier zusammengefasst wurden.[139] Das Göttinger Papier forderte vor allem die unbedingte Beibehaltung der Unterscheidung zwischen therapeutischer und rein wissenschaftlicher Forschung mit der Begründung, dass diese Unterscheidung unterschiedliche Abwägungskriterien für die Zulassung humanmedizinischer Forschung beinhalte, so im Hinblick auf die Nutzen-Risikoabwägung, die Maßgeblichkeit der mutmaßlichen Einwilligung, die Forschung mit Nichteinwilligungsfähigen und die Rekrutierung der Teilnehmer.[140] Die Neufassung der Deklaration sollte - so das Göttinger Papier - Regelungen über die Behandlung des kontrollierten klinischen Versuchs[141] im Allgemeinen, die Bildung von Testgruppen und Kontrollgruppen, die Randomisierung, den Blindversuch, den Doppelblindversuch und den Dreifachblindversuch beinhalten.[142]

Schließlich wurde in Ziffer 19 und 20 des Thesenpapiers gefordert, dass die Regeln der Deklaration auch auf Nichtmediziner, die in humanmedizinische Forschungsprojekte involviert sein können, Anwendung finden sollte. Dies könne einerseits über eine Neubezeichnung der Deklaration ermöglicht werden, andererseits über entsprechende verbindliche Regelungen des Berufsrechts.[143] Das Göttinger Papier wurde gemeinsam mit einem - nur in wenigen Punkten vom amerikanischen Vorschlag der American Medical Association abweichen-

[139] Umfassende Darstellung der Berichte und Beratungsergebnisse des Göttinger Symposiums bei Deutsch/Taupitz, Revision der Deklaration.

[140] Vgl. Ziff. 4 des Beschlusses vom 10. April 1999 des internationalen Symposiums Forschungsfreiheit und Forschungskontrolle in der Medizin – zur geplanten Revision der Deklaration von Helsinki –, abgedr. WMJ 1999 (3) 39ff.

[141] Weiterführend zum kontrollierten Versuch: Laufs/Uhlenbruch-Laufs, Arztrecht §130, Rdn.8ff.; Fischer, MedR 1987, 77ff.

[142] Vgl. Ziff. 7, 10, 14 des Beschlusses vom 10. April 1999 des internationalen Symposiums Forschungsfreiheit und Forschungskontrolle in der Medizin - zur geplanten Revision der Deklaration von Helsinki -, abgedr. WMJ 1999 (3) 39ff.

[143] Vgl. Ziff. 19, 20 des Beschlusses vom 10. April 1999 des internationalen Symposiums Forschungsfreiheit und Forschungskontrolle in der Medizin - zur geplanten Revision der Deklaration von Helsinki -, abgedr. WMJ 1999 (3) 39ff.

den - Vorschlag einer Arbeitsgruppe unter Vorsitz von Prof. Bob Levine auf der 153. Sitzung des Councils des Weltärztebundes in Santiago de Chile zur Diskussion gestellt. Der Weltärztebund setzte daraufhin einen Ausschuss ein, der mit der Aufgabe betraut wurde, einen eigenen Vorschlag für die Neufassung der Deklaration von Helsinki zu erarbeiten.[144] Hierzu wurden die nationalen Ärztekammern aufgefordert, Verbesserungsvorschläge zur Revision der Deklaration zu erarbeiten. Der Revisionsentwurf der Bundesärztekammer sah im Wesentlichen folgende Änderungen und Ergänzungen der Deklaration vor:

1. Ausweitung des Adressatenkreises: Die Deklaration sollte nicht nur für Ärzte gelten, sondern für alle Personen, die in der medizinischen Forschung am Menschen tätig sind.
2. Die Deklaration sollte ausdrücklich betonen, dass in der medizinischen Forschung Überlegungen, die das Wohlergehen der Versuchsperson betreffen, Vorrang vor den Interessen der Wissenschaft und der Gesellschaft haben sollten.
3. Ebenso hervorgehoben werden sollte, dass therapeutische Versuche die Einhaltung zusätzlicher Standards zum Schutz der Patienten voraussetzen müssen.
4. Der Forscher sollte der anzurufenden Ethikkommission nicht nur den Prüfplan, sondern auch Informationen über die Finanzierung, die Sponsoren, potentielle Interessenkonflikte und Anreize für die Versuchsperson vorlegen.
5. Die Deklaration sollte den Zusatz erhalten, dass medizinische Forschung nur dann gerechtfertig ist, wenn es eine große Wahrscheinlichkeit gibt, dass die Population, an denen der Versuch vorgenommen wird, von den Ergebnissen des Versuchs profitiert.
6. Besondere Formen der medizinischen Forschung, so die Zulässigkeit von Kontrollgruppen und Placebostudien, sollten durch eigene Regelungen ergänzt werden.[145]

c. Die Deklaration von Helsinki in Edinburgh, Oktober 2000 – Darstellung der wesentlichen Neuerungen und Kritik

Auf der 52. Hauptversammlung des Weltärztebundes in Edinburgh am 7. Oktober 2000 wurde eine grundlegend überarbeitete Neufassung der Deklaration unter dem Titel „Ethical Principles for Medical Research involving human

[144] Vgl. Doppelfeld, DÄBl. 1999 A 1400; ders., DÄBl. 2000 B 1346.
[145] Arbeitsdokument für den Vorschlag zur Überarbeitung der Deklaration von Helsinki der Bundesärztekammer in der Übersetzung vom 7. Juni 2000.

Subjects“ verabschiedet. [146] Diese neue Fassung wurde einstimmig von allen 44 Mitgliedsstaaten angenommen und ersetzt alle bisherigen Fassungen, jedenfalls für die zukünftige humanmedizinische Forschung.[147] Eine offizielle deutsche Übersetzung seitens des Weltärztebundes gibt es nicht. Nur die englische Fassung wurde in Edinburgh beschlossen.[148]

Eine der wesentlichen Neuerung der im Oktober 2000 verabschiedeten Deklaration von Helsinki ist die Aufgabe der klaren Differenzierung zwischen den Zulässigkeits-voraussetzungen therapeutischer und nicht-therapeutischer Versuche. Die Besonderheiten der klinischen Forschung werden nur ansatzweise gestreift, hierzu weiter unten. Die Regelungen über therapeutische Forschungsversuche enthalten zwar deutliche Abwägungskriterien, sind aber unvollständig. Insgesamt werden auf alle Formen der Forschung am Menschen die gleichen Regeln angesetzt.

Die Strukturveränderung erstaunt nicht nur mit Blick auf die lange Tradition dieses Unterscheidungskriteriums, das - wie ausgeführt - Anfang des 19. Jahrhunderts erstmalig von Claude Bernard formuliert wurde, sondern auch im Hinblick auf die Rechtsprechung. So differenzierte auch der BGH in der sog. Thorotrastentscheidung zwischen therapeutischen und nichttherapeutischen Versuchen und knüpfte daran die Zu- bzw. Aberkennung eines möglichen Aufopferungsanspruchs.[149]

Während der Haupttitel „Deklaration von Helsinki des Weltärztebundes“ unverändert blieb, wurde im Untertitel nicht mehr nur die Ärzteschaft als Adressat der Deklaration genannt, sondern eine offene Formulierung gewählt. Es heißt jetzt ohne Nennung bestimmter Adressaten: „Ethische Prinzipien für die medizinische Forschung am Menschen“. Offensichtlich soll bereits mit der Titelneufassung die im Rahmen der Diskussionen zur Neufassung der Deklaration beabsichtige Wirkungserstreckung der Deklaration auch auf Personen, die nicht Mediziner sind, festgestellt werden.[150]

[146] Ausführlich zu den Neuerungen der Deklaration vgl. Taupitz, DÄBl. 2001 A-2413f., der die Neufassung als „im Grunde jetzt dritten Version der Deklaration nach jenen von 1964 (Helsinki) und 1975 (Tokio)“ bewertet. Taupitz weist zutreffend auf Übersetzungswidersprüche zwischen der englischen Originalfassung und der von der BÄK vorgenommenen, deutschen Übersetzung hin, die er als teilweise zu frei und nicht angemessen qualifiziert.

[147] Vgl. Winter/Fenger/Schreiber-Deutsch/Taupitz, Genmedizin und Recht, Rdn.530.

[148] Vgl. Doppelfeld, DÄBl. 2000 B-1346f.; ders. DÄBl. 2000 A-2920.

[149] BGHZ 20, 61, 66f.

[150] Zum Problem der Bedeutung der Deklaration auf Nichtmediziner vgl. Abschnitt B. II. 5.d.

Die neue Deklaration zerfällt nunmehr in drei Abschnitte: unter Abschnitt A. die Einleitung (1-9), unter Abschnitt B. die Allgemeinen Grundsätze für jede medizinische Forschung (10-27) sowie unter Abschnitt C. zusätzliche Regelungen für medizinische Forschung in Verbindung mit medizinischer Versorgung (28-31).

In der Einleitung werden - entsprechend dem neuen Untertitel - nunmehr alle Personen, die in der medizinischen Forschung am Menschen tätig sind, als Adressat der Deklaration angesprochen, vgl. Abschnitt A. Ziff.1. Die Deklaration wird in diesem Zusammenhang ausdrücklich als Leitlinie bezeichnet und nicht wie in der alten Fassung auch als Empfehlung. Unpräziser stellt sich hingegen die Formulierung der Zweckbestimmung medizinischer Forschung, Abschnitt A. Ziff.6 da, wenn nunmehr von einem „primären Zweck medizinischer Forschung" gesprochen wird, andere Zwecke aber nicht genannt werden. Die alte Formulierung war hier eindeutiger, indem nur ein legitimer Zweck medizinischer Forschung festgestellt wurde, nämlich die Verbesserung prophylaktischer, diagnostischer und therapeutischer Verfahren sowie das Verständnis für die Ätiologie und Pathogenese einer Krankheit, vgl. Art. I. Ziff.3 (a.F.).

Eine völlige Neuerung findet sich in Abschnitt A. Ziff.8: Explizit genannt werden nunmehr besonders schutzwürdige Personengruppen, so z.B. Einwilligungsunfähige oder Personen in Zwangs- und Abhängigkeitsverhältnissen. In Ziff.8 wird auch die besondere Schutzwürdigkeit von Personen genannt, die keinen persönlichen Nutzen von der Forschung haben oder bei denen die Forschung mit medizinischer Versorgung verbunden ist. Hier klingt die Unterscheidung zwischen nichttherapeutischer und therapeutischer Forschung an.

In Abschnitt A. Ziff.9 wird noch einmal der Einbezug auch von nichtärztlichen Forschern formuliert Außerdem wird eine neue Regelung zum Verhältnis zwischen Deklaration und nationalem Recht eingeführt. Es wird festgestellt, dass nationale Gesetze zur humanmedizinischen Forschung oder entsprechende Ratifikationen, z.B. die Biomedizin-Konvention des Europarates, grundsätzlich neben der Deklaration und im Falle des Konflikts vor ihr Anwendung finden. Zusätzlich wird gefordert, dass die nationalen Regelungen im Zusammenhang mit humanmedizinischer Forschung keine Erleichterungen gegenüber den Grundsätzen der Deklaration einräumen sollten. Es wird angenommen, dass diese Regelung nur für den Bereich gelten soll, in dem die nationale Regelung nicht nur im Verhältnis zu den Bestimmungen der Deklaration von Helsinki divergiert, sondern auch gegen die Menschenrechte verstößt.[151]

[151] Vgl. Deutsch, NJW 2001, 857, 860.

Diese Einschätzung der Regelung basiert auf der Annahme, dass die Deklaration von Helsinki Ausdruck der Menschenrechte sei und daher jede Erleichterung biomedizinischer Forschung in nationalem Recht zugleich einen Verstoß gegen die Menschenrechte darstelle.[152] Rechtliche Wirkung hat diese Forschung angesichts fehlender Bindung der staatlichen Gesetzgeber nicht.[153]

Unter Abschnitt B. Ziff.10 wird die Pflicht zur Beachtung der Privatsphäre und der Menschenwürde neu aufgenommen. In Abschnitt B. Ziff.11 wird die Notwendigkeit vorheriger, angemessener Tierversuche festgeschrieben.[154] Im Hinblick auf die Aufgaben und Befugnisse der Ethikkommission finden sich in der neuen Deklaration unter Abschnitt B. Ziff.13 erhebliche Neuerungen: Mit der Neufassung wird die Beratungs- und Kontrollfunktion der Ethikkommission ausdrücklich betont und damit die Tendenz verstärkt, die Ethikkommission entgegen ihrer früheren Funktion als Beratungsgremium zu einem genehmigenden Organ werden zu lassen. Zu diesem Zweck wird zugunsten der Ethikkommissionen ein umfangreicheres Informationsrecht vor Versuchsbeginn festgelegt sowie auch das Recht versuchsbegleitender Überwachung.

Völlig neu ist auch die Bestimmung in Abschnitt B. Ziff.19, wonach medizinische Forschung nur dann gerechtfertig ist, wenn ein vernünftiges Maß an Wahrscheinlichkeit dafür besteht, dass die Bevölkerungsgruppen („populations"), an denen die Forschung durchgeführt wird, voraussichtlich einen Nutzen von den Forschungsergebnissen haben werden. Mit dieser Vorschrift soll offenbar der Gefahr eines Forschungsexports in Entwicklungsländern vorgebeugt werden und die „Forschung an Armen für Reiche" unterbunden werden.[155] Der gleichen Intention dient Abschnitt C. Ziff.30, wonach bei Beendigung einer Studie gewährleistet werden sollte, dass jeder darin eingeschlossene Patient Zugang zu denjenigen Verfahren erhält, die sich in der Erprobung als die besten prophylaktischen, diagnostischen und therapeutischen Verfahren erwiesen haben.

[152] Vgl. Deutsch a.a.O.

[153] Taupitz, DÄBl. 2001 A-2413, 2415.

[154] Taupitz, DÄBl. 2001 A-2413, 2415 weist auf die auf die ungenaue, deutsche Übersetzung der Neufassung der Deklaration seitens der BÄK hin, die in Ziff. 10 lediglich von „(...) gegebenenfalls Tierversuchen (...)" spricht. Eine offizielle deutsche Übersetzung seitens des Weltärztebundes gibt es nicht. Auf der Homepage der WMA ist die Deklaration in Englisch, Französisch und Spanisch verfügbar, wobei allerdings nur die englische Fassung in Edinburgh beschlossen worden ist, vgl. Doppelfeld, DÄBl. 2000 B-1346f.; Doppelfeld, DÄBl. 2000 A 2920. Die BÄK hat eine deutsche, zum Teil sehr ungenaue, Übersetzung erarbeitet, die auf ihrer Homepage (www.bundesaerztekammer.de) abrufbar ist.

[155] Taupitz, DÄBl. 2001 A-2413, 2417.

Die Absicht der Verfasser der Deklaration, größere Transparenz über Ziele, Methoden, Quellen finanzieller Unterstützung, mögliche Interessenkonflikte, institutionelle Verbindungen des Forschers, die erwarteten Nutzen und die Risiken der Studie zu gewährleisten, wird nunmehr deutlich in Abschnitt B. Ziff.22 formuliert. In Abschnitt B. Ziff.16 wird diese Zielsetzung auch in Bezug auf die Öffentlichkeit festgeschrieben. Es heißt dort: „Das Design aller Studien sollte öffentlich verfügbar sein." Unklar ist allerdings die beabsichtige Reichweite der Bestimmung. Auch in Abschnitt B. Ziff.27 zeigt die Tendenz der Deklaration, Interessenkonflikte und Bindungen publik zu machen. Nach dieser Bestimmung sind die Forscher verpflichtet, ihre Forschungsergebnisse, Quellen finanzieller Unterstützung, institutionelle Verbindungen, mögliche Interessenkonflikte zu veröffentlichen bzw. öffentlich verfügbar zu machen, und zwar unabhängig davon, ob negative oder positive Ergebnisse erzielt wurden.

In Abschnitt B. Ziff.26 der Deklaration wird entgegen der bisherigen Fassung, wonach nichttherapeutische Forschung nur an Freiwilligen, d.h. einwilligungsfähigen, vorgenommen werden sollte, die nichttherapeutische Forschung an Einwilligungsunfähigen möglich gemacht, sofern sie der jeweiligen Betroffenengruppe nützt, vgl. Abschnitt B. Ziff.24. In diesen Fällen kann der gesetzlich ermächtigte Vertreter des Einwilligungsunfähigen über die Versuchsteilnahme entscheiden.

In Abschnitt B. Ziff.26 wird darüber hinaus festgelegt, dass die Ethikkommission bei einwilligungsunfähigen Versuchspersonen[156] an die Stelle des Probanden tritt und die erforderliche Zustimmung zum Versuch erteilen kann, bis der Proband einen gesetzlichen Vertreter erhalten hat. Diese Regelung erscheint angesichts des im deutschen Recht anerkannten Prinzips der mutmaßlichen Einwilligung als äußerst problematisch. Nach den Grundsätzen der mutmaßlichen Einwilligung gemäß §§683ff. BGB steht nämlich immer der Wille bzw. der mutmaßliche Wille der einwilligungsunfähigen Person im Vordergrund. Die neue Regelung sieht hingegen keine konkreten Voraussetzungen für die einzuholende Ersatzeinwilligung der Ethikkommission vor, an denen sich die Mitglieder der Ethikkommission orientieren könnten.

[156] Vgl. Taupitz, DÄBl. 2001 A-2413, 2418; Deutsch spricht in diesem Zusammenhang in NJW 2001, 857, 860 insoweit ungenau von „inkompetenten Versuchspersonen". Die inoffizielle, deutsche Übersetzung der Ziff.26 seitens der BÄK lautet: „Forschung an Versuchspersonen, deren Einwilligung, nicht eingeholt werden kann, und zwar auch nicht in Form einer Einwilligung eines Stellvertreters oder in Form einer vorherigen Einwilligung, sollte nur durchgeführt werden (...)". Die offizielle, englische Fassung der Ziff. 26 der neurevidierten Deklaration lautet: „Research on individuals from whom it is not possible to obtain consent, including proxy or advance consent, should be done only (...)".

Aus dem Blickwinkel des Schutzes Einwilligungsunfähiger hatte sich die früher deutlichere Herausstellung nichttherapeutischer Forschung als bedeutsam erwiesen.[157] Die unter Abschnitt C. Ziff.28 festgelegte Bestimmung verlangt - im Gegensatz zur früheren Fassung - nicht mehr, dass die fragliche Forschung einen Vorteil für den Patienten erwarten lässt. Dadurch wird der Patientenschutz abgeschwächt, zumindest ein gruppenspezifischer Nutzen hätte festgelegt werden können.[158]

Neu ist auch die Bestimmung in Abschnitt C. Ziff.29 über den zulässigen Einsatz von Placebos.[159] Die sonstigen Besonderheiten der klinischen Forschung werden hingegen nur ansatzweise gestreift, so die Behandlung des kontrollierten klinischen Versuchs im Allgemeinen, die Bildung von Testgruppen und Kontrollgruppen, die Randomisierung, den Blindversuch, der Doppelblindversuch und den Dreifachblindversuch, auch wenn die Mitglieder einer Gruppe mit denen einer anderen ausgetauscht werden, sog. cross-over. Unerwähnt bleiben auch die Besonderheiten im Zusammenhang mit Pilotprojekten und der Anwendungsbeobachtung.

Mit der Bestimmung in Abschnitt C. Ziff.32 (n.F.) wird nunmehr der Heilversuch explizit auf jene Fälle beschränkt, in denen erprobte prophylaktische, diagnostische und therapeutische Verfahren fehlen oder sich als unwirksam erwiesen haben. Dies bedeutet eine Abkehr zur früheren Bestimmung in Abschnitt II. Ziff.5, wonach der Arzt in Verbindung mit ärztlicher Versorgung unter Umständen auf die Einwilligung nach Aufklärung verzichten konnte, nämlich wenn er dies für unentbehrlich hielt. Der individuelle Heilversuch und der klinische Versuch sollen offenbar überhaupt nicht mehr bei Einwilligungsunfähigen möglich sein, und zwar selbst dann nicht, wenn die begründete Hoffnung besteht, dass durch den therapeutischen Versuch das Leben des Patienten gerettet, seine Gesundheit wiederhergestellt oder sein Leiden verringert wird. Abschnitt C. Ziff.32 verlangt nämlich ausnahmslos die Einwilligung des Patienten nach Aufklärung. Eine vergleichbare Aussage zu der früheren Bestimmung in Art. II. Ziff.5 fehlt.

Wie bisher fehlt in der Deklaration eine besondere Haftungsregelung für den Fall, dass bei Durchführung des Humanversuchs der Proband verstirbt oder sein Körper oder seine Gesundheit verletzt wird.

[157] Vgl. Taupitz, DÄBl. 2001 A-2413, 2418.
[158] Kritisch Taupitz, a.a.O.
[159] Auf seiner 160. Sitzung am 7. Oktober 2001 hat die WMA eine sog. Note of Clarification zu Ziff. 29 der Neufassung der Deklaration vom Oktober 2000 beschlossen, vgl. hierzu kritisch Taupitz, DÄBl. 2002 B-332ff.

Wünschenswert wäre eine Regelung ähnlich der Probandenversicherung in §40 Abs.1 Nr.2, Abs.3 AMG, §20 Abs.1 Nr.9, Abs.3 MPG gewesen.[160] In diesen Fällen stehen weiterhin nur die Haftungsnormen des allgemeinen Zivilrechts nach §823 Abs.1 BGB zur Verfügung.

Insgesamt lassen die neue Fassung der Deklaration deutlich einen utilitaristischen Ansatz erkennen: So wird - wie ausgeführt - unter Abschnitt B. Ziff. 24 - 26 vorgesehen, dass bei Einwilligungsunfähigen, Behinderten und bei Minderjährigen grundsätzlich auch dann klinische Forschung durchgeführt werden darf, wenn diese für den Betroffenen selbst keinen diagnostischen oder therapeutischen Nutzen/Wert mit sich bringt. Ausreichend ist in diesen Fällen das Erreichen eines gruppenspezifischen Nutzens. Die notwendige Zustimmung muss dabei vom gesetzlichen Vertreter eingeholt werden. Diese Regelung steht in deutlichem Widerspruch zur deutschen Rechtslage, die die Möglichkeit der Ersetzung der Einwilligung beim rein wissenschaftlichen Experiment - wie ausgeführt - nur ausnahmsweise an Minderjährigen nach den Bestimmungen der §40 Abs.4 AMG und §20 Abs.4 MPG zulässt.[161]

Die deutschen Änderungsvorschläge wurden insgesamt nur zu einem kleinen Teil berücksichtigt. Die Neufassung wird aus deutscher Sicht gleichwohl als gelungener Kompromiss zwischen der revidierten Deklaration von Helsinki von 1975 und allzu weitgehenden Reformvorstellungen der American Medical Association bezeichnet.[162] Dies erscheint wenig überzeugend, da zum Teil wesentliche Strukturprinzipien der revidierten Deklaration von Helsinki von 1975 aufgegeben wurden, die sowohl nach dem Revisionsvorschlag der Bundesärztekammer als auch dem Göttinger Thesenpapier ausdrücklich abgelehnt worden waren. Dies betrifft vor allem die bis dahin gültige klare Differenzierung zwischen therapeutischen und nicht-therapeutischen Versuchen und ihren unterschiedlichen Zulässigkeitsvoraussetzungen. Die Änderung der bis zu diesem Zeitpunkt klaren Versuchsunterscheidung in therapeutische und nicht-therapeutische Versuche wurde mit der Mehrheit von nur einer Stimme angenommen.[163]

[160] Vgl. hierzu Bausch, VersR 1979, 212.
[161] Taupitz spricht davon, dass die Forschung an Einwilligungsunfähigen in einer Weise geregelt wurde, die die internationale Diskussion auf den Kopf stelle, Taupitz, DÄBl. 2001 A-2413, 2419.
[162] Deutsch, NJW 2001, 857.
[163] Vgl. Doppelfeld, DÄBl. 2000 B-1346f.

d. Bedeutung der Deklaration von Helsinki in der Fassung von Edinburgh 2000 für Nichtmediziner

Die Neufassung der Deklaration von Helsinki in Edinburgh im Oktober 2000 sieht vor, dass die Bestimmungen der Deklaration nicht nur für Ärzte, sondern generell als Richtlinie für alle Personen anzuwenden ist, die in irgendeiner Form an humanmedizinischer Forschung beteiligt sind. Offensichtlich soll der Adressatenkreis der Deklaration den tatsächlichen Gegebenheiten der humanmedizinischen Forschungsprojekte angepasst werden. Die Strukturen und Anforderungen moderner Forschung sowie die Verantwortung für die Gesundheitsfürsorge sind nicht mehr allein auf das Arzt-Patienten-Verhältnis beschränkt, sondern gehen über die Verantwortlichkeit des einzelnen Arztes bzw. der Ärzteschaft als Gesamtheit hinaus.[164] Vor diesem Hintergrund erscheint es auch konsequent, dass in der neuen Fassung der Deklaration der Personenkreis des potentiellen Prüfleiters weit gefasst wurde: So heißt es in Abschnitt B. Ziff.15:

„Medical research involving human subject should be conducted only by scientifically qualified persons. The responsibility for the human subject must always rest with a medically qualified person and never rest on the subject of the research, even though the subject has given consent."

Humanmedizinische Forschung darf nach den neuen Bestimmungen der Deklaration jede Person durchführen, die wissenschaftlich qualifiziert ist, solange das Forschungsprojekt nur unter der Aufsicht einer klinisch kompetenten Person steht. Der noch in der Einleitung unter Abschnitt A. Ziff.1 benutzte englische Begriff des physician als Bezeichnung für den Arzt wird im Zusammenhang mit der möglichen Person des Prüfleiters nicht ausdrücklich genannt und findet sich auch im Übrigen nur an wenigen Stellen der Deklaration wieder. Auch dieser Umstand zeigt, dass die Reform der Deklaration im Jahre 2000 absichtlich den Adressatenkreis der Deklaration weit gefasst sehen will. In den Bundesgesetzen zur biomedizinischen Forschung wird bisher hingegen daran festgehalten, dass als Prüfleiter nur ein besonders qualifizierter Arzt benannt werden darf.[165]

Forschungsvorhaben, die in den Anwendungsbereich des AMG, MPG oder der StrahlenschutzVO fallen, werden ausdrücklich der ärztlichen Leitung und Kontrolle unterstellt.

[164] Vgl. Deutsch/Taupitz-Lilie, Revision der Deklaration, S.349ff.; Deutsch/Taupitz, MedR 1999, 402.

[165] §40 Abs.1 Nr.4 AMG, §17 Abs.1 Nr.4 MPG, §41 Abs.6 Nr.1 StrahlenschutzVO.

Bezüglich der nationalen deutschen Gesetzgebung ist durchaus von einem Arztmonopol in der humanmedizinischen Forschung zu sprechen.

Für die Ebene des deutschen Rechts stellt sich mit Blick auf die im Jahr 2000 revidierte Deklaration von Helsinki und die darin vorgesehene Ausweitung des ursprünglichen Adressatenkreises der Ärzteschaft auf alle sonstigen in ein humanmedizinisches Forschungsvorhaben involvierten Personen, die Frage, ob dies dazu führt, dass die Deklaration auch für Nichtmediziner verbindlich ist.

Eine unmittelbare rechtliche Verbindlichkeit der Deklaration gegenüber Nichtmedizinern scheidet schon deshalb aus, weil die Deklaration von Helsinki vom Weltärztebund, der Interessenvertretung der Ärzteschaft, beschlossen wurde. Unmittelbare Adressaten können bereits aus diesem Grunde nur Ärzte und nicht außerhalb der Ärzteschaft stehende Dritte sein. Gleiches gilt für das nationale Standesrecht der ärztlichen Berufsordnungen. Im Facharztbeschluss hat das Bundesverfassungsgericht festgehalten, dass außerhalb der Standesorganisationen stehende Dritte aus verfassungsrechtlichen Gründen nicht wirksam an das jeweilige Standesrecht gebunden sein können.[166] Soweit also in der revidierten Deklaration aus dem Jahre 2000 festgehalten wird, dass die Bestimmungen der Deklaration auch für Nichtmediziner Geltung beanspruchen, so ist darin lediglich ein offizieller Appell des Weltärztebundes zu sehen, gerichtet an all diejenigen Personen, die in biomedizinische Forschung involviert sind.[167]

Allerdings erscheint es aufgrund der Tatsache, dass an humanmedizinischen Forschungsvorhaben zunehmend auch Nichtmediziner beteiligt sind, wichtig, der Frage nachzugehen, ob und mittels welcher rechtlichen Konstruktion die Bestimmungen der Deklaration auch für Nichtmediziner verbindlich werden können. Die Notwendigkeit, auch Nichtmediziner den Regelungen der Deklaration zu unterwerfen, wird auch mit Blick auf diejenigen humanmedizinischen Forschungsprojekte deutlich, die außerhalb der Spezialgesetzgebung des AMG und MPG durchgeführt werden. Humanmedizinische Forschungsprojekte außerhalb des Anwendungsbereichs des AMG und MPG werden – soweit ein Arzt daran beteiligt ist – an den Regeln der ärztlichen Berufsordnungen gemessen, entsprechend §15 MBO-Ä 1997. Für nichtkammerangehörige Dritte existieren außerhalb der Spezialgesetzgebung keine besonderen Regelungen für Forschungsvorhaben am Menschen.

Rechtlich unproblematisch wäre eine entsprechende Ratifizierung der Deklaration von Helsinki seitens anderer standesrechtlich organisierter Berufsgruppen. Allerdings sind im Bereich der humanmedizinischen Forschung Berufsgruppen

[166] BVerfGE 33, 125; vgl. Wimmer, MedR 1996, 426.
[167] Ebenso Taupitz, DÄBl. 2001 A-2413, 2414.

involviert, die nicht standesrechtlich organisiert sind, so zum Beispiel Psychologen, Biologen, Krankenschwestern, Heilpraktiker. Vor diesem Hintergrund wurde im Göttinger Thesenpapier gefordert, dass die Ärzte über ihr Berufsrecht verpflichtet werden, mit Dritten nur in der Weise zusammenzuarbeiten, dass hierbei von allen Beteiligten die Anforderungen der Deklaration erfüllt werden.[168]

Die geforderte Verpflichtung könnte sich bereits aus den allgemeinen Grundsätzen der Berufsausübung ableiten, die in §1 Abs.1 MBO-Ä 1997 festgelegt sind. Der Arzt dient danach der Gesundheit des einzelnen Menschen und des gesamten Volkes. Aufgabe des Arztes ist es, das Leben zu erhalten, die Gesundheit zu schützen bzw. wiederherzustellen sowie Leiden zu lindern. Diese Grundsätze werden durch die Beschlüsse des Weltärztebundes konkretisiert.[169] Zu diesen Beschlüssen gehört auch die Deklaration von Helsinki, die in erster Linie dem Patienten-/Probandenschutz in der humanmedizinischen Forschung dient. Der Patienten- und Probandenschutz ist Bestandteil des allgemeinen Lebens- und Gesundheitsschutzes im Sinne des §1 MBO-Ä 1997. Die Regelungen der Deklaration unterstützen für den Bereich der humanmedizinischen Forschung also gleichzeitig die Wahrung der allgemeinen Grundsätze der Berufsausübung im Sinne des ärztlichen Standesrechts.

Andererseits lässt sich dem §1 MBO-Ä 1997 keine rechtliche Verpflichtung des Arztes entnehmen, wonach dieser seinem standesrechtlichen Auftrag zur Wahrung der allgemeinen Grundsätze der Berufsausübung nur dann mit genügender Sorgfalt nachkommt, wenn er ausschließlich mit Personen zusammenarbeitet, die sich zur Erfüllung der Regelungen der Deklaration von Helsinki verbindlich verpflichtet haben.

Eine standesrechtlich festgelegte Obliegenheit des Arztes, humanmedizinische Forschung nur unter Beteiligung von Nichtmedizinern durchzuführen, die sich zur Beachtung der Bestimmungen der Deklaration von Helsinki verpflichtet haben, lässt sich auch nicht über §13 Abs.1 MBO-Ä 1997 herleiten. §13 Abs.1 MBO-Ä 1997 sieht vor, dass bei speziellen medizinischen Maßnahmen oder Verfahren, die ethische Probleme aufwerfen und zu denen die Ärztekammer Empfehlungen zur Indikationsstellung und zur Ausführung festgelegt hat, der Arzt die Empfehlungen zu beachten hat.[170]

[168] Vgl. Ziff.19 des Göttinger Thesenpapiers vom 7. April – 11. April 1999.

[169] Vgl. Ratzel/Lippert, MBO-Komm. §1 Rdn.5.

[170] Wie ausgeführt, wird in der Literatur eingewendet, der Wortlaut §13 Abs.1 MBO 1997 sei zu unbestimmt, da die gewählte Formulierung die Möglichkeit eröffnet, dass der kammerzugehörige Arzt verpflichtet würde, auch Empfehlungen außerhalb der Ärztekammer

Soweit man - wie unter Abschnitt B. V. erörtert - die Ansicht vertritt, dass die Deklaration von Helsinki als Leitlinie anzusehen ist, so würde die geplante Neufassung des §13 MBO-Ä 1997 auch die standesrechtliche Verpflichtung beinhalten, die Bestimmungen der Deklaration zu beachten. Diese Pflicht kann sich jedoch ebenfalls nur an den kammerzugehörigen Arzt richten und nicht an außerhalb der Kammer stehende Dritte.

Um die beabsichtigte Verpflichtung der Ärzte zu begründen, müsste vielmehr eine zusätzliche Regelung in den ärztlichen Berufsordnungen aufgenommen werden, nach der in der biomedizinischen Forschung tätige Ärzte ausdrücklich verpflichtet werden, nur mit denjenigen Personen Forschungsprojekte gemeinsam durchzuführen, die sich ihrerseits dazu verpflichtet haben, die Grundsätze der Deklaration von Helsinki zu beachten. Aus Beweisgründen sollte die geforderte Verpflichtungserklärung schriftlich eingeholt werden. Die Regelung könnte wie folgt formuliert sein:

„Bei der Durchführung biomedizinischer Forschung am Menschen ist der Arzt verpflichtet, nur mit Personen zusammenzuarbeiten, die sich ihm gegenüber zur Einhaltung der Grundsätze der Deklaration des Weltärztebundes von 1964 (Helsinki) in der revidierten Fassung von 1975 (Tokio), 1983 (Venedig), 1989 (Hongkong), 1996 (Somerset West) und 2000 (Edinburgh) schriftlich verpflichtet haben."

Fraglich ist, ob sich eine derartige Regelung noch im Rahmen der Satzungskompetenz der Ärztekammern halten würde. Wiederum ist hier die grundlegende Entscheidung des Bundesverfassungsgerichts zur Autonomie von Berufsverbänden heranzuziehen.[171] Regelungen, die die Freiheit der Berufswahl einschränken, müssen durch den Gesetzgeber selbst getroffen werden, weil die Rechte anderer, nicht dem Berufsstand angehörender Personen, berührt werden.[172] Demgegenüber können Berufsausübungsregelungen grundsätzlich der Autonomie des jeweiligen Berufsverbandes überlassen werden, weil insoweit lediglich Verbandsmitglieder betroffen sind. Als grundrechtsbeschränkende Regelungen müssen Berufsausübungsregelungen auch eine dem rechtstaatlichen Bestimmtheitsgebot genügende, hinreichend konkrete gesetzliche Grundlage aufweisen.[173]

Der parlamentarische Gesetzgeber muss Inhalt, Zweck und Ausmaß der delegierten Materie mit hinreichender Deutlichkeit bestimmt haben, und zwar

stehender Dritter zu beachten. Die Vorschrift erscheint im Hinblick auf das Bestimmtheitsgebot aus Art.103 Abs.2 GG problematisch, vgl. Vesting, MedR 1998, 168 m.w.N.

[171] BVerfGE 33, 125ff.

[172] Vgl. hierzu und zum Folgenden ausführlich unter Abschnitt B. V. 3. c.

[173] Zum Bestimmtheitsgebot: BVerfGE 48, 210, 222; 49, 89, 129, 138; 58, 257, 278.

um so präziser und deutlicher, je empfindlicher die von den Regelungen betroffenen Grundrechtsträger in ihren Grundrechten beeinträchtigt werden.[174] Berufsausübungsregeln sind ihrerseits nur statthaft, soweit sie durch vernünftige Gründe des Allgemeinwohls gerechtfertigt werden und dem Grundsatz der Verhältnismäßigkeit genügen, d.h. in einem vernünftigen Verhältnis zu dem gegebenen Anlass und dem mit ihm verfolgten Zweck stehen.[175]

Vor diesem Hintergrund erscheint die angestrebte standesrechtliche Verpflichtung eines in der Humanforschung tätigen Arztes, nur mit Personen zusammen zu arbeiten, die sich ihrerseits zur Einhaltung der Bestimmungen der Deklaration von Helsinki bereit erklären, verfassungsrechtlich unbedenklich. Die beabsichtigte Regelung stellt eine reine Berufsausübungsregelung dar. Sie betrifft die Art und Weise der Berufstätigkeit der Ärzte und nicht statusrechtliche Fragen der ärztlichen Berufswahl. Die Regelung richtet sich auch ausschließlich an die kammerzugehörigen Ärzte. Die Rechte verbandsexterner Dritter werden nicht berührt. Die in Rede stehende Verpflichtung würde auch durch vernünftige Gründe des Allgemeinwohls gerechtfertigt sein. Die angestrebte Verpflichtung von Personen, die gemeinsam mit einem Arzt an der Durchführung humanmedizinischer Forschungsversuche beteiligt sind, die Bestimmungen der Deklaration zu beachten, dient dem Patienten- und Probandenschutz und damit wichtigen Schutzgütern der Allgemeinheit. Für nichtkammerangehörige Dritte existieren außerhalb der Spezialgesetzgebung keine besonderen Regelungen für Forschungsvorhaben am Menschen. Die angestrebte standesrechtliche Verpflichtung steht deshalb auch in einem vernünftigen Verhältnis zu dem gegebenen Anlass und dem mit ihm verfolgten Zweck.[176]

Als Ergebnis ist festzuhalten, dass keine verfassungsrechtlichen Bedenken gegen eine Regelung in den ärztlichen Berufsordnungen bestehen, nach der sich die kammerangehörigen Ärzte verpflichten müssen, nur mit Personen zusammenzuarbeiten, die sich ihrerseits zur Einhaltung der Grundsätze der Deklaration von Helsinki verpflichtet haben.

[174] BVerfGE 33, 125, 171f.; vgl. auch Wimmer, NZS 1999, 113f. m.w.N.
[175] BVerfGE 61, 291, 312 = NJW 1983, 39; BVerfGE 68, 272, 282 = NJW 1985, 964.
[176] BVerfGE 7, 406; 11, 239; 14, 22; 15, 234; 30, 292, 315f., 336f.; 33, 186f.; 36, 58; 37, 1.

III. Rechtliche Einordnung der Deklaration von Helsinki auf internationaler Ebene - Verhältnis zum Nürnberger Kodex von 1947

Die Deklaration von Helsinki wurde vom Weltärztebund beschlossen. Der Weltärztebund gehört zu den sog. nicht-staatlichen internationalen Organisationen.[177] Der politische Einfluss des Weltärztebundes auf völkerrechtlicher Ebene beschränkt sich darauf, verschiedenen Internationalen Organisationen, deren Völkerrechtsstatus anerkannt ist, z.B. die Weltgesundheitsorganisation (WHO) und der Europarat, beratend zur Seite zu stehen. Die damit verbundenen Rechte des Weltärztebundes erschöpfen sich darin, diesen internationalen Organisationen Anregungen zu übermitteln, die diese wiederum an die Mitgliedstaaten weiterleiten können. Die Deklaration von Helsinki ist - wie auch die übrigen Verlautbarungen des Weltärztebundes - aufgrund fehlender Völkerrechtssubjektivität des Weltärztebundes nicht als völkerrechtliche Rechtsquelle einzuordnen. Etwas anderes könnte nur gelten, wenn man die These vertritt, nach der die Deklaration die Prinzipien des Nürnberger Kodexes fortschreibe bzw. diese ergänze.[178]

Die Fortschreibungs- und Ersetzungstheorie argumentiert, dass sich beide Regelungswerke mit dem gleichen Regelungsgebiet, nämlich der humanmedizinischen Forschung auseinandersetzten und inhaltlich gleichermaßen ethische und rechtliche Gesichtspunkte aufwiesen. Beide bedienten sich der Normsprache. Sowohl der Nürnberger Kodex als auch die Deklaration von Helsinki würden darüber hinaus Anspruch auf Befolgung erheben.[179] Die im Vorwort der Deklaration von Helsinki getroffene Regelung, wonach diese als Leitlinie für die Ärzte auf der ganzen Welt gedacht sei und kein Arzt von der straf-, zivil- und berufsrechtlichen Verantwortlichkeit nach den Gesetzen seines Landes befreit sei, sei nicht dahingehend zu verstehen, dass die Regelungen der Deklaration dann nicht gelten würden, wenn das örtliche Recht solche Erfordernisse nicht aufstelle.[180]

Zur Unterstützung dieser Auffassung wird darauf verwiesen, dass die Deklaration von Helsinki gerade in denjenigen Ländern Anwendung finden müsse, in denen das örtliche Recht keine besonderen rechtlichen Normen für medizinische Forschungsvorhaben vorsehe. Gerade in diesen Ländern bestehe nämlich die zwingende Notwendigkeit, eine verbindliche Regelung für die humanmedizinische Forschung zu gewährleisten.

[177] Vgl. Seidle-Hohenveldern/Loibl, Rdn. 0103f., Rdn.1229.
[178] Deutsch, NJW 1978, 573; Fried, S. 8ff. hält beide Dokumente sogar für „quasi-legal sources".
[179] Deutsch a.a.O.; Deutsch bezieht sich dabei auf Fried, S.8ff.
[180] Deutsch a.a.O.

Konsequent gehen die Vertreter dieser Auffassung in Bezug auf das deutsche Recht davon aus, dass die Regeln der Deklaration als ärztliches Standesrecht befolgt werden sollten, was schon durch ihre Veröffentlichung im Bundesanzeiger deutlich werde.[181]

Der Nürnberger Kodex sei hingegen primär als Entscheidungsgrundlage der Verurteilungen im Rahmen des Nürnberger Ärzteprozesses einzuordnen und kodifiziere deshalb die rechtlichen und ethischen Voraussetzungen humanmedizinischer Forschung im Zeitpunkt der Urteilsverkündungen im Jahr 1947. Aufgrund der historischen Umstände nach dem Zusammenbruch des Dritten Reiches entspräche der Nürnberger Kodex in einigen Regelungen nicht mehr den Anforderungen der modernen humanmedizinischen Forschung. Die Deklaration von Helsinki würde demgegenüber den Bedürfnissen der sich fortentwickelnden medizinischen Forschung trotz manches Ungenügens gerecht, so dass ihre Prinzipien als Ergänzung bzw. Fortschreibung zu gelten hätten.[182]

In Fortentwicklung dieser Ausgangsthese geht Deutsch davon aus, dass die Deklaration von Helsinki den Nürnberger Kodex ersetze.[183] Diese Auffassung sieht also in der Deklaration von Helsinki eine Fortschreibung des Nürnberger Kodexes. Deutsch bezeichnet entsprechend der dargestellten Ersetzungs- bzw. Fortschreibungsfunktion sowohl die Regelungen der Deklaration von Helsinki als auch den Nürnberger Kodex als Rechte.[184] Die konsequente Folge dieser Auffassung wäre, dass sich die Deklaration von Helsinki im Sinne einer Fortentwicklung des völkerrechtlich legitimierten Nürnberger Kodexes einordnen ließe und die Deklaration auf letztgenannten als völkerrechtliche Legitimationsgrundlage zurückgeführt werden könnte. Ob die Vertreter dieser Auffassung die dargelegte völkerrechtliche Konsequenz tatsächlich im Auge hatten, lässt sich mangels konkreter diesbezüglicher Ausführungen nicht zweifelsfrei feststellen.

Betrachtet man allerdings die völkerrechtlich zu verzeichnende Tendenz, dass zunehmend auch private Gesellschaften, insbesondere multinationale Unternehmen partielle Positionen im Völkerrecht einnehmen[185] und diese privaten Gesellschaften - ohne unmittelbar Träger von völkerrechtlichen Rechten und Pflichten zu sein - beträchtlichen Einfluss auf das völkerrechtliche Geschehen

[181] Deutsch, NJW 1978, 573.
[182] Deutsch a.a.O.
[183] Deutsch, VersR 1999, 1f.
[184] Deutsch a.a.O.
[185] Vgl. Vitzthum-Bothe/Hailbronner, 1. Abschnitt I 1c Rdn.19; Werle, Völkerstrafrecht, Rdn.155.

ausüben können,[186] indem sie außerrechtliche Normen, z.B. Verhaltenskodizes mit nur empfehlendem Charakter, sog. soft-law erlassen, dass sich durch allmähliche Rezeption zu Völkergewohnheitsrecht ausbilden kann,[187] so erscheint der Ansatz der Fortschreibungslehre vertretbar.

Im amerikanischen Rechtskreis wird hingegen vorherrschend die These vertreten, beide Regelungswerke seien strikt voneinander zu trennen. Zur Begründung wird angeführt, der Nürnberger Kodex weise als Gegenstand der Urteilsfindung im Nürnberger Ärzteprozess mehr rechtlichen Charakter auf als die Deklaration von Helsinki, die mehr ethischen Gehalt besitze. Beide Dokumente seien daher strikt voneinander zu unterscheiden.[188]

Beiden Auffassungen ist entgegenzuhalten, dass sie nicht ausreichend zwischen Normgeber und Normadressat sowie dem historischen Kontext der Regelungswerke - Nürnberger Kodex einerseits und Deklaration von Helsinki andererseits - differenzieren. Normgeber, Normadressat und historische Entstehungsgeschichte beider Dokumente unterschieden sich grundlegend voneinander: Der Nürnberger Kodex wurde von einem internationalen Militärtribunal als Urteilsgrundlage entwickelt. Normgeber des Nürnberger Kodexes ist also der internationale Militärgerichtshof, der auf den Rechtsgrundlagen des Londoner Viermächteabkommens vom 8. August 1945, dem Kontrollratgesetz Nr.10 vom 20. Dezember 1945 sowie den Quellen des allgemeinen Völkerrechts urteilte. Die Rechtsprechung des internationalen Militärgerichtshofs im Nürnberger Ärzteprozess ist also aus den Grundsätzen des Völkerrechts und des Völkergewohnheitsrecht entwickelt worden. Gem. Art.38 Abs.1 lit. d des Statuts` des Internationalen Gerichtshofes vom 26. Juni 1945[189] gehören richterliche Entscheidungen zu den sekundären Völkerrechtsquellen und dienen insbesondere dazu, eine von den Staaten für rechtsverbindlich gehaltene Praxis nachzuweisen.[190]

Da der Nürnberger Kodex von Richtern des Militärgerichtshofes aufgestellt wurde, ist er als völkerrechtlich fundiertes Richterrecht zu qualifizierten. Normadressaten des Nürnberger Kodexes sind primär die verurteilten Ärzte

[186] Vgl. Verdross/Simma, §446.

[187] Zur Entstehung von Völkergewohnheitsrecht vgl. Verdross/Simma, §549 sowie Werle, Völkerstrafrecht, Rdn.128ff.; zur Bildung von Völkergewohnheitsrecht durch Rezeption außerrechtlicher Normen vgl. Verdross/Simma, §582; zum Begriff des sog. soft-law vgl. Vitzthum-Bothe/Hailbronner, Abschnitt I. 21 Rdn.68 m.w.N.; zur rechtlichen Wirkung von außerrechtlichen Normen im Unterschied zu den Wirkungen sog. weicher Rechtsnormen vgl. Heusel, S.275ff.

[188] Vgl. Deutsch, NJW 1978, 573; Beecher, Research S.227.

[189] BGBl. II 1973, S.505.

[190] Vgl. Bleckmann, Völkerrecht, S.150; Verdross/Simma, §516ff.; Werle, Völkerstrafrecht, Rdn.150.

gewesen, die die Menschenversuche im Dritten Reich zu verantworten hatten. Den Prinzipien des Nürnberger Kodexes die den Urteilen zu Grunde liegen, kommt aufgrund ihrer völkerrechtlichen Legitimation und ihres allgemein gehaltenen Wortlauts auch rechtlicher Geltungsanspruch gegenüber sonstigen Wissenschaftlern in der humanmedizinischen Forschung zu. Normgeber der Deklaration von Helsinki ist hingegen der Weltärztebund, dem im Unterschied zum internationalen Militärgerichtshof von Nürnberg keine Völkerrechtssubjektivität zukommt. Die Deklaration kann - wie gezeigt - grundsätzlich kein Akt des Völkerrechts sein. Dies hat zur Folge, dass der Deklaration von Helsinki aufgrund ihres fehlenden völkerrechtlichen Status nicht ohne weiteres die Rechtskraft zugesprochen werden kann, Entscheidungen eines rechtlich legitimierten Völkerrechtssubjekts, d.h. z.B. die Urteile des Internationalen Militärgerichtshofs von Nürnberg fortzuschreiben, abzuändern oder gar zu ersetzen.

Auch die Einordnung der Deklaration von Helsinki als Völkergewohnheitsrecht scheidet aus: Aufgrund der dargelegten Organisationsstruktur des Weltärztebundes, die durch ein erhebliches Demokratie- und Repräsentationsdefizit gekennzeichnet ist, lässt sich zum einen stark bezweifeln, dass die vom Weltärztebund verabschiedeten Deklarationen, Resolutionen und sonstigen Stellungnahmen überhaupt ein weltumspannendes ärztliches Ethos repräsentieren können; zum anderen fehlt es an der zur Begründung von Völkergewohnheitsrecht notwendigen allgemeinen Staatenübung und Anerkennung der Deklaration von Helsinki als verbindliches Recht.[191] Es fehlt an dem für die Begründung von Völkergewohnheitsrecht wesentlichen Kriterium der Rechtsüberzeugung und Rechtsanwendungspraxis.[192] So hat sich zum Beispiel der Senat der Deutschen Forschungsgemeinschaft wie folgt zur Deklaration geäußert:

"Die Empfehlungen sollen als Rahmenempfehlungen verstanden werden. Deutsche Wissenschaftler sind an die in der Bundesrepublik geltenden Rechtsnormen gebunden."

Die Auffassung, dass die Deklaration bloß rechtlich unverbindliche Empfehlung sei, wird auch von namhaften Repräsentanten der juristischen Literatur vertreten.[193]

Die Auffassung, wonach sich die Deklaration von Helsinki und der Nürnberger Kodex ergänzten und die Deklaration von Helsinki den Nürnberger Kodex fortschreibe, argumentiert schließlich damit, dass die Regeln der Deklaration

[191] Zum Begriff des Völkergewohnheitsrechts vgl. Bleckmann, Völkerrecht, S.110ff.
[192] Vgl. Bleckmann, Völkerrecht, S.110ff.; Vitzthum-Bothe/Hailbronner, 1. Abschnitt III. 1.b. m.w.N.; Werle, Völkerstrafrecht, Rdn.131f.
[193] Vgl. Deutsch, NJW 1995, 3024; Laufs/Uhlenbruck-Laufs, Arztrecht, §4 Rdn.18.

insbesondere in denjenigen Ländern rechtliche Verbindlichkeit haben müssten, in denen das jeweilige nationale Recht keine bzw. nicht ausreichende Rechtsnormen auf dem Gebiet der humanmedizinischen Forschung aufweise. Gerade für die Rechte der Entwicklungsländer müssten die Regeln der Deklaration von Helsinki rechtlich verbindlich sein.[194] Diesem Argument ist jedoch entgegenzuhalten, das allein die lückenhafte Regelung einer Rechtsmaterie im örtlichen Recht nicht allein dazu führen kann, dass ein bestimmtes Regelungswerk rechtlich verbindlich wird.

Auch die Auffassung, beide Dokumente seien bereits aufgrund ihrer Wortwahl und ihres Inhalts strikt voneinander zu trennen, hält näherer Untersuchung nicht stand. Betrachtet man die Wortwahl und den Inhalt der Deklaration von Helsinki so lassen sich - mit Ausnahme des Vorworts, in dem allgemeine Aussagen zum ärztlichen Ethos getroffen werden - keine rein ethischen Aussagen[195] erkennen: Die Deklaration von Helsinki und der Nürnberger Kodex stellen gleichermaßen Verhaltensregeln zur Durchführung von Forschungsvorhaben auf. Durchweg ethische Aussagen sind nur im Vorwort der Deklaration von Helsinki zu finden, in dem auf die allgemeinen Ziele jedes ärztlichen Handelns und im Besonderen auf die der biomedizinischen Forschung hingewiesen wird.[196]

Im Hauptteil der Deklaration werden hingegen überwiegend klare und ethisch neutrale Handlungsanweisungen festgelegt, so in den allgemeinen Grundsätzen, in denen unter den Ziff. 1-12 ausdrückliche Direktiven für die Nutzen-Risiko-Abwägung, die vorherige Aufklärung und freiwillige Zustimmung des Probanden, das Erfordernis der Führung eines Versuchsprotokolls sowie die Voraussetzungen zur Veröffentlichung der Versuchsergebnisse bestimmt werden. Auch die besonderen Anweisungen im Zusammenhang mit therapeutischen und nichttherapeutischen Versuchen erschöpfen sich nicht in ethischen Grundaussagen, sondern schreiben konkrete Handlungsregeln vor.

Die Prinzipien des Nürnberger Kodexes lassen sich umgekehrt nicht auf ausschließlich rechtliche Handlungsanweisungen reduzieren. Die darin ausgesprochenen Handlungsanweisungen konkretisieren ebenso wie diejenigen der Deklaration von Helsinki das sich aus Menschenwürde und Menschenrechten ergebende ethische Minimum humanmedizinischer Forschung. Die den Prinzipien des Nürnberger Kodexes innewohnende ethische Komponente humanmedizinischer Forschung wird konkret in Ziffer 6 des Nürnberger Kodexes aufgegriffen. Dort heißt es, dass das Gefahrenmoment niemals die Grenzen überschreiten darf, welche sich aus der humanitären Bedeutung des zu lösenden Problems

194 Deutsch, NJW 1978, 573 m.w.N.
195 Vgl. Abschnitt B. V. 2.
196 Vgl. Abschnitt B. V. 2. a.

ergeben. Durch den Begriff der humanitären Bedeutung wird klargestellt, dass humanmedizinische Forschung immer mit Blick auf ihren Nutzen für die gesamte Menschheit durchzuführen ist. Eine weiterreichende ethische Aussage als diese des Nürnberger Kodexes lässt sich kaum denken und auch nicht in der Deklaration von Helsinki finden. Im Ergebnis lässt sich allein anhand des Wortlauts der Deklaration von Helsinki und des Nürnberger Kodexes kein geeignetes Differenzierungsmerkmal der beiden Regelungswerke ableiten.

Entscheidendes inhaltliches Abgrenzungskriterium zwischen dem Nürnberger Kodex und der Deklaration von Helsinki ist daher nicht die allgemeine Sprachgestaltung, sondern die fehlende Unterscheidung zwischen therapeutischer und nicht-therapeutischer Forschung im Nürnberger Kodex. Die fehlende Unterscheidung zwischen diesen Versuchsarten ist auch ein gewichtiger Kritikpunkt des Nürnberger Kodexes. 1947 war diese Versuchseinteilung längst Allgemeinwissen.[197] Aus dieser Gegenüberstellung wurden die unterschiedlichen Voraussetzungen klinischer Forschung am Menschen abgeleitet.[198] Schon das Rundschreiben betreffend Richtlinien für neuartige Heilversuche und für die Vornahme wissenschaftlicher Experimente am Menschen aus dem Jahr 1931 hatte zwischen dem wissenschaftlichen Experiment einerseits und dem Heilversuch andererseits unterschieden. Im Ergebnis ist festzuhalten:

Die Deklaration von Helsinki ist nicht Völkerrecht. Die Deklaration von Helsinki ist rechtsdogmatisch vom Nürnberger Kodex zu unterscheiden, der aufgrund Art.38 Abs.1 lit. D des Statuts' des Internationalen Gerichtshofes vom 26. Juni 1945 zu den Quellen des Völkerrechts zählt. Eine Fortschreibung, Ergänzung oder Ersetzung des Nürnberger Kodexes durch die Deklaration von Helsinki kommt aufgrund der fehlenden völkerrechtlichen Legitimation der Deklaration von Helsinki nicht in Betracht. Auch die Qualifizierung der Deklaration als Völkergewohnheitsrecht scheidet aus, da es gemäß obiger Ausführungen an den Voraussetzungen zur Begründung von Völkergewohnheitsrecht bzw. von sog. soft-law im völkerrechtlichen Sinne fehlt. Vorbehaltlich einer möglicherweise erfolgten Implementierung bzw. indirekten rechtlichen Wirkung der Deklaration von Helsinki über die jeweiligen Landesberufsordnungen für Ärzte oder über einfach gesetzliche Normen des nationalen deutschen Rechts, stellt die Deklaration von Helsinki ein rechtlich unverbindliches Regelungswerk des Weltärztebundes dar.

[197] Vgl. Deutsch in: Wassermann-FS, S.75.
[198] Vgl. Schaupp, S.58.

IV. Sonstige internationale und nationale Regelungen auf dem Gebiet der human-medizinischen Forschung und ihr Verhältnis zur Deklaration von Helsinki, Somerset West (1996)

1. Einführung und Problemstellung

Regelungen zur humanmedizinischen Forschung finden sich auf internationaler Ebene insbesondere im "Übereinkommen zum Schutz der Menschenrechte und der Menschenwürde im Hinblick auf die Anwendung von Biologie und Medizin - Übereinkommen über Menschenrechte und Biomedizin des Europarates vom 4. April 1997 - ", das in der öffentlichen Diskussion auch vereinfacht als Biomedizin-Konvention bezeichnet wird. Das Übereinkommen wurde bisher von 22 der 40 Mitgliedstaaten des Europarates unterzeichnet. Deutschland hat sich bisher noch nicht für einen Beitritt entschieden.[199]

Die zurückhaltende Position Deutschlands gegenüber der Biomedizin-Konvention begründet sich mit Blick auf den ausgeprägten deutschen Individualrechtsgüterschutz im Zusammenhang mit biomedizinischen Forschungsvorhaben.[200] Hauptvorwurf der Gegner der Biomedizin-Konvention ist, dass nach ihren Bestimmungen fremdnützige Forschung an Einwilligungsunfähigen zugelassen wird, obwohl hierin ein unzulässiger Eingriff in die Würde Einwilligungsunfähiger zu sehen sei. Die deutsche Kritik an der Biomedizin-Konvention dokumentiert die grundsätzlich ablehnende Haltung gegenüber einem utilitaristischen Forschungsansatz in der Medizin.[201] Die Bestimmungen der Biomedizin-Konvention sollen - trotz derzeit fehlender Rechtsverbindlichkeit für Deutschland - in die nachfolgenden Betrachtungen einbezogen werden. Ein Vergleich der Bestimmungen der Biomedizin-Konvention mit denen der Deklaration von Helsinki kann zur Diskussion über die Biomedizin-Konvention beitragen. Neben der Biomedizin-Konvention sind auf europarechtlicher Ebene noch folgende Regelungen zur humanmedizinischen Forschung zu nennen:

[199] Kern, MedR 1998, 485.

[200] Eine Darstellung der verschiedenen Versuchsarten und -methoden biomedizinischer Forschung findet sich bei Fischer, Medizinische Forschung, S.4ff; vgl. auch aufs/Uhlenbruck-Laufs, Arztrecht, §130 Rdn.5ff.

[201] Vgl. Elzer, MedR 1998, 122; Laufs, NJW 1999, 1758; Eser-Doppelfeld, S. 79ff.; Giesen, MedR 1995, 353; Kern, MedR 1998, 485.

Die so genannte Note for Guidance and Good Clinical Practice der EU, die am 17. Januar 1997 als sog. Guideline for Good Clinical Practice[202] von der EU übernommen wurde. Es handelt sich dabei um eine Empfehlung bzw. Leitlinie, die europaweit beachtet werden soll und wegen der gemeinsamen Entwicklung durch die International Conference on Harmonisation gleichermaßen für die USA und Japan gilt.

Außerdem beabsichtigt die EU den Erlass einer auf Medizinprodukte bezogenen Richtlinie, der sog. Directive of the European Parliament and of the Council on the approximation of provisions laid down by law, regulation or administrative action relation to the implementation of Good Clinical Practice in the conduct of clinical trials on medical products for human use.

Des Weiteren ist am 3. September 1997 der sog. Vorschlag für eine Richtlinie des Europäischen Parlaments und des Rates zur Angleichung der Rechts- und Verwaltungsvorschriften über die Anwendung der guten klinischen Praxis bei der bei der Durchführung von klinischen Prüfungen mit Humanarzneimitteln zu nennen.

Auf nationaler Ebene sind die §§40, 41 AMG, §§20, 21 MPG sowie §41 StrlSchVO als bundesgesetzliche Regelungen zur humanmedizinischen Forschung zu nennen und auf landesrechtlicher Ebene die Heilberufekammergesetze der Länder sowie das Satzungsrecht der Landesärztekammern, in Sonderheit die Landesberufsordnungen der Ärzte.

In den bundesgesetzlichen - mit Ausnahme des §41 StrlSchVO - und landesrechtlichen Regelungen sowie im Satzungsrecht der Landesärztekammern wird die Zulässigkeit humanmedizinischer Forschung vom Vorliegen eines positiven Votums einer öffentlich-rechtlichen Ethikkommission abhängig gemacht bzw. die Stellungnahme einer öffentlich-rechtlichen Ethikkommission verlangt. Sowohl die bei den Landesärztekammern als auch bei den medizinischen Fakultäten der Universitäten kraft Satzungsrecht gebildeten öffentlich-rechtlichen Ethikkommissionen als auch die privaten Ethikkommissionen verweisen in ihren öffentlich-rechtlichen bzw. privatrechtlichen Satzungen auf die Deklaration von Helsinki als Beratungsgrundlage ihrer Tätigkeit.

Die satzungsmäßig festgelegte Bezugnahme auf die Bestimmungen der Deklaration eröffnet die nachfolgend zu prüfende Möglichkeit, dass die Deklaration von Helsinki über die öffentlich-rechtlichen bzw. privatrechtlichen Satzungen für ihre Adressaten rechtlich verbindlich wird.

[202] Jeweils abgdr. bei Deutsch/Lippert, Ethikkommission und klinische Prüfung, Anhang unter V. 3. u. 4.

In Frage stehen also die Implementierung der Deklaration von Helsinki im Rahmen des nationalen Rechts und ihre rechtliche Relevanz. Es soll zunächst untersucht werden, ob die in der Deklaration von Helsinki aufgestellten Zulässigkeitsvoraussetzungen humanmedizinischer Forschung von den nationalen Regelungen zur humanmedizinischen Forschung abweichen. Sollte die Deklaration von Helsinki in wesentlichen Aspekten des Probandenschutzes strengere Zulässigkeitskriterien für humanmedizinische Forschungsvorhaben aufstellen, als dies die nationalen Regelungen vorsehen, so stellt sich weiter die Frage, ob und in welchem Umfang die Bestimmungen der Deklaration über die satzungsmäßig festgelegten Verweisungen rechtlich verbindlich werden und in welchem Rangverhältnis die einzelnen Regelungen zur humanmedizinischen Forschung stehen, d.h. welche Regelung im Kollisionsfall Vorrang hat. Die aufgeworfenen Probleme sollen nachfolgend erörtert werden.

2. Übereinkommen über Menschenrechte und Biomedizin des Europarates vom 4. April 1997 - Bedeutung für Deutschland und Vergleich mit der Deklaration von Helsinki, Somerset West (1996)

Das Übereinkommen des Europarates über Menschenrechte und Biomedizin des Europarates,[203] im Folgenden Biomedizin-Konvention genannt, gliedert sich in eine Präambel und 14 Kapitel mit insgesamt 38 Artikeln.[204] Auf das die generellen Bestimmungen umfassende erste Kapitel folgt im zweiten Kapitel die Behandlung des Prinzips der Zustimmung. Sodann finden sich Bestimmungen zur Privatsphäre und informationeller Selbstbestimmung (Kap.3), zum Schutz des menschlichen Genoms (Kap.4), zur medizinischen Forschung (Kap.5), zur Organtransplantation (Kap.6) sowie das Verbot der Erzielung finanziellen Gewinns mit dem menschlichen Körper und Teilen des menschlichen Körpers (Kap.7). Die Kapitel 8-14 führen die Bestimmungen auf, die die Verbindlichkeit, die Sanktionen und den Umgang mit der Konvention regeln. Die Konvention legt danach Mindeststandards fest, keine abschließenden Regelungen. Ein weiterreichender Schutz wird durch die Konvention nicht berührt (Art.27).

203 Abgdr. in deutscher Übersetzung – verbindlich ist nur der Wortlaut in englischer und französischer Sprache - in: Bundesministerium der Justiz (Hrsg.), Informationen zur Entstehungsgeschichte, Zielsetzung und Inhalt - Das Übereinkommen über Menschenrechte und Biomedizin des Europarates vom 4. April 1997.

204 Soweit nicht ausdrücklich gekennzeichnet, sind die im nachfolgenden genannten Regelungen solche der Biomedizin-Konvention.

Eine rechtliche Bindung der Konvention für Deutschland kann erst eintreten, wenn das Verfahren nach Art.59 Abs.2 GG erfolgreich durchlaufen worden ist.[205] Die Entwicklung der Biomedizin-Konvention ist seit ihren Anfängen im Jahr 1985 von einer äußerst kontrovers geführten öffentlichen Diskussion begleitet worden, die bis heute anhält[206] und ausschlaggebend für die bisherige nicht erfolgte Unterzeichnung des Übereinkommens seitens der Bundesrepublik Deutschland ist.

Für den hier interessierenden Abschnitt der Biomedizin-Konvention betreffend den Bereich der humanmedizinischen Forschung stützt sich die Kritik[207] auf folgende Punkte:

1. Zulassung fremdnütziger Forschung an Einwilligungsunfähigen (Kap.5, Art.15 - Art.17)
2. Zulassung der Forschung an Embryonen während der ersten 14 Tage ihrer Entwicklung (Kap.5, Art.18)
3. Verwendung unbestimmter Rechtsbegriffe

In Art.15 wird zunächst die Freiheit der wissenschaftlichen Forschung postuliert, begrenzt durch die Konvention und sonstiger Rechte zum Schutz des Einzelnen. Nach Art.16 ist die Forschung am Menschen nur unter bestimmten objektiven und subjektiven Voraussetzungen zulässig:

1. Fehlende Alternative von vergleichbarer Wirksamkeit wie die der beabsichtigten Forschung, Art.16 §1
2. Das mit der Forschung verbundene Risiko darf nicht außer Verhältnis zum möglichen Nutzen des Forschungsprojekts für den Probanden stehen, Art.16 §2
3. Das Projekt muss von einer kompetenten Stelle geprüft und genehmigt werden, Art. 16 §3
4. Die Versuchsperson muss über ihre Rechte und ihren rechtlichen Schutz informiert worden sein, Art.16 §4
5. Die Einwilligung zur Durchführung des Versuchs muss ausdrücklich und eigens für das jeweilige Forschungsprojekt sowie schriftlich erteilt worden sein, sie kann jederzeit widerrufen werden, Art.16 §5

205 Vgl. Kern, MedR 1998, 486.
206 Zur historischen Entwicklung der Biomedizin-Konvention und ihrer Diskussion z.B. Kern, MedR 1998, 485; Giesen, MedR 1995, 353; Elzer, MedR 1998, 122.
207 Elzer, MedR 1998, 123 m.w.N.

Art.17 §1 betrifft die Teilnahme von einwilligungsunfähigen Personen an Heilversuchen: Einwilligungsunfähige Personen dürfen nur gem. Art.17 §1 I unter den weiteren Voraussetzungen teilnehmen, dass die Ergebnisse der Forschung wirkliche und unmittelbare Vorteile für die Gesundheit der Teilnehmer erwarten lassen gem. Art.17 §1 II. Sodann ist erforderlich, dass die Forschung von vergleichbarer Wirksamkeit an einer einwilligungsfähigen Person gem. Art.17 §1 III nicht möglich ist. Schließlich muss die notwendige Zustimmung des gesetzlichen Vertreters eigens für diesen Fall sowie schriftlich erteilt worden sein, Art.17 §1 IV. Außerdem darf die betreffende Person die Forschung nicht gem. Art.17 §1 IV ablehnen.

Art.17 §2 betrifft medizinische Experimente, die ausnahmsweise auch mit nichteinwilligungsfähigen Probanden durchgeführt werden dürfen. Hierzu ist zunächst erforderlich, dass die Voraussetzungen des Art.17 §1 - mit Ausnahme von Art.17 §1 II - erfüllt sind. Außerdem muss gewährleistet sein, dass die durch das Forschungsprojekt beabsichtigten medizinischen Fortschritte der betroffenen Person selbst nützen können oder der Behandlung von Personen in derselben Altersgruppe oder mit der gleichen Krankheit bzw. Störung dienen gem. Art.17 §2 I. Schließlich darf die Forschung nur minimale Risiken und minimale Belastungen für den Betroffenen beinhalten gem. Art.17 §2 I.

Nach Ansicht des Bundesjustizministeriums ist die Vorschrift restriktiv auszulegen.[208] Erlaubt wären danach nur die Untersuchung und Mitnutzung von Blut-, Speichel- und Urinproben oder das Messen, Wiegen und Beobachten von Probanden. Danach unterscheidet die Biomedizin-Konvention in Übereinstimmung mit der deutschen Rechtslage und der Deklaration von Helsinki grundsätzlich zwischen dem Heilversuch und dem Experiment. Der Heilversuch dient dem gesundheitlichen Wohl des Betroffenen, entsprechend kann die Einwilligung problemlos ersetzt werden gem. Art.17 §1.

Problematisch ist hingegen die Ersetzung der Einwilligung beim fremdnützigen Experiment: Die Biomedizin-Konvention lässt sie unter stark eingeschränkten Voraussetzungen zu gem. Art.17 §2 und steht daher im Widerspruch zu dem im deutschen Schrifttum überwiegend vertretenen grundsätzlichen Verbot von Forschung an nichteinwilligungsfähigen Probanden, die nur aufgrund Spezialgesetzgebung ausnahmsweise erlaubt ist, wie z.B. in §40 Abs.4 AMG und §20 Abs.4 MPG.

[208] Bundesministerium der Justiz: Informationen zur Entstehungsgeschichte, Zielsetzung und Inhalt - Das Übereinkommen über Menschenrechte und Biomedizin des Europarates vom 4. April 1997, S.17.

In Deutschland gilt also grundsätzlich ein Verbot des Forschungseingriffs bei Einwilligungsunfähigen.[209] Nur für die Arzneimittelforschung an Kindern – also nicht generell für Forschungseingriffe - greift die Ausnahme des §40 Abs.4 AMG und §20 Abs.4 MPG.

Da angesichts des klaren Wortlauts der Vorschriften des AMG eine konventions-konforme Auslegung nicht möglich ist, müssten §40 Abs.4 AMG und §20 Abs.4 MPG bei Unterzeichnung der Konvention geändert werden. Die Regelung in Art.17 §2 der Biomedizin-Konvention ist daher auch Hauptkritikpunkt in Deutschland.[210]

Ein Vergleich der Regelung in Art.17 der Biomedizin-Konvention mit denjenigen Regelungen der Deklaration von Helsinki in der Fassung von Somerset West (1996), die sich mit den Voraussetzungen zur nichttherapeutischen biomedizinischen Forschung befassen ergibt folgendes:

Gemäß Art.I Nr.11 der Deklaration von Helsinki in der Fassung von Somerset West (1996) soll in den Fällen, in denen die Versuchsperson nicht voll geschäftsfähig ist, die Einwilligung vom gesetzlichen Vertreter entsprechend nationalem Recht eingeholt werden. Sollte die Versuchsperson infolge körperlicher oder geistiger Behinderung nicht zustimmen können oder minderjährig sein, wird deren Einwilligung durch diejenige des mit der Verantwortung betrauten Verwandten ersetzt. Diese Regelung gilt sowohl für therapeutische als auch für nicht-therapeutische Experimente. Art.III Nr.2 der Deklaration von Helsinki in der Fassung von Somerset West (1996) sieht ergänzend für die nicht-therapeutische Forschung ergänzend folgende Regelung vor:

"The subjects should be volunteers - either healthy persons or patients for whom the experimental design is not related to the patient's illness."

Danach sollen nur Freiwillige als Versuchspersonen für nicht-therapeutische Forschungsprojekte herangezogen werden, wobei es sich dabei entweder um gesunde Personen oder Patienten, bei denen die Versuchsabsicht nicht mit ihrer Krankheit in Zusammenhang steht, handeln muss.

209 Vgl. zum Problem der Einwilligung Minderjähriger und Geschäftsunfähiger in wissenschaftliche Versuche Fischer, Medizinische Forschung, S.34ff.; Laufs/Uhlenbruck-Laufs, Arztrecht, §130 Rdn.12ff.

210 Vgl. statt anderer: Kern, MedR 1998, 485; Giesen, MedR 1995, 353; Elzer, MedR 1998, 122 jeweils m.w.N.

Art.III Nr.2 der Deklaration von Helsinki in der Fassung von Somerset West (1996) stellt danach zwei Kriterien für die Auswahl von Versuchspersonen für rein wissenschaftliche Experimente auf: Die Versuchspersonen müssen Freiwillige sein, zweitens darf die Versuchsabsicht bei Versuchen an Patienten nicht mit deren Krankheit in Zusammenhang stehen.

Der Wortlaut der Deklaration ist allerdings nicht eindeutig, da offen bleibt, was mit dem Begriff der Freiwilligkeit gemeint ist.[211] Freiwilligkeit kann einmal subjektiv begriffen werden, als die psychische und physische Voraussetzung der potentiellen Versuchsperson, autonome Entscheidungen zu treffen. Genaue Kriterien zur Beurteilung der geforderten Freiwilligkeit werden in der Deklaration nicht genannt.[212] Zum anderen kann der Begriff der Freiwilligkeit objektiv interpretiert werden und das Verhältnis des möglichen Probanden in Bezug auf Dritte meinen. Freiwilligkeit in diesem Sinne würde dann die situative Abwesenheit eines Über-Unterordnungsverhältnisses bedeuten, das z.B. bei Häftlingen, Heiminsassen und in sonstiger Abhängigkeit stehenden Personen vorliegt.

Die aufgrund des Wortlauts sich ergebende Unklarheit, ob unter dem Begriff des volunteers im Sinne von Art.III Nr.2 der Deklaration von Helsinki in der Fassung von Somerset West (1996) auch oder ausschließlich einwilligungsunfähige Personen gemeint sind, wird noch weiter in Art.I Nr.11 der Deklaration verstärkt, in dem bestimmt wird, dass die Zustimmung des Geschäftsunfähigen bzw. beschränkt Geschäftsfähigen oder desjenigen, der infolge körperlicher oder geistiger Behinderung nicht wirksam zustimmen kann, durch den gesetzlichen Vertreter ersetzt werden kann. Diese Bestimmung wird jedoch in Kap. III der Deklaration nicht explizit widerrufen, so dass die Bedeutung des Begriffs volunteer noch unklarer wird. Es wird nicht deutlich, ob etwa bei nicht-volunteers gem. Kap.III der Deklaration die fehlende Zustimmung des nicht-volunteers durch die seines gesetzlichen Vertreters ersetzt werden kann, gem. Art.I Nr.11 der allgemeinen Grundsätze der Deklaration.

Das zweite in Art.III Nr.2 der Deklaration formulierte Kriterium, nach dem bei rein wissenschaftlichen Versuchen an Patienten die Versuchsabsicht mit ihrer Krankheit nicht in Zusammenhang stehen darf, ermöglicht zwar seinem Wortlaut nach die Einbeziehung einwilligungsunfähiger Versuchspersonen, da diese Personengruppe vom allgemeinen Begriff des Patienten erfasst werden

[211] Der Kodexentwurf von 1961 war hier sehr viel konkreter und damit auch restriktiv: Er schloss alle Häftlinge, geistig Behinderten so wie Heimkinder prinzipiell von rein wissenschaftlichen Experimenten aus. Die entsprechenden Passagen fielen dann in der Endfassung der Deklaration weg.

[212] Vgl. hierzu auch Schaupp, S. 270, der seiner Arbeit die Fassung der Deklaration von Helsinki aus dem Jahr 1983 zu Grunde legt.

kann, z.B. Alzheimer- und Komapatienten. Allerdings gibt es Fälle von zeitlich begrenzter Einwilligungsunfähigkeit, z.B. bei Personen im Vollrausch, vorübergehend komatöse Personen, Kleinkinder, die der Sprache noch nicht mächtig sind, Personen mit sog. lichten Momenten im Sinne der §§104ff. BGB. Ob diese Personengruppen als Patienten oder Freiwillige im Sinne der Regelung des Art.III Nr.2 der Deklaration gelten, wird nicht deutlich. Nach dem Wortlaut des Art.III Nr.2 der Deklaration können darüber hinaus an Patienten nichttherapeutische Experimente vorgenommen werden, unter der Prämisse, dass die mit dem Forschungsprojekt verfolgte Intention, nicht im Zusammenhang mit der Erkrankung der Versuchsperson steht.

Im Umkehrschluss kann Art.III Nr.2 der Deklaration dahingehend ausgelegt werden, dass z.B. an Alzheimerpatienten, an Komapatienten und dauerhaft geistig Behinderten, also Patienten im Sinne des Art.III Nr.2 der Deklaration, rein wissenschaftliche Forschung durchgeführt werden darf, unter der Voraussetzung, dass die Zustimmung der vertretungsberechtigten Person gem. Art.I Nr.11, also nach den allgemeinen Grundsätzen der Deklaration vorliegt.

Die Versuchsperson darf sich nicht in einer psychisch oder physischen Zwangssituation befinden gem. Art.III Nr.2 der Deklaration. Außerdem darf die Forschungsabsicht gem. Art.III Nr. 2 nicht mit der Krankheit der Versuchsperson in Zusammenhang stehen. Diese Bestimmung geht sogar noch über die Regelung des Art.17 §2 der Biomedizin-Konvention hinaus. Art.17 §2 der Biomedizin-Konvention sieht nämlich ergänzend vor, dass derartige Forschung nur minimale Risiken und minimale Belastungen für den Betroffen mit sich bringen darf.

3. Bundes- und landesgesetzliche Regelungen zur humanmedizinischen Forschung – Vergleich mit den Schutzkriterien der Deklaration von Helsinki in der Fassung von Somerset West (1996)

a. §§40, 41 AMG

Die klinische Prüfung eines Arzneimittels ist nach §25 Abs.2 AMG Bedingung seiner Zulassung. Unter klinischer Prüfung eines Arzneimittels ist jede Anwendung eines Arzneimittels zu dem Zweck zu verstehen, über die Behandlung im Einzelfall hinaus nach einer wissenschaftlichen Methode Erkenntnisse über den therapeutischen Wert eines Arzneimittels zu gewinnen.[213] Sie dient der Feststellung der Wirksamkeit und Sicherheit des Arzneimittels.[214] In §§40, 41 AMG werden die Vorraussetzungen der klinischen Prüfung geregelt. Während die Vorschrift des §40 AMG die unerlässlichen Voraussetzungen für die Durchführung der klinischen Prüfung eines Arzneimittels am Menschen festlegt, erweitert und modifiziert §41 AMG die in §40 AMG aufgestellten Grundvoraussetzungen klinischer Arzneimittelforschung unter Berücksichtigung der besonderen Situation des kranken Menschen.[215]

Mit den Vorschriften der §§40, 41 AMG wurde auf nationaler Gesetzgebungsebene versucht, die ethischen Grundnormen für medizinisches Handeln bei der Erprobung von Arzneimitteln an Menschen in konkreten Rechtssätze zu formulieren. Ziel war es, den bestmöglichen Ausgleich des Spannungsverhältnisses zwischen dem Forschungsdrang des Wissenschaftlers und dem therapeutischen Interesse des Arztes an der Entwicklung und Erprobung neuer Heilmethoden einerseits sowie das Recht des gesunden Probanden bzw. des Patienten aus Art.2 Abs.1, 2 GG auf körperliche Unversehrtheit und Wahrung seines Selbstbestimmungsrechts andererseits zu ermöglichen.[216] Zu diesem Zweck wurde mit der 5. Novelle des AMG im Jahr 1994[217] u.a. die obligatorische Einschaltung von öffentlich-rechtlichen Ethikkommissionen in das Verfahren der klinischen Prüfung von Arzneimitteln bundesweit vorgeschrieben.

213 Vgl. die Definition bei Sander, AMG-Komm. Erl. §40 C Anm 1, amtl. Begrd. zum Gesetz zur Neuregelung des Arzneimittelrechts.

214 Vgl. Deutsch/Lippert, AMG-Komm. §40 Rdn.1.

215 Vgl. Kloesel/Cyran-Kloesel, AMG-Komm. Bd. II §40 A 1.0. amtl. Begrd. zu den §§40 u. 41.

216 Vgl. Kloesel/Cyran-Kloesel, AMG-Komm. Bd. II §40 A 1.0. Anmerkungen und Ausschussbericht zu §38 (jetzt §40).

217 BGBl. I 1994, S.3018ff.

Das AMG sieht seitdem in §40 Abs.1 Nr.6 AMG vor, dass die klinische Prüfung eines Arzneimittels am Menschen - vorbehaltlich es §40 Abs.1 S.3 AMG - nur durchgeführt werden darf, wenn diese zuvor von einer nach Landesrecht gebildeten unabhängigen öffentlich-rechtlichen Ethikkommission zustimmend bewertet worden ist.

Nach dem AMG besteht somit vor Beginn der klinischen Prüfung eine Anrufungspflicht der öffentlich-rechtlichen Ethikkommissionen.[218] Mit landesrechtlichen Regelungen im Sinne des §40 Abs.1 S.3 AMG sind sowohl formelle Gesetze der Landtage gemeint als auch materielles Landesrecht, d.h. auch die hier in Rede stehenden, von den Landesregierungen genehmigten Ärzteberufsordnungen.[219] Ein Ausnahmetatbestand zu den in §§40,41 AMG aufgestellten Zulässigkeitsvoraussetzungen klinischer Arzneimittelforschung ist nicht vorgesehen[220] und zwar unabhängig davon, ob es sich um therapeutische oder nicht-therapeutische Arzneimittelversuche handelt.[221]

Ein zustimmendes Votum setzt gemäß §40 Abs.1 S.2 AMG die Einhaltung des in §40 Abs.1 S.1 Nr.1 bis Nr.8 AMG aufgeführten Forderungskatalogs voraus. Sofern kein zustimmendes Votum vorliegt, darf allerdings mit der klinischen Prüfung gleichwohl begonnen werden, wenn die zuständige Bundesoberbehörde innerhalb von 60 Tagen nach Eingang der Unterlagen nicht widersprochen hat.[222] Das Votum der öffentlich-rechtlichen Ethikkommissionen muss nach §40 Abs.1 S.3 AMG bei der zuständigen Bundesoberbehörde vorgelegt worden sein. Eine Nichtbefassung gilt als Ablehnung. Falls keine öffentlich-rechtliche Ethikkommission eingeschaltet wird oder eine nicht nach Landesrecht gebildete, z.B. eine private Ethikkommission angerufen wird, fehlt es an den Voraussetzungen des §40 Abs.1 Nr.6 i.V.m. §40 Abs.1 S.3 AMG, so dass die klinische Prüfung rechtswidrig ist. Die Vorschriften des §40 Abs.1 Nr.1 bis Nr.5 und Nr.8, Abs.4 und §41 Nr.1 AMG sind nach §96 Nr.10 AMG nebenstrafrechtlich sanktioniert. Der Verstoß gegen die Vorschriften über die Hinterlegung der Unterlagen beim BfArM und des Prüfplans sind gemäß §97 AMG mit bußgeldbewährt.[223]

[218] Vgl. Pfeiffer, VersR 1994, 1377ff.; Deutsch, NJW 1994, 2381.

[219] Vgl. Deutsch, Medizinrecht, Rdn.729; Kloesel/Cyran-Kloesel, AMG-Komm. Bd. II §40 A 1.0 Ziff. 4b.

[220] Kloesel/Cyran-Kloesel, AMG-Komm. Bd. II §40 A. 1.0. Anm. Nr. 1a.

[221] Das AMG hat bislang - in Übereinstimmung mit der Deklaration von Helsinki in der Fassung von Somerset West 1996 - an der grundsätzlichen Unterscheidung zwischen therapeutischen Versuchen, die im Wesentlichen im Interesse des Patienten liegen und nicht-therapeutischen Versuchen festgehalten.

[222] Deutsch/Lippert-Deutsch, AMG-Komm. §40 Rdn.15.

[223] Vgl. Deutsch/Lippert-Deutsch, AMG-Komm. §40 Rdn.25; BayOLG NJW 1990, 1552.

Aufgrund des 5. Gesetzes zur Änderung des AMG sahen sich die Länder dazu veranlasst, ihre Heilberufekammergesetze zu ändern. Überwiegend wurde in den Heilberufekammergesetzen - bis auf unerhebliche inhaltliche Abweichungen - folgende Regelung aufgenommen.[224]

1) Die Ärztekammern errichten Ethikkommissionen durch Satzung und regeln insbesondere:

1. die Aufgaben der öffentlich-rechtlichen Ethikkommissionen
2. ihre Zusammensetzung
3. die Anforderungen an die Sachkunde, die Unabhängigkeit und die Pflichten der Mitglieder
4. die Zuständigkeit der öffentlich-rechtlichen Ethikkommissionen
5. die Voraussetzungen für ihre Tätigkeit
6. das Verfahren
7. die Geschäftsführung
8. die Aufgaben des Vorsitzenden
9. die Kosten des Verfahrens
10. die Entschädigung der Mitglieder

2) Die an den medizinischen Fachbereichen gebildeten Ethikkommissionen können für den Hochschulbereich an die Stelle der Ethikkommissionen nach Absatz 1 treten.

Die Landesärztekammern haben entsprechend der landesgesetzlichen Vorgaben für die bei ihnen - überwiegend bereits schon vor der 5. AMG-Novelle - konstituierten Ethikkommissionen Satzungen erlassen.[225] Diese orientieren sich inhaltlich an den sog. Verfahrensgrundsätzen für öffentlich-rechtliche Ethikkommissionen, die vom Arbeitskreis öffentlich-rechtlicher Ethikkommissionen am 19. November 1986 zwecks Vereinheitlichung des Verfahrens vor den öffentlich-rechtlichen Ethikkommissionen beschlossen wurden.[226] §1 der

224 Vgl. beispielsweise: §5 Kammergesetz Bad.-Württ. in der Fassung vom 16. März 1995, geändert durch ÄndG vom 25. November 1999; §7 HeilbG Brandenburg vom 28. Januar 1992, zuletzt geändert durch Art.2 des Gesetzes zur Anpassung von Landesrecht an das Abkommen über den Europäischen Wirtschaftsraum vom 22. September 1995; §6a HeilbG Hessen in der Fassung vom 19. Mai 1995 zuletzt geändert durch Art.3 durch Gesetz vom 13. Juni 1997; §10 HeilbG Niedersachsen vom 19. Juni 1996, zuletzt geändert durch Art.1 des Gesetzes vom 16. Dezember 1999.

225 Ein Verzeichnis der nach Landesrecht gebildeten öffentlich-rechtlichen Ethikkommissionen findet sich abgdr. in: Kloesel/Cyran, Bd. III A. 2.5. - Teil V.

226 Bei dem Arbeitskreis handelt es sich um eine Arbeitsgemeinschaft der öffentlich-rechtlichen Ethikkommissionen in Deutschland. Verbindliche Regelungen für die Verfahrensweise vor den Ethikkommissionen kann der Arbeitskreis der öffentlich-

Verfahrensgrundsätze für öffentlich-rechtliche Ethikkommissionen bestimmt, dass die Ethikkommissionen auf der Grundlage der revidierten Deklaration von Helsinki des Weltärztebundes in der jeweils geltenden Fassung arbeiten.[227] Diese Regelung hat - mit unwesentlichen Änderungen im Wortlaut - Eingang in die meisten Satzungen der öffentlich-rechtlichen Ethikkommissionen gefunden. Beispielhaft sei auf die Satzung der Ethikkommission der Landesärztekammer Rheinland-Pfalz verwiesen. Es heißt dort:

„Die Ethikkommission hat ihrer Arbeit die gesetzlichen Bestimmungen und berufsrechtlichen Regelungen sowie die Deklaration des Weltärztebundes von Helsinki in der jeweils geltenden revidierten Fassung zugrunde zu legen."[228]

Die Satzungen der Ethikkommissionen der übrigen Landesärztekammern enthalten ähnliche Bestimmungen.[229] Mit der 8. AMG Novelle hat §40 Abs.1 S.1 Nr.6 und S.2 AMG weitere grundlegende Änderungen in Bezug auf die Einbindung der öffentlich-rechtlichen Ethikkommissionen in das Zulässigkeitsverfahren für Arzneimittel erfahren. Gemäß §40 Abs.1 S.1 Nr.6 AMG n.F. ist den Unterlagen über die pharmakologisch-toxikologische Prüfung, die der Bundesoberbehörde vorzulegen sind, statt des Votums der Ethikkommission nunmehr das Votum der für den Leiter der klinischen Prüfung zuständigen Ethikkommission beizufügen. Gemäß §40 Abs.1 S.2 AMG n.F. ist - anstelle des Verweises auf sämtliche Voraussetzungen des Satzes 1 - die Bezugnahme auf das Votum der für den Leiter der klinischen Prüfung zuständigen Ethikkommission konsequenterweise ausgenommen worden.

rechtlichen Ethikkommissionen nicht treffen, da es sich nicht um einen demokratisch legitimierten Träger von Hoheitsrechten handelt.

227 Abgdr. im DÄBl.1991 A-2656; B-1779; DÄBl. 1994 B-1514.

228 §1 Abs.2 der Satzung der Ethikkommission der Landesärztekammer Rheinland-Pfalz vom 22. Mai 1996.

229 Vgl. die Satzung der öffentlich-rechtlichen Ethikkommissionen der Ärztekammer Bremen (Stand: 21. April 1997), §2 Abs.3: Die öffentlich-rechtlichen Ethikkommissionen legen ihrer Tätigkeit insbesondere die revidierte Deklaration von Helsinki in ihrer jeweils geltenden Fassung, gesetzliche Bestimmungen sowie sonstige einschlägige Regelungen, insbesondere der WHO, zugrunde. Vgl. §1 Abs.2 der Verordnung über die öffentlich-rechtlichen Ethikkommissionen des Landes Bremen vom 28. November 1996, veröffentlicht im Gesetzesblatt der Freien Hansestadt Bremen Nr. 58 vom 17. Dezember 1996, S.347ff., geändert durch Verordnung vom 12. Oktober 1999, veröffentlicht im Gesetzes blatt der Freien Hansestadt Bremen Nr. 46 vom 7. Dezember 1996.

Durch diese Änderungen stellt sich für multizentrische Prüfungen[230] das Problem, ob die für den Prüfleiter nicht zuständige Ethikkommission fortan überhaupt noch eine Bewertung vornehmen und ein Votum abgeben müssen und gegebenenfalls welche Bedeutung den Voten der nicht zuständigen Ethikkommission beizumessen ist.[231]

Auch mit der 8. AMG-Novelle wird daran festgehalten, dass die zuständige Ethikkommission nach Landesrecht gebildet worden sein muss, so dass weiterhin über die Satzungen der öffentlich-rechtlichen Ethikkommissionen gemäß obiger Ausführungen auf die Bestimmungen der Deklaration von Helsinki verwiesen wird.

b. Unterschiede zwischen §§40, 41 AMG und der Deklaration von Helsinki, Somerset West (1996)

Das AMG unterscheidet in Einklang mit der Deklaration von Helsinki in der Fassung des Jahres 1996 streng zwischen therapeutischen Versuchen, die der Behandlung der Krankheit eines Patienten dienen und solchen Versuchen, die keinen Therapiezweck verfolgen, sog. nicht-therapeutische Versuche. Die Unterscheidung in therapeutische und nicht-therapeutische Versuche kommt durch die Systematik der §§40, 41 AMG zum Ausdruck.[232]

Der Forderungskatalog des §40 Abs.1 AMG stellt in §40 Abs.1 S.1 Nr.1 AMG an erster Stelle das Gebot der Vertretbarkeit des Arzneimittelversuchs auf. Danach müssen die Risiken der klinischen Forschung für die Versuchsperson gemessen an der voraussichtlichen Bedeutung des Arzneimittels für die Heilkunde ärztlich vertretbar sein. §40 Abs.1 Nr.1 AMG erklärt den Begriff der Vertretbarkeit nicht. Er ist auch nicht aus sich heraus verständlich. Der Begriff der Vertretbarkeit im Sinne der Vorschrift ist daher ausfüllungsbedürftig. Er steht im Spannungsfeld zwischen dem individuellen Schutz des Probanden und dem allgemeinen Fortschritt der Heilkunde.

[230] Eine multizentrische Prüfung liegt vor, wenn eine nach einem einzigen Prüfplan durchgeführte klinische Prüfung in mehr als einer Prüfstelle erfolgt und daher von mehr als einem Prüfer vorgenommen wird, vgl. die Definition in Art.2 des Vorschlags für eine Richtlinie des Europäischen Parlaments und des Rates zur Angleichung der Rechts- und Verwaltungsvorschriften über die Anwendung der Guten Klinischen Praxis bei der Durchführung von klinischen Prüfungen mit Humanarzneimitteln, KOM (97) 369 end., abgdr. in: BR-Drs. 746/97.

[231] Vgl. hierzu weiterführend Schlacke, MedR 1999, 551, 552.

[232] Vgl. Fröhlich, S.79; Kloesel/Cyran-Kloesel, AMG-Komm. Bd.II A 1.0. §40 Nr.1a.

Als Maßstab für die Bewertung der ethischen Vertretbarkeit des Risikos wird die revidierte Deklaration von Helsinki angesehen.[233] Bei näherem Blick erweist sich die Deklaration jedoch nicht als taugliche Auslegungshilfe: Die Bestimmungen der Deklaration enthalten nämlich zur Frage der Vertretbarkeit eines Humanversuchs ebenfalls nur unpräzise Aussagen: In Artikel I Nr. 4 der Deklaration heißt es hierzu:

„Biomedizinische Forschung am Menschen ist nur zulässig, wenn die Bedeutung des Versuchsziels in einem angemessenen Verhältnis zum Risiko für die Versuchsperson steht."

Die nach §40 Abs.1 Nr.1 AMG geforderte ethische Vertretbarkeit eines humanmedizinischen Arzneimitteltests wird im Ergebnis nicht durch die Bestimmungen der Deklaration konkretisiert, sondern bedarf weiterer Auslegung. Für beide Vorschriften müssen Kriterien gefunden werden, wie man die Bedeutung des Versuchsziels, das Risiko für den Probanden/Patienten und den erforderlichen Abwägungsstandard objektivieren kann. Gleiches gilt für die Artikel I Nr.5 bis einschließlich Nr.7 der Deklaration, die sich sämtlich mit dem Spannungsfeld zwischen Risiko des Experiments für die Versuchsperson einerseits und Nutzen desselben für die Wissenschaft andererseits befassen und eine sorgfältige Risiko-Nutzenabschätzung vor Durchführung eines humanmedizinischen Forschungsvorhabens verlangen.

In §40 Abs.1 Nr.2 AMG wird als weitere Zulassungsvoraussetzung die Einwilligung des Probanden in den Versuch genannt. Diese setzt nach §40 Abs.1 Nr.2 AMG die umfassende Aufklärung des Probanden über Wesen, Bedeutung und Tragweite der klinischen Prüfung voraus. Die Aufklärung muss durch einen Arzt erfolgen und darf nicht auf nichtärztliches Hilfspersonal delegiert werden.[234] Weiteren Wirksamkeitskriterien für die erforderliche Einwilligung werden in §40 Abs.2 Nr.1 und Nr.2 AMG geregelt. Die Einwilligung ist danach nur wirksam, wenn die Versuchsperson geschäftsfähig und in der Lage ist, Wesen, Bedeutung und Tragweite der klinischen Prüfung einzusehen und ihren Willen hiernach zu bestimmen. Die Einwilligung muss vom Probanden persönlich und schriftlich erfolgen. Die Schriftlichkeit ist keine Wirksamkeitsvoraussetzung, sondern dient Beweiszwecken. Seit der 5. AMG-Novelle muss der Proband gemäß §40 Abs.1 Nr.2 AMG gleichzeitig mit der Einwilligung in den

[233] Vgl. Kloesel/Cyran-Kloesel, AMG-Komm. Bd.II §40 A 1.0. Nr.4; Sander, AMG-Komm. Erl.§40 C Anm.1; Erl. §40 C Amtl. Begrd. zum Gesetz zur Neuregelung des Arzneimittelrechts; Deutsch/Lippert-Deutsch, AMG-Komm. §40 Rdn.3.

[234] Vgl. Fröhlich, S.70.

Arzneimittelversuch erklären, dass er auch mit der Weitergabe von - im Rahmen der klinischen Prüfung - aufgezeichneten Krankheitsdaten einverstanden ist.[235]

Die Deklaration regelt das Erfordernis der informierten Zustimmung der Versuchsperson in den Art.I Nr.9 bis Nr.11. Nach Art.I Nr. 9 der Deklaration umfasst die der Zustimmung vorangehende Aufklärung der Versuchsperson die Auskunft über die Versuchsabsicht, die Versuchsdurchführung und den zu erwartenden Nutzen und das Risiko des Versuchs. Die Versuchsperson soll gem. Art.I Nr. 9 auch darauf hingewiesen werden, dass sie die Teilnahme am Versuch verweigern und jederzeit widerrufen kann. Art.I Nr. 9 bestimmt schließlich, dass die Zustimmung vorzugsweise schriftlich eingeholt werden soll. Ein striktes Schriftlichkeitserfordernis für die Einwilligung stellt weder die Deklaration noch das AMG auf. Im Grundsatz unterscheiden sich die Bestimmungen des AMG und der Deklaration zum Erfordernis der vorherigen Einwilligung der Versuchsperson also nicht. Dies gilt auch für die Zulässigkeit klinischer Forschung bzw. von Humanversuchen bei geschäftsunfähigen Personen bzw. Personen, die in ihrer Geschäftsfähigkeit beschränkt sind. Sowohl nach dem AMG als auch nach den Bestimmungen der Deklaration ist die klinische Prüfung bzw. ein Humanversuch grundsätzlich auch bei Personen zulässig, die geschäftsunfähig oder in der Geschäftsfähigkeit beschränkt sind, vgl. §40 Abs.4 Nr.4, §41 Abs.1 Nr.2 AMG und Art.I Nr.11 der Deklaration. In diesen Fällen muss die Einwilligung nach Aufklärung vom gesetzlichen Vertreter des geschäftsunfähigen bzw. in der Geschäftsfähigkeit Beschränkten erfolgen, §40Abs.4 Nr.4 AMG, §41 Nr.3 – Nr.5 AMG, Art.I Nr.11 der Deklaration. Unterschiedlich geregelt werden hingegen die Voraussetzungen der Einwilligung im Rahmen des klinischen Versuchs mit Nichteinwilligungsfähigen:

Nach §40 Abs.2 Nr.2 AMG gilt zwar grundsätzlich das Gebot der persönlichen Einwilligung. Bei therapeutischen Versuchen lässt das AMG jedoch die Einwilligung des gesetzlichen Vertreters bei einwilligungsunfähigen Versuchspersonen zu. Bei rein wissenschaftlichen Versuchen ist nach den Bestimmungen des AMG weiter zu differenzieren zwischen volljährigen und minderjährigen Einwilligungsunfähigen: §40 Abs.2 Nr.2 AMG sieht als Grundsatz vor, dass der Betroffene die Einwilligung selbst und schriftlich zu erteilen hat. Da die einwilligungsunfähige Person aber selbst keine wirksame Einwilligung erklären kann, sind rein wissenschaftliche Arzneimittelversuche mit nichteinwilligungsfähigen volljährigen Probanden ausnahmslos unzulässig.[236]
Bei minderjährigen Probanden bestimmt §40 Abs.4 Nr.1 AMG hingegen, dass rein wissenschaftliche Versuche an minderjährigen Einwilligungsunfähigen ausnahmsweise erlaubt sind soweit die Vorraussetzungen des Forderungskata-

[235] Kritisch hierzu: Deutsch/Lippert-Deutsch, AMG-Komm., §40 Rdn.5.
[236] Vgl. Fröhlich, S.80; Kloesel/Cyran-Kloesel, AMG-Komm. Bd.II §40 A 1.0. Anm. 4f, 4g.

logs in §40 Abs.4 AMG erfüllt sind. Zulässig ist nur die Erprobung von Diagnostika und Prophylaktika.[237] Die klinische Prüfung an Erwachsenen darf außerdem keine ausreichenden Prüfergebnisse erwarten lassen, d.h. dass die klinische Prüfung an Minderjährigen nur subsidiär zugelassen ist.[238] Soweit der Minderjährige in der Lage ist, Wesen, Bedeutung und Tragweite der klinischen Prüfung einzusehen und seinen Willen hiernach zu bestimmen, so ist auch seine schriftliche Einwilligung zusätzlich erforderlich, §40 Abs.4 Nr. 4 AMG.[239]

Die Deklaration enthält zum Problem der einwilligungsunfähigen Versuchsperson - wie bereits im Zusammenhang mit der Biomedizin-Konvention ausgeführt - die Bestimmung des Art.I Nr.11 und Art.III Nr.2: Danach sind therapeutische Forschungsvorhaben an nicht zustimmungsfähigen Versuchspersonen grundsätzlich zulässig, wenn der gesetzliche Vertreter die Zustimmung erteilt hat. Die Voraussetzungen der stellvertretenden Zustimmung richten sich nach nationalem Recht. Bei Minderjährigen und Behinderten wird die Zustimmung eines fürsorgeberechtigten Verwandten gefordert, gem. Art.I Nr.11 der Deklaration, dies ist nach deutschem Recht der Personenberechtigte.[240] Minderjährige, die über eigene Urteilskraft verfügen, müssen selbst zustimmen. Auf die begrifflichen Unklarheiten des Art.III Nr.2 der Deklaration, nach dem die Versuchsperson Freiwillige sein sollen, wurde bereits hingewiesen.[241]

Zusammenfassend lässt sich festhalten, dass die Bestimmungen der Deklaration zum Problem des einwilligungsunfähigen Probanden von den Regeln des AMG abweichen und klinische Versuche an einwilligungsunfähigen Probanden in größerem Ausmaß zulassen. Die Bestimmungen der Deklaration sind in ihrem Wortlaut unpräzise und bieten daher insgesamt keinen hinreichenden Schutz für diese Personengruppe. Art.II Nr.1 der Deklaration enthält eine Sonderbestimmung für Fälle, in denen ein therapeutischer Versuch bei der Behandlung eines Kranken nach dem Urteil des behandelnden Arztes die Hoffnung bietet, das Leben des Patienten zu retten, seine Gesundheit wiederherzustellen oder seine Leiden zu lindern. Fraglich ist nach dem Wortlaut der Deklaration, ob auch bei minderjährigen oder behinderten Patienten zunächst die Zustimmung des gesetzlichen Vertreters bzw. Personenberechtigten erforderlich ist. Das AMG fordert in diesem Fall uneingeschränkt die Zustimmung des Patienten bzw.

237 Vgl. Kloesel/Cyran-Kloesel a.a.O; vgl. hierzu auch Deutsch/Taupitz-Rosenau, Revision der Deklaration, S. 83.
238 Vgl. Kloesel/Cyran-Kloesel a.a.O.
239 Vgl. Deutsch/Lippert-Deutsch, AMG-Komm. §40 Rdn.21ff.
240 Vgl. Deutsch/Lippert, Ethikkommission und klinische Forschung, V. Anhang, Nr.1 Deklaration von Helsinki Art. I. Nr.11.
241 Vgl. Abschnitt B. IV. 2.

dessen gesetzlichen Vertreters, §41 Abs.1 Nr.3, 4.[242] Nur für den Fall, dass der Kranke keinen gesetzlichen Vertreter hat, ist die Arzneimittelprüfung unter dem Gesichtspunkt des übergesetzlichen Notstandes vertretbar, wenn die Anwendung des Arzneimittels zur Rettung des Lebens (z.B. bei einer Behandlung einer akuten Vergiftung) dringend geboten ist.[243]

§40 Abs.1 Nr.3 AMG verbietet die klinische Prüfung mit Personen, die auf gerichtliche oder behördliche Anordnung in einer Anstalt verwahrt sind. Bei Personen, die aufgrund einer gerichtlichen oder behördlichen Anordnung verwahrt werden, wird insoweit unterstellt, dass wegen des bestehenden Gewaltverhältnisses eine freie Willensentscheidung nicht möglich ist. Umstritten ist die Ausdehnung der Vorschrift auf therapeutische Versuche nach §41 AMG.[244]

In der Deklaration findet sich zum Problem von Versuchen an Häftlingen bzw. sonst Verwahrten keine ausdrückliche Regelung: Nach Art.I Nr.10 soll lediglich bei allen Versuchspersonen, die vom Arzt abhängig sind oder bei denen die Zustimmung zu einem Versuch möglicherweise unter Druck erfolgt ist, die Zustimmung durch einen Arzt eingeholt werden, der mit dem Versuch nicht befasst ist und der außerhalb eines etwaigen Abhängigkeitsverhältnisses steht. Die Bestimmung zeigt, dass die Deklaration zum einen zwar das Problem einer möglichen Druckausübung auf die Versuchsperson anerkennt, andererseits eine solche Abhängigkeit samt möglicher Druckausübung aber nicht als Ausschließungsgrund ansieht.

§40 Abs.1 Nr.4 AMG verlangt, dass die klinische Prüfung des Arzneimittels von einem Arzt durchgeführt wird, der eine mindestens zweijährige Erfahrung in der klinischen Prüfung von Arzneimitteln nachweisen kann. Die Vorschrift knüpft an §2a der Bundesärzteordnung in der Neufassung vom 16. April 1987[245] an, die vorsieht, dass die Berufsbezeichnung Arzt oder Ärztin nur von demjenigen geführt werden darf, der als Arzt approbiert ist oder nach §2 Abs.2, 3 oder 4 der Bundesärzteordnung zur vorübergehenden Ausübung des Berufs berechtigt ist. Eine Approbation als Zahnarzt oder Tierarzt reicht nicht aus, weil eine systemische Wirkung eines Arzneimittels auf den Menschen nur von einem Arzt

242 Vgl. Kloesel/Cyran-Kloesel, AMG-Komm. Bd.II §41 Anm. zu Nr.3 und Nr.4.
243 Vgl. Kloesel/Cyran-Kloesel a.a.O.
244 Vgl. Holzhauer, NJW 1992, 2331; Sander, AMG-Komm. §40 Anm.6; Die Anwendung eines noch ungeprüften und noch nicht zugelassenen Arzneimittels an einem Verwahrten wird unter dem Gesichtspunkt des §34 StGB ausnahmsweise für zulässig erachtet, wenn der Einsatz des Arzneimittels die einzige Chance biete, das Leben des Verwahrten zu retten oder einem sonstigen schwerwiegenden Nachteil durch Anwendung des Arzneimittels auszuweichen. Vgl. i.ü. Kloesel/Cyran-Kloesel, AMG-Komm. Bd.II §40 Anm.6ff.
245 BGBl. I, S.1218.

beurteilt werden kann.[246] Konkrete gesetzliche Voraussetzungen für den nach §40 Abs.1 Nr.4 AMG erforderlichen Erwerb der mindestens zweijährigen Erfahrung in der klinischen Prüfung von Arzneimitteln werden nicht festgelegt.[247] Die Deklaration verlangt in Art.I Nr.3, dass ein klinisch erfahrener Arzt die biomedizinische Forschungsvorhaben leitet, allerdings ohne ein spezifisches Anforderungsprofil festzulegen. Gemäß §40 Abs.1 Nr.5 AMG darf mit der klinischen Prüfung eines Arzneimittels erst dann begonnen werden, wenn eine ausreichende pharmakologisch-toxikologische Prüfung im Labor und am Tier vorausgegangen ist.[248]

Die Unterlagen über die vorangegangen pharmakologisch-toxikologischen Prüfungen müssen gemäß §40 Abs.1 Nr.6 AMG gemeinsam mit dem Votum der öffentlich-rechtlichen Ethikkommissionen bei der zuständigen Bundesoberbehörde hinterlegt werden sowie der zuständige Leiter der klinischen Prüfung über die entsprechenden wissenschaftlichen Erkenntnisse sowie die mit der klinischen Forschung verbundenen Risiken informiert worden sein.[249] Die Deklaration enthält zu dem Erfordernis vorhergehender wissenschaftlicher Prüfung lediglich die eher weit gefasste Formulierung in Art.I Nr.1, dergemäß die biomedizinische Forschung auf ausreichende Laboratoriums- und Tierversuche sowie einer umfassenden Kenntnis der wissenschaftlichen Literatur aufbauen sollte.

Schließlich fordert §40 Abs.1 Nr.8 AMG, dass zugunsten desjenigen, der an einer klinischen Prüfung teilnimmt eine ausreichende Probandenversicherung abgeschlossen wird, deren Kosten von demjenigen zu tragen sind, auf dessen Veranlassung hin die klinische Prüfung durchgeführt wird. Die Deklaration enthält hierzu keine Bestimmung. Allerdings findet sich in der Deklaration im Unterschied zum AMG eine ausdrückliche Bestimmung für den Fall, dass während der Durchführung des Humanversuchs eine Gefahrensituation auftritt: Nach Art.I Nr.7 besteht die Pflicht zum Versuchsabbruch sobald sich herausstellt, dass das Wagnis den möglichen Nutzen des Versuchs übersteigt.

246 Vgl. Kloesel/Cyran-Kloesel, AMG-Komm. Bd.II §40 Anm. 7.

247 Mittlerweile hat das Bundesministerium für Gesundheit eine Konsenskonferenz unter Beteiligung interessierter Verbände der Ärzteschaft und der pharmazeutischen Industrie unter Moderation eines Vorstandsmitgliedes der Arzneimittelkommission der Ärzteschaft ein Anforderungsprofil für den Leiter der klinischen Prüfung erarbeitet, in dem die allgemeine Charakterisierung, die Aufgaben, die notwendigen Kenntnisse und die sonstigen Voraussetzungen für die Tätigkeit des Prüfleiters in der Form einer fachlichen Empfehlung festgehalten werden, vgl. Kloesel/Cyran-Kloesel, AMG-Komm. Bd.II §40 A 1.0. Anm.7.

248 Vgl. Kloesel/Cyran-Kloesel, AMG-Komm. Bd.II §40 Anm. 8ff.

249 Vgl. Kloesel/Cyran-Kloesel, AMG-Komm. Bd.II §40 Anm. 9ff.

In §40 Abs.1 S.3 AMG ist hingegen für diesen Fall lediglich die Pflicht zur Unterrichtung der öffentlich-rechtlichen Ethikkommissionen über schwerwiegende oder unerwartete, unerwünschte Ereignisse bestimmt, nicht jedoch die Pflicht zum sofortigen Versuchsabbruch.

c. §§20, 21 MPG

Durch das MPG ist der parlamentarische Gesetzgeber seiner Pflicht zur Umsetzung von insgesamt 16 Richtlinien der Europäischen Union nachgekommen,[250] wobei der Richtlinie 90/385/EWG des Rates vom 20. Juni 1990 zur Angleichung der Rechtsvorschriften der Mitgliedsstaaten über aktive implantierbare medizinische Geräte[251] und der Richtlinie 93/42/EWG des Rates vom 14. Juni 1993 über Medizinprodukte[252] maßgebliche Bedeutung für die verabschiedete Fassung des MPG zukommt. Die §§19 bis 24 MPG regeln den Schutz des Menschen bei der klinischen Prüfung von Medizinprodukten. Die klinische Prüfung von Medizinprodukten am Menschen betrifft ausschließlich implantierbare Medizinprodukte und Produkte der Klasse III, bei denen der Nachweis ihrer Sicherheit und Unbedenklichkeit entweder durch aktuelle einschlägige wissenschaftliche Literatur oder mittels klinischer Daten aufgrund entsprechender klinischen Prüfung erbracht werden kann.[253]

Die §§20, 21 MPG orientieren sich zum Teil wörtlich an den §§40, 41 AMG. Entsprechend wird auch im MPG von der grundsätzlichen Unterscheidung zwischen Heilversuchen bzw. therapeutischen Versuchen einerseits und medizinischen Experimenten bzw. nicht-therapeutischen Versuchen andererseits ausgegangen mit jeweils unterschiedlichen Zulässigkeitskriterien. §20 MPG stellt dabei die allgemeinen Voraussetzungen der klinischen Prüfung von Medizinprodukten am Menschen auf. §21 MPG modifiziert die allgemeinen Regelungen des §20 MPG für den Fall der klinischen Prüfung eines Medizinprodukts am Kranken. So sieht - ebenso wie das AMG - das MPG eine obligatorische Einbindung von Ethikkommissionen in das Zulassungsverfahren für Medizinprodukte vor, §20 Abs.7 S.1 MPG. Allerdings wird in Abweichung zum AMG und auch insbesondere abweichend von den Vorgaben der EU-Richtlinie vom 2. Juli 1993, ABIEG Nr. L 169/9, Art.15 Abs.3 keine ausdrückliche

250 Vgl. den Katalog der umgesetzten Richtlinien der EU in der FN zum Titel der Veröffentlichung des Gesetzes über Medizinprodukte vom 2. August 1994, BGBl. I 1993.

251 ABIEG Nr. L. 189 S.17.

252 Richtlinie vom 2. Juli 1993, ABIEG Nr. L. 169/9.

253 Deutsch/Lippert/Ratzel-Deutsch, MPG-Komm. §20 Rdn.1.

Zuständigkeit der Ethikkommissionen festgelegt,[254] sondern in §20 Abs.7 MPG lediglich eine allgemeine Registrierungsbefugnis jeder Ethikkommission beim BfArM ausgesprochen.

Dies widerspricht der in §40 Abs.1 AMG festgelegten Länderhoheit über die Errichtung von Ethikkommissionen und führt dazu, dass die klinische Prüfung von Medizinprodukten am Menschen der ausschließlichen Kontrolle der bei den jeweiligen Landesärztekammern bzw. medizinischen Fakultäten örtlich ansässigen Ethikkommissionen entzogen ist.[255] Gleichzeitig eröffnet die Regelung den privaten Ethikkommissionen[256] - sofern sie die sonstigen Anforderungen des §20 Abs.7 MPG erfüllen - im Rahmen der Zulassungsprüfung von Medizinprodukten tätig zu werden.

Die unterschiedlichen Regelungen bezüglich der Ethikkommissionen nach §40 Abs.1 AMG und §20 Abs.7 MPG sind unverständlich und werden teilweise als unzulässiger Fall einer Mischverwaltung zwischen Bund und Ländern angesehen und damit als verfassungswidrig.[257] Die Registrierungspflicht bei der zuständigen Bundesoberbehörde beinhaltet zwar keine materiellen Voraussetzungen, verlangt wird jedoch zumindest, dass die registrierte Ethikkommission eine Verfahrensordnung, ihre Anschrift sowie die Vergütung der Kommissionsmitglieder veröffentlicht hat. Außerdem müssen die Sachverständigen der Kommission die erforderliche Fachkompetenz aufweisen. Nach dem MPG genügt es also grundsätzlich – unabhängig vom jeweiligen Landesärztekammerbezirk bzw. der örtlich ansässigen medizinischen Fakultät – eine irgendwo bestehende, private Ethikkommission einzuschalten.

254 Richtlinie vom 2. Juli 1993, ABlEG Nr. L. 169/9, Art.15 Abs.3.

255 Kritisch hierzu: Deutsch, Medizinrecht Rdn. 1006ff.; ders., NJW 1995, 754.

256 Anders als die öffentlich-rechtlichen Ethikkommissionen, die bei den Landesärztekammern und Universitäten gegründet wurden, berufen sich die freien/privaten Ethikkommissionen auf private Initiativen und Interessen. Rechtlich sind sie entweder Teil eines Unternehmens, das sie bestellt hat oder ihre Mitglieder bilden eine Gesellschaft des bürgerlichen Rechts oder organisieren sich in Form einer GmbH. Beispielsweise die Freiburger Ethikkommission; seit der Neufassung des §40 AMG durch die 5. Novelle des AMG vom 19. Oktober 1994 ist die Bedeutung der privaten Ethikkommissionen erheblich zurückgegangen, da - wie ausgeführt - in §40 Abs.1 S.1 Nr.6 AMG bei der klinischen Prüfung von Arzneimitteln - dem hauptsächlichen Bestätigungsfeld von Ethikkommissionen - die Beteiligung einer nach Landesrecht gebildeten Ethikkommission verlangt wird, so dass die Anrufung von privaten Ethikkommissionen im Rahmen des Anwendungsbereichs des AMG bundesgesetzlich ausgeschlossen wird.

257 Vgl. Deutsch, NJW 1995, 752; Deutsch, VersR 1995, 121; Pfeiffer, VersR 1994, 1377; Deutsch-Deutsch/Lippert/Ratzel-Deutsch, MPG-Komm. §20 Rdn.25f.

In Übereinstimmung mit §40 Abs.1 AMG darf gem. §20 Abs.7 MPG mit der klinischen Prüfung erst begonnen werden, wenn gem. §20 Abs.7 S.1 MPG eine zustimmende Stellungnahme einer Ethikkommission zum Prüfplan vorliegt. Bei multizentrischen Studien genügt gem. §20 Abs.7 S.2 MPG ein Votum. Sofern keine zustimmende Stellungnahme einer Ethikkommission zum Prüfplan vorliegt, kann der Hersteller nach einer Frist von 60 Tagen nach der Anzeige der klinischen Prüfung gemäß §20 Abs.7 S.4 MPG mit der klinischen Prüfung beginnen, sofern die zuständige Behörde keine auf Gründe der öffentlichen Gesundheit oder der öffentlichen Ordnung gestützte gegenteilige Entscheidung getroffen hat.

Der Gesetzgeber hat in Abweichung zu §§40, 41 AMG in §20 Abs.8 MPG die Einzelheiten zum Verfahren der Ethikkommissionen festgelegt: Gem. §20 Abs.8 S.1 MPG müssen bei der mündlichen Beratung des Prüfplans mindestens fünf Mitglieder der Ethikkommission anwesend sein. Diese haben gem. §20 Abs.8 S.1 MPG den Prüfplan des Leiters der klinischen Prüfung nach ethischen und rechtlichen Gesichtspunkten sowie auf das Vorliegen der formalen Kriterien des §20 Abs.1 und Nr. 4 bis Nr.9, Abs.4 Nr.1 bis Nr.3 und Abs.5 MPG zu prüfen.

In Bezug auf die Bedeutung der Deklaration von Helsinki im Zusammenhang mit der nach §20 Abs.8 MPG möglichen Einbindung privater Ethikkommissionen, ist festzuhalten, dass in den Satzungen der privaten Ethikkommissionen die Deklaration als Beratungs- bzw. Votierungsgrundlage für die privaten Ethikkommissionen festgelegt ist.[258] Dass heißt, dass – unabhängig davon, ob der Prüfplan gem. §20 Abs. 7 MGP von einer privaten oder öffentlich-rechtlichen Ethikkommission untersucht worden ist – neben den gesetzlichen Vorgaben in §20 Abs.8 MPG auch immer die revidierte Deklaration von Helsinki als zusätzliche Beurteilungsgrundlage heranzuziehen ist.[259] Auf ihre Bestimmungen wird im Übrigen auch in der EG-Richtlinie über die aktiven implantierbaren medizinischen Geräte in Anhang 7 verwiesen.[260]

[258] Verfahrensordnung der Freiburger Ethikkommission vom 30. Juni 1998, Kap.3 Nr.5: „Grundlage der Begutachtungen sind vor allem die Empfehlungen der revidierten Deklaration von Helsinki des Weltärztebundes."

[259] Vgl. Ratzel/Lippert, MPG, Rdn.111, noch bezogen auf die Regelungen in §17 Abs.7 MPG a.F.

[260] Richtlinie 90/385 EWG des Rates vom 20. Juni 1990 zur Angleichung der Rechtsvorschriften der Mitgliedsstaaten über aktiv implantierbare medizinische Geräte, ABlEG Nr. L 189, 17.

d. Unterschiede zwischen §§20, 21 MPG und der Deklaration von Helsinki Somerset West (1996)

Wie ausgeführt sind die Regelungen in §§20, 21 MPG zum Schutz von Versuchteilnehmer an einer klinischen Prüfung inhaltlich den Regelungen des AMG über den Schutz des Menschen bei der klinischen Prüfung von Arzneimitteln angepasst. So entspricht §40 AMG für nichttherapeutische Versuche im wesentlichen der Vorschrift des §20 MPG und §41 AMG für therapeutische Versuche findet sich weitgehend identisch in §21 MPG wieder. Im Nachfolgenden soll daher nur auf diejenigen Unterschiede zwischen §§20, 21 MPG und der Deklaration von Helsinki in der Fassung von Somerset West (1996) eingegangen werden, die nicht schon im Zusammenhang mit den Ausführungen zum AMG aufgezeigt wurden. An erster Stelle sind die Besonderheiten des MPG in Bezug auf die Einbindung von öffentlich-rechtlichen und privaten Ethikkommissionen zu nennen: Die Regelung in §20 Abs.7 MPG führt wie gezeigt dazu, dass es im Hinblick auf die Zuständigkeit der Ethikkommissionen zu unterschiedlichen Ergebnissen kommen kann.[261]

Das VG Stuttgart hat hierzu in einer neueren Entscheidung ausgeführt, dass zwischen den privaten und den öffentlich-rechtlichen Ethikkommissionen ein Wettbewerb im Wirtschaftsleben stattfände und es im Fall eines positiven Votums keine objektiv vernünftigen Veranlassung gäbe, noch eine andere Ethikkommission zu befragen. Damit wurde gerichtlich erstmals eine Gleichstellung der beim BfArM registrierten privaten Ethikkommissionen und der bei den Ärztekammern eingerichteten öffentlich-rechtlichen Kommissionen festgestellt.[262] Durch Art.I. Ziff.2 der Deklaration wird hingegen die Anrufung einer privaten Ethikkommission ausgeschlossen.[263]

Leiter der klinischen Prüfung eines Medizinprodukts kann gem. §20 Abs.1 Nr.4 MPG auch eine entsprechend qualifizierte und befugte Person sein. Danach kommt als entsprechend qualifizierte Person auch ein erfahrener Physiker oder Ingenieur in Betracht.[264] Der Wortlaut der Deklaration ist im Hinblick auf die

261 Vgl. Abschnitt B. IV. 3. c.

262 VG Stuttgart NJW 2002, 529 = MedR 2002, 159; vgl. die Urteilsbesprechung von Böse, MedR 2002, 244ff.

263 Art.I Nr.2, eingeführt mit der revidierten Fassung der Deklaration von Somerset West 1996, spricht von einem „specially appointed committee independent of the investigator and the sponsor provided that this independent commitee is in conformity with the laws and regulations of the country in which the research experiment is performed“. Damit sieht die Deklaration die ausschließliche Einbindung öffentlich-rechtlicher Ethikkommissionen im Rahmen der Zulässigkeitsprüfung humanmedizinischer Forschungsvorhaben vor.

264 Deutsch/Lippert/Ratzel-Deutsch, MPG-Komm. §20 Rdn.14.

Frage, ob nur ein Arzt oder aber auch eine sonst zur biomedizinischen Forschung qualifizierte bzw. befugte Person biomedizinischer Forschung durchführen darf, wesentlich weiter: Gemäß Art.I Ziff.3 der Deklaration sollte biomedizinische Forschung nur von wissenschaftlich qualifizierten Personen und unter Aufsicht eines klinisch erfahrenen Arztes durchgeführt werden.

Ebenso wie nach dem AMG sind rein wissenschaftliche Versuche am Einwilligungsunfähigen grundsätzlich unzulässig. Die Regelung des §20 Abs.4 MPG ist wörtlich aus §40 Abs.4 AMG übernommen worden. Einzige Ausnahme bildet auch nach dem MPG die Erprobung solcher Medizinprodukte, die zum Erkennen oder Verhüten von Krankheiten bei Minderjährigen bestimmt sind gem. §20 Abs.4 MPG.[265] Rein wissenschaftliche Versuche an Einwilligungs- und Geschäftsunfähigen außerhalb der Spezialregelung des §20 Abs.4 MPG lässt auch das MPG nicht zu. Therapeutische Forschung am Menschen mit Medizinprodukten ist hingegen bei einwilligungsunfähigen Patienten zulässig, soweit die gesetzlichen Schutzbestimmungen des §21 MPG erfüllt werden. Hierbei ist - neben der erforderlichen Einwilligung durch den gesetzlichen Vertreter sowie dessen Aufklärung - die wichtigste Voraussetzung für die Durchführung eines Heilversuchs, dass das Medizinprodukt zur Behebung einer Krankheit angewendet werden soll, an der die Versuchsperson leidet, §21 MPG.

Auf die Bestimmungen der Deklaration über die Forschung mit Einwilligungsunfähigen wurde bereits im Zusammenhang mit §§40, 41 AMG eingegangen, worauf verwiesen wird.[266] Eine Besonderheit des MPG in diesem Zusammenhang ist, dass die erforderliche Einwilligung im Rahmen therapeutischer Versuche mit Einwilligungsunfähigen auch mündlich gegenüber dem Arzt vor Zeugen abgegeben werden und zwar auch die des gesetzlichen Vertreters oder Betreuers, gem. §21 Nr.4 MPG. Die Einwilligung des gesetzlichen Vertreters ist nach §21 Nr.3 MPG nur wirksam, wenn dieser durch einen Arzt ausreichend über Wesen, Bedeutung und Tragweite der klinischen Forschung aufgeklärt worden ist. Das Gesetz erlaubt dem Arzt von der Einwilligung und Aufklärung abzusehen, wenn durch die Aufklärung der Behandlungserfolg gefährdet ist gem. §21 Nr.5 AMG. Eine derart weitgehende Regelung sieht weder das AMG noch die Deklaration vor.

265 Unrichtigerweise sieht allerdings §17 Abs.4 Nr.4 MPG bei Minderjährigen eine Einwilligung durch den gesetzlichen Vertreter oder Betreuer vor. Die Bestellung eines Betreuers kommt jedoch gemäß §1896 Abs.1 BGB erst mit Volljährigkeit Betracht. §40 Abs.4 Nr.4 AMG bezieht sich hingegen richtigerweise nur auf den gesetzlichen Vertreter oder Pfleger.

266 Abschnitt B. IV. 3. a.

Für schwangere und stillende Frauen enthält das MPG im Unterschied zum AMG und der Deklaration die Sonderegelung in §20 Abs.5 MPG. Danach ist die klinische Prüfung eines Medizinprodukts an Schwangeren oder Stillenden zulässig, wenn das Medizinprodukt dazu bestimmt ist, bei dieser Personengruppe oder dem ungeborenen Kind Krankheiten zu verhüten, zu erkennen, zu heilen oder zu lindern. Eine klinische Prüfung bei Schwangeren und stillenden Frauen ist auch unter den Voraussetzungen des §20 Abs.5 MPG nur dann zulässig, wenn es sich zugleich um einen persönlichen Heilversuch an der Schwangeren handelt. Das heißt, dass eine normale klinische Prüfung an Schwangeren und stillenden Frauen nicht zulässig ist.[267]

Das MPG enthält keine Bestimmung für den Fall, dass während der Versuchsdurchführung einer Gefahrensituation für den Probanden eintritt. Die Deklaration legt für derartige Vorfälle mit Art.I Nr.7 ausdrücklich die Pflicht zum Versuchsabbruch fest.

Im MPG fehlt im Unterschied zur Deklaration, dort Art.I Nr.8, ein ausdrückliches Veröffentlichungsverbotes für unzulässige Versuche. Allerdings ist im MPG eine Pflicht zum Abschluss einer Probandenversicherung vorgesehen gem. §20 Abs.1 Nr.9 MPG. Gem. §20 Abs.3 MPG hat die Probandenversicherung für den Fall des Todes oder der dauernden Erwerbsunfähigkeit des Probanden mindestens eine Versicherungssumme in Höhe von 500.000 Euro vorzusehen. Wie bereits ausgeführt, enthält die Deklaration hierzu keine Regelung.

e. §41 StrlschVO

Anders als im AMG, MPG und den landesrechtlichen und landesberufsrechtlichen Regelungen findet das Institut der öffentlich-rechtlichen Ethikkommission in der StrlSchVO keine Erwähnung. Allerdings wird in §41 StrlSchVO die Anwendung radioaktiver Stoffe oder ionisierender Strahlen am Menschen in der medizinischen Forschung davon abhängig gemacht, dass für die beantragte Art der Anwendung ein zwingendes Bedürfnis besteht. Das Vorliegen eines zwingenden Bedürfnisses muss dabei von einer Gutachtergruppe festgestellt werden, die von der Genehmigungsbehörde gem. §20 Atomgesetz ausgewählt wurde. Aufgrund der 2. Änderungsverordnung ist nunmehr klargestellt, dass nicht die entsprechenden Feststellungen jeder beliebigen Gutachtergruppe ausreichen, sondern die Gutachtergruppe vom Bundesgesundheitsamt eingesetzt sein muss.

[267] Deutsch/Lippert/Ratzel-Deutsch, MPG-Komm. §20 Rdn.2. sieht den Anwendungsbereich des §20 Abs.5 MPG auf Beobachtungs- und Wirkungsmaximierungsstudien beschränkt.

Bedenken ergeben sich jedoch weiterhin daraus, dass nach dem Wortlaut der Vorschrift nicht die Behörde, sondern die Gutachtergruppe die Feststellung über das Vorliegen eines zwingenden Bedürfnisses im Sinne des §41 StrlSchVO trifft. Die in §41 StrlSchVO enthaltenen Anforderungen zur Beurteilung von humanmedizinischen Forschungsvorhaben im Zusammenhang mit radioaktiven Stoffen oder ionisierender Strahlung entsprechen im wesentlichen der im Jahr 1964 vom Weltärztebund beschlossenen Deklaration von Helsinki in der revidierten Fassung des Jahres 1975 (Tokio).[268] In der amtlichen Begründung zu §41 StrlSchVO heißt es hierzu, dass in Bezug auf die Anwendung von radioaktiven Stoffen an Versuchspersonen zur medizinischen Forschung, die ausserhalb des Bereichs der klinischen Prüfung von Arzneimitteln rein wissenschaftlichen Ziele ohne therapeutischen oder diagnostischen Wert für den oder die Probanden anstrebe, bis heute nicht durch ausreichende Rechtsvorschriften der Schutz der Probanden sichergestellt sei, dies gelte auch im Hinblick auf die Regelungen der Deklaration.[269]

f. Regelungen in den Heil- und Kammerberufsgesetzen der Länder im Zusammenhang mit humanmedizinischen Forschungsvorhaben, die Satzungen zum Verfahren der öffentlich-rechtlichen Ethikkommissionen und die standesrechtlichen Vorschriften zur humanmedizinischen Forschung nach dem Vorbild des §15 Abs.2 MBO-Ä 1997

Aufgrund der Ermächtigung durch den Bundesgesetzgeber im AMG, aber auch insoweit als für klinische Forschung außerhalb des Pharmabereichs eine originäre Zuständigkeit der Länder besteht, sind die einzelnen Bundesländer in ihren Heil- und Kammerberufsgesetzen dazu übergegangen, Ethikkommissionen einzuführen und einen Katalog ihrer Aufgaben der Satzungsgewalt der Ärztekammern zuzuweisen. In den Heil- und Kammerberufsgesetzen ist regelmäßig eine Rechtsgrundlage zum Erlass einer Satzung für die öffentlich-rechtlichen Ethikkommissionen geschaffen worden und gleichzeitig der Satzungsinhalt festgelegt worden.[270]

[268] Vgl. Kramer/Zerlett StrlSchVO/StrlSchG-Komm. §41 C III. Erläuterungen zu §41 Anm. Nr.3 m.w.N.

[269] Kramer/Zerlett StrlSchVO/StrlSchG-Komm. §41 C I. Amtliche Begründung zu §41 Anm. Nr. 3.

[270] Z.B. §5 Heilberufekammergesetz Baden-Württemberg, in der Fassung vom 16. März 1995, geändert durch ÄndG v. 25. November 1999.

In den Satzungen der öffentlich-rechtlichen Ethikkommissionen findet sich in der Regel eine Verweisung auf die jeweils gültige Fassung der Deklaration von Helsinki, so beispielsweise in §1 der Satzung der Ethikkommission der Landesärztekammer Rheinland-Pfalz vom 22. Mai 1996.[271] Dort heißt es:

„Sie (Anm.: die Ethikkommission) legt ihrer Arbeit die gesetzlichen Bestimmungen und berufsrechtlichen Regelungen sowie die Deklaration des Weltärztebundes von Helsinki in der jeweils geltenden revidierten Fassung zugrunde."

Etwa gleichlautende Regelungen finden sich in den Satzungen der Ethikkommissionen der anderen Landesärztekammern. Soweit Ethikkommissionen bei den Universitäten eingerichtet wurden, findet sich ebenfalls eine entsprechende Verweisung in deren Satzungen.[272] Die Deklaration von Helsinki wird außerdem in den Landesberufsordnungen für Ärzte explizit erwähnt und zwar als Beratungsgrundlage für die bei den Landesärztekammern bzw. den medizinischen Fakultäten ansässigen Ethikkommissionen.[273]

Nachdem die Deklaration im Jahr 1975 revidiert wurde, hatte die Bundesärztekammer 1979 zunächst eine Empfehlung zur Errichtung von öffentlich-rechtlichen Ethikkommissionen verabschiedet.[274] Gleichzeitig wurde in §1 Abs.4 MBO-Ä 1979 eine fakultative Beratungspflicht durch Ethikkommissionen vor Durchführung biomedizinischer Forschung am Menschen vorgesehen. Im Jahr 1985 wurde die Regelung des §1 Abs.4 MBO-Ä 1985 zu einer Muss-Vorschrift umgestaltet. Die derzeit gültige Regelung über die Einbindung der bei den Ärztekammern eingerichteten Ethikkommissionen beinhaltet §15 MBO-Ä 1997, der wie folgt lautet:

„Der Arzt muss sich vor der Durchführung biomedizinischer Forschung am Menschen - ausgenommen bei ausschließlich epidemiologischen Forschungsvorhaben - durch eine bei der Ärztekammer oder bei einer medizinischen Fakultät gebildeten öffentlich-rechtlichen Ethikkommission über die mit seinem Vorhaben verbundenen berufsethischen und berufs-

[271] Vgl. die Satzung der Ethikkommissionen der Landesärztekammer Rheinland-Pfalz vom 22. Mai 1996, genehmigt durch das Ministerium für Arbeit, Soziales und Gesundheit mit Schreiben vom 10. Juni 1996, Az. 6321 – 01 723.

[272] Z.B. §1 Abs.1 des Statuts der Ethikkommission der Universität Heidelberg vom 16. Februar 1995. In Baden-Württemberg ist über §5 Kammergesetz i.V.m. §7 Universitätsgesetz festgelegt, dass auch die Universitäten aufgrund entsprechender Satzungen eine Ethikkommission einrichten müssen.

[273] Zur Entwicklung der Ethikkommissionen in Deutschland vgl. Deutsch, Medizinrecht, Rdn.589ff.

[274] Empfehlung der Bundesärztekammer zur Errichtung von Ethikkommissionen bei den Ärztekammern vom 12. Januar 1979.

rechtlichen Fragen beraten lassen. Dasselbe gilt vor der Durchführung gesetzlich zugelassener Forschung mit vitalen menschlichen Gameten und lebendem embryonalen Gewebe."

§15 Abs.2 MBO-Ä 1997 lautet:

„Bei durchzuführenden Beratungen nach Absatz 1 ist die Deklaration des Weltärztebundes von 1964 (Helsinki) in der revidierten Fassung von 1975 (Tokio), 1983 (Venedig), 1989 (Hongkong) und 1996 (Somerset West) zu Grunde zu legen."

Die MBO besitzt selbst keine Rechtsqualität, sondern muss als unverbindlicher Vorschlag der Bundesärztekammer von den einzelnen Landesärztekammern in verbindliches Satzungsrecht umgesetzt werden. Die Berufsordnungen der Landesärztekammern orientierten sich jedoch an der MBO, die zugleich als Ausdruck der einheitlichen Standesauffassung aller deutschen Ärzte angesehen wird.[275] Die derzeit aktuellen Landesberufsordnungen der Ärzte beziehen sich - soweit sie der MBO-Ä 1997 angepasst wurden - auf die Deklaration von Helsinki in der Fassung von Somerset West aus dem Jahr 1996. Die revidierte Fassung der Deklaration vom Oktober 2000, Edinburgh wird in keiner der aktuellen Berufsordnungen für Ärzte erwähnt.

g. Zwischenergebnis

Die Regelungen der Deklaration unterscheiden sich von den bundesgesetzlichen Regelungen in wesentlichen Punkten: Die Abweichungen betreffen die für den Schutz des Probanden zentralen Aspekte der Einwilligung, des Versuchsabbruchs bei Gefahrensituationen und die Zulässigkeit von Forschungsversuchen mit nichteinwilligungsfähigen Probanden/Patienten. Da die Schutzkriterien in AMG, MPG und der Deklaration inhaltlich voneinander abweichen, stellt sich die Frage, ob die einzelnen Regeln in einem Rangverhältnis stehen und welche Regelung im Kollisionsfall über die Zulässigkeit eines humanmedizinischen Forschungsvorhabens entscheidend ist. Die Deklaration legt zudem als einziges Regelungswerk ein Veröffentlichungsverbot für Versuche fest und zwar sofern Versuche nicht in Übereinstimmung mit den in der Deklaration niedergelegten Grundsätzen durchgeführt werden, Art.I Nr.8. Weder im AMG noch im MPG findet sich hierzu eine Regelung, lediglich die Landesberufsordnungen der Ärzte enthalten zum Problem der Publikation von Forschungsergebnissen die Verpflichtung, dass in den publizierten Forschungsergebnissen die Beziehungen des Arztes zum Auftraggeber und dessen Interessen bekannt gegeben werden müssen.

[275] Rieger, Arztrecht, Rdn.389.

Die festgestellten Unterschiede zwischen den Bestimmungen der Deklaration von Helsinki und den bundesgesetzlichen Regelungen werden im Zusammenhang mit der Zulässigkeitsprüfung humanmedizinischer Forschung relevant. Die Zulässigkeit humanmedizinischer Forschungsvorhaben wird nach den bundesgesetzlichen Regelungen von der vorherigen Anrufung einer Ethikkommission abhängig gemacht, wobei sich die einzelnen Regelungen darin unterscheiden, welche Ethikkommissionen - private oder öffentlich-rechtliche - zulässigerweise anzurufen sind. Allerdings kann sich ein Mediziner aufgrund der sich aus den Berufsordnungen für Ärztinnen und Ärzte standesrechtlichen Verpflichtung in §15 MBO-Ä 1997 nur durch eine öffentlich-rechtliche Ethikkommission beraten lassen, d.h. durch eine Ethikkommission, die bei der jeweils örtlich zuständigen Landesärztekammer gebildet worden ist.

Sowohl die privaten als auch die öffentlich-rechtlichen Ethikkommissionen arbeiten auf der Grundlage der Deklaration von Helsinki. Dies ergibt sich aus den jeweiligen Satzungen der Ethikkommissionen sowie aufgrund der Landesberufsordnungen, soweit diese sich an §15 Abs.2 MBO-Ä 1997 orientieren. In den Satzungen der Ethikkommissionen und in den Landesberufsordnungen für Ärzte werden jedoch unterschiedliche Verweisungstypen verwandt: Während in den Satzungen der Ethikkommissionen regelmäßig auf die jeweils gültige Fassung der Deklaration von Helsinki verwiesen wird und damit auf die revidierte Deklaration aus dem Jahr 2000, nehmen die in Anlehnung an §15 Abs.2 MBO-Ä 1997 verfassten Landesberufsordnungen auf eine bestimmte Fassung der Deklaration Bezug und zwar auf die revidierte Fassung der Deklaration aus dem Jahr 1996.

Für humanmedizinische Forschung außerhalb der spezialgesetzlichen Regelungen in AMG und MPG bestimmen die Landesberufsordnungen die standesrechtliche Pflicht zur Anrufung einer öffentlich-rechtlichen Ethikkommission. Ausnahmsweise hat nach §41 StrlSchVO die Begutachtung des Forschungsplans durch eine Gutachtergruppe stattzufinden.

Die Verlautbarungen der Ethikkommissionen werden in den verschiedenen Normen unterschiedlich bezeichnet: in §40 Abs.1 S.3 AMG wird von einem Votum gesprochen, in §20 Abs.7 MPG von einer Stellungnahme, in den Landesberufsordnungen hingegen von einer Beratungsentscheidung. Aufgrund der divergierenden Bezeichnung der Kommissionsentscheidung in AMG, MPG und den Landesberufsordnungen sowie der unterschiedlichen Folgen negativer oder positiver Entscheidungen der Ethikkommissionen stellt sich die Frage, ob die Maßnahmen der Ethikkommissionen auch eine unterschiedliche Rechtsqualität haben, ob sie zum Beispiel als Verwaltungsakte oder schlichtes Verwaltungshandeln oder Empfehlungen zu qualifizieren sind.

Die Rechtsnatur der Entscheidungen der Ethikkommissionen ist wiederum entscheidend für die Anforderungen, die an eine eventuell erforderliche Ermächtigungsgrundlage für den Erlass der Kommissionsentscheidungen zu stellen sind.

4. Verhältnis zwischen bundesgesetzlichen Regelungen zur humanmedizinischen Forschung und Satzungen der Landesärztekammern

Das Verhältnis zwischen den Regeln der ärztlichen Landesberufsordnungen und den bundesgesetzlichen Regelungen in §§40, 41 AMG, §§20, 21 MPG und §41 StrlSchVO wird vom Kumulationsprinzip bestimmt, d.h., dass die einzelnen Regeln, die sich mit der human-medizinischen Forschung befassen, nebeneinander angewandt werden. Die bundesrechtlichen Normen verdrängen daher prinzipiell nicht die Regeln der Berufsordnungen, der Satzungen und der allgemeinen Verkehrssicherungspflichten.[276]

Das Kumulationsprinzip beruht auf zwei Grundsätzen, dem Normzweck und dem Gebot der Schutzmaximierung. Danach bestimmt zunächst der jeweilige Zweck zu dem eine Norm erlassen worden ist ihren Anwendungsbereich. Die nach §40 Abs.1 AMG erforderliche zustimmende Bewertung gilt beispielsweise nur für das Verfahren der Arzneimittelzulassung.[277] Andererseits dienen die jeweiligen Normen dazu, den höchstmöglichen Schutz des Probanden und Patienten zu gewährleisten. Deshalb schließt §20 Abs.7 S.2 MPG, wonach bei multizentrischen Studien ein Votum einer privaten öffentlich-rechtlichen Ethikkommissionen genügt, nicht die standesrechtliche Verpflichtung des Arztes zur Vorlage des Forschungsvorhabens bei der für ihn zuständigen öffentlich-rechtlichen Ethikkommissionen seiner Landesärztekammer bzw. bei der örtlichen medizinischen Fakultät aus. Das Kumulationsprinzip führt im Ergebnis dazu, dass eine Regel mit engem Schutzniveau eine Regel mit weiterem Schutzniveau selbst dann ergänzt, wenn letztere einen höheren Rang in der Rechtsskala einnimmt.[278]

Das Kumulationsprinzip setzt weiter voraus, dass sich das jeweilige Standesrecht der Ärztekammern - namentlich die nach dem Vorbild des §15 Abs.2 MBO-Ä 1997 gebildeten Regeln der Landesberufsordnungen und die Satzungen der öffentlich-rechtlichen Ethikkommissionen - als materielles Landesrecht[279] in

[276] Vgl. Deutsch/Lippert Ethikkommissionen und klinische Prüfung S.23ff.
[277] Vgl. Deutsch/Lippert a.a.O.
[278] Vgl. Deutsch/Lippert a.a.O.
[279] Dazu allgemein Jarass/Pieroth Art. 31, Rdn.2.

die vom Grundgesetz vorgegebene Aufteilung der Gesetzgebungszuständigkeiten einordnet. Gemäß Art.30, 70 ff. GG steht den Ländern nur dann die alleinige Gesetzgebungskompetenz zu, wenn und soweit eine Sachmaterie nicht in die Regelungskompetenz des Bundes fällt. Während Art.74 Nr.19 GG dem Bund im Rahmen der konkurrierenden Gesetzgebungszuständigkeit den Erlass von Regeln über die Zulassung zum Arztberuf zuweist, d.h. sämtlicher Vorschriften, die die Erteilung, die Zurücknahme und den Verlust der Approbation betreffen, steht den Ländern die ausschließliche Gesetzgebungskompetenz für diejenigen Regeln zu, die die ärztliche Berufsausübung betreffen.[280] Von dieser Befugnis haben die Länder durch die Heilberufekammergesetze Gebrauch gemacht und den Landesärztekammern die Pflicht zum Erlass von Berufsordnungen für ihre kammerzugehörigen Ärztinnen und Ärzte aufgetragen.

In der Rechtsprechung des Bundesverfassungsgerichts[281] und der Verwaltungsgerichte[282] wurde die den Landesärztekammern übertragene Befugnis zum Erlass von Berufsordnungen selbst dann bejaht, wenn die hiervon betroffene berufliche Betätigung des Arztes gleichzeitig einer Materie angehört, die dem Bundesgesetzgeber zur Normierung zugewiesenen ist. Danach seien Bundesrecht und Berufsordnungsrecht sich in einzelnen Bereichen zwar teilweise überschneidende, aber gleichwohl unabhängig voneinander geltende und wirkende Rechtskreise mit unterschiedlichen normativen Zweckrichtungen.[283] Im Hinblick auf die Deklaration von Helsinki besteht die Besonderheit, dass es sich dabei um Regeln handelt, die nicht von den Landesärztekammern selbst verabschiedet worden sind, sondern auf die lediglich im Rahmen der Landesberufsordnungen und der Satzungen der Ethikkommissionen verwiesen wird. Ob sich diese Verweisung im Rahmen der angeführten verfassungsrechtlichen Grundsätze hält, ist nachfolgend zu überprüfen.

280 Vgl. BVerfGE 33, 125 (sog. Facharztbeschluss) = NJW 1972, 1504.
281 BVerfGE 71, 162 ff. = NJW 1986, 1533.
282 BVerwGE 67, 261f.; BVerwG NJW 1986, 1559.
283 BVerwGE a.a.O.; BVerfGE 36, 342, 363.

V. Der Verbindlichkeitsanspruch der Deklaration von Helsinki im Rahmen des nationalen Rechts vor dem Hintergrund der jüngsten Rechtsquellendiskussion

1. Einführung und Problemstellung

In der Literatur wird die Deklaration überwiegend auf ihren Ursprung als außerstaatliches Regelungswerk reduziert, losgelöst von der Bestimmung des §15 Abs.2 MBO-Ä 1997. Die Literatur lässt jedoch im Hinblick auf die Frage nach der rechtlichen Bedeutung der Deklaration im Rahmen des nationalen deutschen Rechts eine auffällige Unsicherheit erkennen. So findet sich im Zusammenhang mit der Verweisung in §15 Abs.2 MBO-Ä 1997 bzw. in den entsprechenden Regelungen in den Landesberufsordnungen in der Kommentierung zur MBO-Ä 1997 der Hinweis, dass die Deklaration für die deutschen Ärzte über die jeweiligen Landesberufsordnungen verbindlich sei, gleichwohl entfalte sie jedoch als solche keine Rechtskraft.[284] Andere betonen, dass die Deklaration keine unmittelbare Rechtsverbindlichkeit entwickeln könne,[285] ohne jedoch die Möglichkeit mittelbarer Rechtsverbindlichkeit in Abrede zu stellen.

Von anderer Seite wird den Bestimmungen der Deklaration die Qualität als gewisse Normierung eingeräumt[286] oder sie zwar nicht als Rechtsquelle bezeichnet, ihr aber gleichzeitig in erheblichem Maße verbindliche Wirkung in Bezug auf das ethische Verhalten eines Arztes und das Standesrecht zuerkannt, mit der Folge, dass die deutschen Ärzteorganisationen, die im Weltärztebund die revidierte Deklaration von Helsinki gebilligt haben, an ihren Inhalt als ethisches Instrument gebunden seien.[287] In diesem Sinne, gewännen die Empfehlungen der Deklaration ihren Geltungsanspruch aus der ihnen innewohnenden Autorität, die ihnen deshalb erwachsen sei, weil sie über Kultur- und Ländergrenzen hinweg, gemeinsam akzeptierte Grundsätze festgeschrieben haben.[288]

Schließlich wird der Standpunkt vertreten, die Deklaration von Helsinki sei Standesgewohnheitsrecht[289] oder als standesrechtliche Richtlinie zu begreifen.[290]

[284] Vgl. Ratzel/Lippert, MBO-Komm. §15 Rdn.13.
[285] Vgl. Lippert/Eisenmenger-Lilie, S.2.
[286] Vgl. Freund, MedR 2001, 67.
[287] Vgl. Toellner-Deutsch, Ethikkommission, S.70; Deutsch/Taupitz-dies., Revision der Deklaration, S.4. Abschn. IV; Rieger, Arztrecht, 2. Aufl., 2890 Klinisches Experiment, Rdn.2.
[288] Deutsch/Taupitz-Rosenau, Revision der Deklaration, S.65, Abschn.1.
[289] Vgl. Lippert/Eisenmenger-Taupitz, S.13.
[290] Vgl. Kleinsorge/Hirsch/Weißauer-Lang, S. 6.

Lippert qualifiziert die Deklaration aufgrund der statischen Verweisungen in §15 Abs.2 der jeweiligen Berufsordnungen der Ärztekammer als untergesetzliche, landesrechtliche Vorschrift. Mit der Genehmigung der Berufsordnungen durch das zuständige aufsichtsführende Ministerium sei die Deklaration über den jeweiligen §15 Abs.2 der Berufsordnungen für alle Ärzte im Kammerbezirk verbindliches Recht geworden.[291]

Aus Sicht des nationalen Rechts ist daher nicht nur unklar, welche Fassung der Deklaration als die gültige anzusehen ist, darüber hinaus herrscht auch Unklarheit über die Rechtsverbindlichkeit der Deklaration. Im Rahmen humanmedizinischer Forschung muss angesichts der davon betroffenen Grundrechte aus Art.2 Abs.1 GG und Art.5 Abs.3 GG jedoch feststehen, welche Vorschriften und Schutzprinzipien rechtlich verbindlich sind.

a. Phänomene der Rechtsquellendiskussion

Die Frage nach dem rechtlichen Verbindlichkeitsanspruch der Deklaration von Helsinki kann im Kontext der jüngsten Rechtsquellendiskussion zu sehen sein, in der der Verlust der Steuerungskraft klassischer Rechtsquellen erörtert und die verfassungsrechtliche Zulässigkeit neuer Regelungsmechanismen sowie deren Rechtsqualität problematisiert wird.[292] Ausgangspunkt der Diskussion ist die Feststellung, dass den sog. klassischen Rechtsquellen des modernen Staates, d.h. dem Parlamentsgesetz, den Rechtsverordnungen und den Satzungen verstärkt Regelungswerke zur Seite gestellt werden, deren Rechtsqualität nicht eindeutig bzw. umstritten ist.

Die Gründe für die Entwicklung neuer Regelungsmechanismen sind dabei vielfältig. In Bezug auf das Sozialrecht wird davon gesprochen, dass die klassischen Rechtsquellen dem gegenwärtigen Regulierungs- und Steuerungsbedarf nicht mehr genügen. Die aktuellen Sachprobleme zwängen dazu, neue Regelungsformen zu entwickeln.[293] So seien Fragen des Umweltstandards, technische Regelungen, Produktharmonisierungen und die Bestimmung des Umfangs sozialrechtlicher Leistungen derart komplexe Materien und abhängig von Fachwissen, dass die staatlichen Entscheidungsträger Problemlösungen auf diesen Gebieten auf andere Gremien delegierten und sich darauf beschränkten,

[291] Lippert, MedR 2003, 681, 682.
[292] Vgl. Wimmer, NZS 1999, 113; ders. bereits in MedR 1996, 425; di Fabio, NZS 1998, 449; Ossenbühl, NZS 1997, 497; Clemens, MedR 1996, 433; schon früher: Hill, zum Problem der Verweisung auf Richtlinien im Kassenarztrecht, NJW 1982, 2104.
[293] Vgl. Ossenbühl, NZS 1997, 497.

deren Ergebnisse zu rezipieren.[294] Zusätzlich trage die fortschreitende Europäisierung und Internationalisierung der Rechtsordnung, ihre Öffnung für das Case Law sowie die Bedeutungszunahme des Richterrechts zur Entwicklung neuer Rechtsquellen bei.[295]

Im nachfolgenden sollen zwei Phänomene im Zusammenhang mit der Rechtsquellendiskussion näher untersucht werden, die lex mercatoria und die medizinische Leitlinie. Es soll versucht werden, aus der juristischen Diskussion über den rechtlichen Geltungsanspruch der lex mercatoria und der medizinischen Leitlinie Rückschlüsse auf die rechtliche Relevanz der Deklaration von Helsinki für das nationale deutsche Recht zuziehen.

Im internationalen Kaufrecht diskutiert die Literatur die Theorie der sog. lex mercatoria.[296] Sie ist der Versuch der Renaissance der lex mercatoria des Mittelalters. Der Begriff knüpft an die Handelsusancen an, die im Mittelalter entwickelt wurden, in denen es praktisch an jeder Rechtssetzungsautorität fehlte. In dieser Zeit entstand ein Netz von Erfahrungsregeln, welche dem Handel als Richtschnur für die Behandlung von Rechtsproblemen dienten.[297] Mit Erstarken der staatlichen Gesetzeshoheit und der damit verbundenen Herausbildung staatlicher Gesetzgebungsterritorien waren jedoch der Entwicklung verbindlicher Rechtsregeln und damit der Überbrückung der neuen Gesetzesgrenzen durch Privatpersonen und der Gerichte Grenzen gesetzt: die Gerichte konnten Gewohnheitsrecht oder Handelsbräuche, auch grenzüberschreitende, feststellen, im übrigen aber nur das Gesetz auslegen.[298]

An diesen Gedanken knüpft die Wiederbelebung der lex mercatoria an. Sie soll sog. transnationales Recht[299] zum Ausdruck bringen. Aus der gemeinsamen kulturellen Vergangenheit vieler Staaten sollen sich gemeinsame ethische und auch rechtliche Grundsätze entwickelt haben, die der Lösung von Rechtsfällen dienten. Auf diese Regeln könnten die Parteien selbst oder im Streitfall die Schiedsrichter, als die für einen internationalen Handelsvertrag maßgebliche Rechtsordnung zurückgreifen.[300] Die lex mercatoria übernehme im Bereich der internationalen Wirtschaftspraxis weitgehend die Funktion des staatlichen

294 Vgl. di Fabio, NZS 1998, 449.
295 Vgl. di Fabio a.a.O.
296 Vgl. Herber, IHR 1/2003, 1ff. m.w.N.; statt Anderer: Berger, Formalisierte oder „schleichende“ Kodifizierung des transnationalen Wirtschaftsrechts: Zu den methodischen und praktischen Grundlagen der lex mercatoria; Meyer, Bona fides und lex mercatoria in der europäischen Rechtstradition; Weise, Lex mercatoria, jeweils m.w.N.
297 Vgl. Herber, IHR 1/2003, 1, 5.
298 Vgl. Herber a.a.O.
299 Vgl. Herber, IHR 1/2003, 1, 5.
300 Vgl. Herber a.a.O.

Rechts, welches den rechtlichen Bedürfnissen des Welthandels aufgrund seiner Lückenhaftigkeit und Starrheit nicht gerecht werden könne; auch die nationalen Kollisionsrechte seien letztlich zur Regelung internationaler Verträge nicht geeignet.[301] Aus der Wechselbeziehung zwischen Welthandel und Recht sei daher die lex mercatoria entwickelt worden, die als globales Recht, unabhängig von staatlichen Gesetzgebern entstanden sei.[302]

Die Gegner der lex mercatoria argumentieren, dass Recht immer nur von der Gesetzgebung und Rechtsprechung der Nationalstaaten erschaffen werden kann. Die am internationalen Wirtschaftsverkehr beteiligten Personen und Organisationen verfügten nicht über originäre Rechtsetzungsgewalt; deshalb könnten diese auch kein von staatlichen Rechtsordnungen losgelöstes, sich selbst tragendes Handelsrecht erschaffen.[303] Die Gestaltungsfreiheit bei Verträgen, AGB und branchenspezifischen Regelwerken sei immer abhängig und ableitbar vom Spielraum der staatlich gewährten Privatautonomie, den allein der nationale Gesetzgeber öffnen oder begrenzen könne. Jeder Vertrag sei zwingend im nationalen Recht oder im Völkerrecht verwurzelt, seine Bindungswirkung erhalte er nur durch die bestehenden Gesetze dieser Rechtsordnungen.[304] Die Geltung der lex mercatoria sei deshalb immer abhängig von der Anerkennung der staatlichen Gerichte, die auf sie im Zusammenhang mit den internationalen Handelssitten und Handelsbräuchen zurückgreifen könnten.[305]

Auch im Medizinrecht, so insbesondere im Vertragsarztrecht sind neben dem formellen Gesetz, der Rechtsverordnung und der Satzung als klassische Rechtsquellen, eine zunehmende Anzahl von Richtlinien, Regelungen, Bestimmungen, Maßnahmen, Festsetzungen, Bewertungsmaßstäbe, Empfehlungen, Honorarverteilungsmaßstäbe etc. zu verzeichnen, die als Handlungsformen der allgemeinen Rechtsquellenlehre unbekannt sind und die eine Vielzahl ungeklärter juristischer Probleme aufwerfen.[306] Im Vordergrund der juristischen und

301 Weise, S.57ff., 113f., 171f.; Berger, S.99; Meyer, S.133.
302 Berger, S.107f., 210f.; Meyer, S.136; Weise, S.54, 176.
303 Von Bar, Internationales Privatrecht, S.80.
304 Von Bar a.a.O.; Herdegen, S.54.
305 Herdegen a.a.O.
306 Schnapp, MedR 1996, 418 nennt den Rechtszustand chaotisch; Schirmer, MedR 1996, 404f. verweist im Zusammenhang mit dem Vertragsarztrecht auf den Streit über die Rechtsnatur der Richtlinien nach dem SGB X. Während diesen Richtlinien zunächst überwiegend rechtliche Verbindlichkeit abgesprochen wurde, hat der 6. Senat des BSG in seiner „Methadon-Entscheidung" vom 20. März 1996 die allseitige Verbindlichkeit der Richtlinie festgestellt. Damit wurden die Richtlinien auf eine Stufe mit den Satzungen gestellt, vgl. Urteil des BSG vom 20. März 1996, abgdr. in: MedR 1997, 123; differenzierter beurteilte sodann das BSG in seiner Entscheidung vom 13. November 1996 die Rechtsnatur der Richtlinien, indem es den erkennenden Gerichten einen nachprüfbaren

medizinischen Diskussion steht die sog. medizinische Leitlinie, die als Instrument der medizinischen Qualitätssicherung seit Anfang der neunziger Jahre vor allem in Nordamerika entwickelt wurde. Auch im deutschen Gesundheitswesen werden seit Mitte der neunziger Jahre ebenfalls in zunehmender Anzahl Leitlinien, Richtlinien und Empfehlungen als sinnvolle Entscheidungshilfe zur Gewährleistung einer qualitativ hochstehenden medizinischen Versorgung angesehen.[307]

Diese Handlungsinstrumente werden von der Literatur teilweise als Instrumente professioneller Normsetzung aufgefasst, denen eine rechtliche Bedeutung

Beurteilungsspielraum in Bezug auf die Richtlinien einräumt. Damit nähert sich die Richtlinie den normkonkretisierenden Verwaltungsvorschriften an. Allerdings hat der 1. Senat des BSG in seiner Akupunktur-Entscheidung vom 16. September 1997 dies wieder relativiert, indem er feststellt, dass die Richtlinien als Rechtsquellen auf der Grundlage parlamentarischer Ermächtigung anzuerkennen sind. Die Richtlinien setzten damit unmittelbar verbindliches, außenwirksames Recht gegenüber Krankenkassen und den Vertragsärzten. In dieser Entscheidung stellt das BSG fest, dass das Grundgesetz neben den klassischen Rechtsquellen, neue Rechtsnormen erlaubt, BSG Urteil vom 16. September 1997 – 1 RK 17/95, 1 RK 28/95, 1 RK 30/95, 1 RK 32/95, 1 RK 14/96; das Urteil des BSG vom 16. September 1997 findet sich in Auszügen abgdr. in: NJW 1998, 2765; vgl. i.ü. den weiterführenden Beitrag von Schlenker, NZS 1998, 411. Aus anderen Sachgebieten sind etwa die technischen Normen in der europäischen Produktharmonisierung zu nennen oder die gesetzliche Anordnung einer faktischen, aber nicht rechtsverbindlichen Bindung von Genehmigungsbehörden an Sachverständigenvoten, die auf allgemeinen Empfehlungen basieren, z.B. §11 VIII. GenTG.

307 Ärztliche Leitlinien sind in der Bundesrepublik insbesondere von der Bundesärztekammer und den Mitgliedsgesellschaften der Arbeitsgemeinschaft der Wissenschaftlichen Medizinischen Fachgesellschaften (AWMF) in Frankfurt a.M. beschlossen worden. Allein über die AWMF wurden in Deutschland mittlerweile mehr als 782 Leitlinien erlassen. Auch in den USA existieren derzeit mehr als 1500 medizinische Leitlinien, in Frankreich mehr als 240. Mittlerweile sind erhebliche Zweifel über die Qualität eines Großteils der in der Bundesrepublik veröffentlichten Leitlinien aufgekommen, so dass die Vorstände der BÄK und der Kassenärztlichen Bundesvereinigung 1997 in den sog. Beurteilungskriterien für Leitlinien in der medizinischen Versorgung festgelegt haben, welche Qualitätsanforderungen die ärztlichen Selbstverwaltungskörperschaften an Leitlinien stellen, die sie in ihrem Verantwortungsbereich nutzen wollen, abgdr. DÄBl. 1997, A-2154 – 2155. Seit 1998 besteht eine von der BÄK/KBV errichtete Clearingstelle für Leitlinien, deren Aufgabe es sein soll, Leitlinien zu überprüfen und zu bewerten. Diesen Beurteilungskriterien ging eine Leitlinie der Ärzteschaft zur Qualitätssicherung in der Medizin (ÄZQ) voraus. Es handelt sich um eine Leitlinie für die Entwicklung von Leitlinien. Hart weist in MedR 1998, 1 Fn.27 auf die Ausarbeitung ähnlicher Grundsätze in Australien hin, die sog. Guidelines for the development and Implementation of Clinical-Practice Guidelines – Quality of Care and Health Outcomes Committee, 1995 (Australia Government Publishing Service).

zuerkannt wird.[308] Was genau unter dem Begriff der medizinischen Leitlinie zu verstehen ist, scheint in der Literatur hinreichend geklärt: Nach der gängigen Definition Harts[309] - auf die sich die überwiegende Anzahl der Beiträge zum Problem der Leitlinien beruft - stellen medizinische Leitlinien eine Form der institutionellen Festsetzung von methodischen oder sachlichen Regeln guten ärztlichen Handelns dar, die in einem geordneten Verfahren zustande gekommen sind. Sie dienen der Präzisierung des medizinischen Standardbegriffs und damit letztlich auch der Qualitätsoptimierung ärztlichen Handelns sowie dem Patientenschutz.[310]

Ärztliche Richtlinien, Leitlinien und Empfehlungen unterscheiden sich in ihren Verbindlichkeitsgraden: Richtlinien sind unbedingt zu befolgen, während Leitlinien nur prinzipiell zu befolgen sind. Abweichungen von Leitlinien sind daher im begründeten Einzelfall möglich. Von bloßen Empfehlungen sind hingegen Abweichungen immer möglich.[311] Ob eine Regelung als medizinische Richtlinie, Leitlinie oder als Empfehlung einzuordnen ist, entscheidet sich zunächst nach dem Aussagegehalt der Regelung, d.h. danach, welchen Verbindlichkeitsgrad die das jeweilige Regelungswerk erlassende ärztliche Institution selbst für die Handlungsregel festgesetzt habe.[312] Nach Auffassung Harts kann die Nichtbeachtung von Leitlinien jedenfalls dann eine berufsrechtliche Verfehlung darstellen, wenn die Leitlinie dem medizinischen Standard entspricht.[313]

Da der medizinische Standardbegriff nicht nur von Bedeutung für die sorgfältige Standardbehandlung, d.h. der üblichen, individuellen Behandlung sei, sondern auch auf das sorgfältige ärztliche Versuchshandeln im Rahmen eines Heilversuchs oder eines Humanexperiments übertragbar sei, sieht Hart konsequent einen potentiellen Anwendungsbereich von medizinischen Leitlinien auch auf dem Gebiet der Neulandmedizin: auch bei medizinischem Versuchshandeln stehe letztlich die Güte der ärztlichen Behandlung und damit die Sicherung der Qualität ärztlichen Handelns und der Schutz des Patienten im Vordergrund.
In diesem Sinne könne der Begriff des medizinischen Standards sowohl als Bewertung der Güte der üblichen ärztlichen Behandlung als auch der Güte des ärztlichen Forschungshandelns verstanden werden,[314] so dass medizinische

308 Aus dem jüngeren medizinrechtlichen Schrifttum seien genannt: Hart, Ärztliche Leitlinien; ders. in: MedR 2000, 1; Wigge, MedR 2000, 574.
309 Hart, Ärztliche Leitlinien, m.w.N.; ders. in: MedR 2000, 1; Wigge, MedR 2000, 574.
310 Vgl. Hart, MedR 1998, 8, 9.
311 Vgl. Hart a.a.O.; Heberer, S.283ff.
312 Vgl. Hart a.a.O.
313 Vgl. Hart a.a.O.
314 Vgl. Hart, MedR 1998, 8, 14.

Leitlinien in dieser Funktion gute Methoden des Forschungshandelns festlegten; es handele sich in diesem Fall um Leitlinien guten Versuchshandelns, wie zum Beispiel die sog. Good Clinical Practice im Bereich der Arzneimittelforschung.[315]

Die Begriffsbestimmung Harts deckt sich im Wesentlichen mit den Beurteilungskriterien für Leitlinien in der medizinischen Versorgung, welche die Bundesärztekammer und die kassenärztlichen Bundesvereinigungen im Jahr 1997 verabschiedet und veröffentlicht haben.[316] Nach diesen sog. Leitlinien für Leitlinien gilt:

„Leitlinien sind systematisch entwickelte Entscheidungshilfen über die angemessene ärztliche Vorgehensweise bei speziellen gesundheitlichen Problemen (...). Leitlinien sind wissenschaftlich begründete und praxisorientierte Handlungsempfehlungen (...). Leitlinien sind Orientierungshilfen im Sinne von Handlungs- und Entscheidungskorridoren, von denen in begründeten Fällen abgewichen werden kann oder sogar muss. Der Begriff der Richtlinien sollte hingegen Regelungen des Handels oder Unterlassens vorbehalten bleiben, die von einer rechtlich legitimierten Institution konsentriert, schriftlich fixiert und veröffentlicht sind und deren Nichtbeachtung definierte Sanktionen nach sich zieht."

Auch im Übrigen lässt sich die Tendenz in der Literatur erkennen, dass Richtlinien, Leitlinien, Empfehlungen und sonstige Verlautbarungen von Fachgesellschaften nicht nur unter dem Gesichtspunkt gesicherter medizinischer Erkenntnisse praktische Bedeutung für die Ärzte haben können, sondern dass diesen auch eine juristische Relevanz, so z.B. über §276 BGB zugeschrieben werden kann, nämlich insofern als sie die fachgerechte Sorgfalt markieren, konstituieren oder fortbilden.[317]

Zurückhaltender äußert sich hingegen die Rechtsprechung zur Bedeutung von Verlautbarungen medizinischer Fachgesellschaften: Empfehlungen ärztlicher Berufsorganisationen könnten dem Strafrichter zwar eine Entscheidungshilfe bieten, hätten jedoch keinesfalls den Rang von Rechtsnormen, so dass sie Strafbarkeitsgrenzen nicht konkretisieren könnten.[318] In einem neueren Urteil des OLG Naumburg [319] wird betont das ärztliche Leitlinien grundsätzlich erst

[315] Vgl. Hart, MedR 1998, 8f.

[316] Beurteilungskriterien für Leitlinien in der medizinischen Versorgung, Beschlüsse der Vorstände von Bundesärztekammer und Kassenärztlicher Bundesvereinigung vom Juni 1997, DÄBl. 1997, A-2154 – 2155.

[317] Ausdrücklich Hart, MedR 1998, 8, 14; Laufs/Uhlenbruck-Laufs, Arztrecht, §5 Rdn.11; Wienke, MedR 1998, 172; vgl. ferner Deutsch, JZ 1997, 1032; Kluth, ZaeFQ (2004) 98: 232.

[318] BGHSt 37, 385, 386.

[319] OLG Naumburg, Urt. v. 19.12.2001 – 1 U 46/01 (LG Halle) = MedR 2002, 471.

aufgrund rechtlicher Rezeptionsnormen (§276, 280, 823 BGB) rechtlich verbindlich würden. Unbeschadet ihrer wissenschaftlichen Fundierung hätten sie lediglich Informationscharakter für die Ärzte. Einer weiter gehenden Bedeutung, etwa als verbindlicher Handlungsanleitung für praktizierende Ärzte stehe zumindest derzeit die anhaltende Diskussion um ihre Legitimität als auch ihre unterschiedliche Qualität und Aktualität entgegen. Sie dienten als Orientierungsmarken, Handlungsempfehlungen oder deutliche Anhaltspunkte für das gebotene Verhalten dem gesetzlichen Terminus der im Verkehr erforderlichen Sorgfalt.[320]

In diesem Sinne bildeten die Leitlinien eine gewisse Grundanforderung, ein prozedurales Mindestmaß bzw. Mindesterfordernis für Art, Umfang und Dauer der ärztlichen Behandlung, also eine Richtschnur für den Regelfall, von der aufgrund der Gegebenheiten des Einzelfalls Abweichungen nicht nur zulässig, sondern unter Umständen auch geboten sind, z.B. in konkreten Notsituationen. Leitlinien bildeten deshalb nur einen relativen Maßstab zur Bewertung der ärztlichen Sorgfalt. Der Richter, der in eigener Verantwortung über das Vorliegen eines Behandlungsfehlers zu urteilen habe, müsse in jedem Einzelfall prüfen, ob ein Sorgfaltspflichtverstoß zu bejahen oder zu verneinen ist. Daher hätten Leitlinien für denjenigen, der von ihnen abweicht, bzw. für denjenigen, der sie befolgt, weder stets eine haftungsbegründende noch stets ein haftungsbefreiende Wirkung. Derjenige, der die Leitlinie befolge, sei aber im Regelfall „auf der sicheren Seite". Wer von den Vorgaben einer Leitlinie abweiche, müsse hingegen sachliche Gründe hierfür vorbringen und trage damit das Risiko, nicht überzeugen zu können.[321]

In §13 Abs.1 MBO-Ä 1997 ist mittlerweile die standesrechtliche Pflicht des Arztes vorgesehen, Empfehlungen der jeweiligen Ärztekammer beachten zu müssen. §13 Abs.1 MBO-Ä 1997 lautet:

„Bei speziellen medizinischen Verfahren, die ethische Probleme aufwerfen und zu denen die Ärztekammer Empfehlungen zur Indikationsstellung und zur Ausführung festgelegt hat, hat der Arzt die Empfehlungen zu beachten."

Kritiker des neuen §13 Abs.1 MBO-Ä 1997 wenden ein, sein Wortlaut sei zu unbestimmt. Er eröffne die Möglichkeit, dass die Ärztin oder der Arzt verpflichtet würde, auch Empfehlungen außerhalb der Ärztekammer stehender Dritter zu beachten. Die gewählte Formulierung, zu denen die Ärztekammer Empfehlungen zur Indikationsstellung und zur Ausführung festgelegt hat, schließe jedenfalls eine solche Auslegung nicht aus.

[320] Vgl. Jost-Pelz, S.23f.
[321] BGHSt 37, 385, 387.

Dies sei verfassungsrechtlich bedenklich.[322] Die Diskussion zeigt deutlich, dass innerhalb der deutschen Ärzteschaft nachhaltige Bestrebungen bestehen, neuartige, der klassischen Rechtsquellenlehre bisher unbekannte Regelungsmechanismen mit Verbindlichkeitsanspruch in die Landesberufsordnungen der Ärzte einzuführen.

b. Folgerungen aus der Rechtsquellendiskussion für die Deklaration von Helsinki

Die rechtliche Kontroverse über die lex mercatoria und die medizinische Leitlinie zentriert sich ebenso wie das hier aufgeworfene Problem der rechtlichen Verbindlichkeit der Deklaration auf die grundsätzliche Frage, ob als Rechtsquellen nur die nationale politische Gesetzgebung und das Richterrecht der staatlichen Gerichtsbarkeit legitimiert sind oder ob daneben auch Regelungen privater Dritter als Quellen des Rechts anerkannt werden können.

Mehr Bezugspunkte hat die Deklaration von Helsinki dabei bereits begriffsnotwendig zum Problemkreis der medizinischen Leitlinie, da beide Regelungskonzepte sich mit medizinischen Sachverhalten beschäftigen. Die lex mercatoria betrifft hingegen ausschließlich die rechtliche Beziehung von Subjekten des internationalen Wirtschaftslebens. Ihre rechtliche Einordnung steht daher vor allem im Zusammenhang mit dem vom Grundsatz der Privatautonomie geprägten grenzüberschreitenden Wirtschaftsverkehr und der damit verbundenen Menge der allgemeinen Geschäftsbedingungen, Verkehrssitten und Handelsbräuche.

Anders hingegen die medizinische Leitlinie, die – unabhängig von der Frage, ob bzw. unter welchen Voraussetzungen sie den medizinischen Standard repräsentiert – als praxisorientierte und wissenschaftlich begründete Entscheidungshilfe im Rahmen der ärztlichen Behandlung entwickelt wurde. Medizinische Leitlinien berühren damit ihrem Wesen nach, ebenso wie die Deklaration von Helsinki, elementare Grundrechte der betroffenen Patienten bzw. Probanden, so insbesondere aus Art.1 GG und Art.2 Abs.1 GG.

Angesichts der Komplexität und Schnelllebigkeit des internationalen Wirtschaftsverkehrs insbesondere jedoch der medizinwissenschaftlichen Forschungspraxis ist der heutige Gesetzgeber zwingend auf spezifisches Fachwissen angewiesen, um wissenschaftlich fundierte Lösungs- und Regelungskonzepte zu

[322] Die Vorschrift erscheint im Hinblick auf das Bestimmtheitsgebot aus Art.103 Abs.2 GG problematisch.

erlangen. Durch den stetig fortschreitenden Erkenntnisprozess in Wissenschaft und Forschung erscheint die Vielzahl der wissenschaftlichen Spezialgebiete kaum noch von Einzelpersonen beherrschbar. Der grundsätzliche Bedarf nach elastischen, halbimperativen Rechtsätzen[323] soll deshalb nicht in Frage gestellt werden. Der Staat scheint angesichts der rasenden Entwicklung und neuartiger Möglichkeiten der Erkenntnisgewinnung in Wissenschaftszweigen wie der Genforschung tatsächlich mitunter eigenes imperatives Handeln zu scheuen.[324] Der rasante Zuwachs an Möglichkeiten medizinischen Forschungshandelns zwingt den Gesetzgeber zu immer rascherem Handeln.

Toellner fasst den immensen Bedeutungszuwachs der Fragen im Zusammenhang mit der ärztlichen Ethik und den damit eng verflochtenen Problemen rechtlicher Regulierung treffend zusammen, wenn er feststellt, dass alles in Frage stehe, was heute der Medizin an Eingriffen möglich ist oder möglich zu sein scheint, von der Zeugung bis zum Tod des Menschen: Eugenik und Genmanipulation, heterologe Insemination und In-Vitro-Fertilisation, pränatale Diagnostik, Schwangerschaftsverhütung und Schwangerschaftsabbruch, programmierte Geburt, Wachstumssteuerung und Geschlechtsumwandlung, invasive Diagnostik und aggressive Therapie, Organtransplantation und technischer Organersatz, Intensivmedizin, Todesfeststellung, die Verrechtlichung der Medizin und nicht zuletzt der medizinische Versuch an Mensch und Tier.[325] Es gelte daher, einen möglichst konkreten rechtlichen Rahmen für medizinisches Forschungshandeln abzustecken, der sich jedoch den verfassungsrechtlichen Vorgaben anzupassen habe.[326]

Unabhängig von der Frage, ob im Bereich der Rechtsquelle ein Formtypenzwang besteht oder nicht,[327] wird jedoch auch von der Literatur zutreffend darauf hingewiesen, dass die schleichende Akzeptanz nicht-klassischer Rechtsquellen die Gefahr in sich berge, dass wichtige, grundrechtsrelevante Sachverhalte in Form von Normzwischenschichten[328] geregelt würden.

[323] Vgl. di Fabio, NZS 1998, 449f.

[324] Vgl. di Fabio a.a.O.; zu den Richtlinien im Vertragsarztrecht vgl. Ossenbühl, NZS 1997, 497; Schwerdtfeger, NZS 1998, 49; Wimmer, NZS 1999, 113.

[325] Vgl. Toellner-Toellner, Ethikkommission, S.3f.

[326] Vgl. Toellner-Toellner a.a.O.

[327] Insoweit verneinend das BSG Urt. v. 16. September 1997 – 1 RK 32/95 = NJW 1998, 2765; Schnapp, MedR 1996, 418, 419; Schlenker, NZS 1998, 411, 414; kritisch Ossenbühl, NZS 1997, 498, 499; die Frage ist vom BVerfG bisher nicht abschließend entschieden worden vgl. BVerfGE 8, 274, 323; 24, 184, 199; 34, 307, 315; 44, 322, 347; 78, 214, 227.

[328] Vgl. di Fabio, NZS 1998, 449, 450.

Zu Recht wird auch darauf hingewiesen, dass - unterstellt, das Grundgesetz postuliere keinen bestimmten Typenzwang - die Verfassung streng in denjenigen Formfragen sei, die einen Wirkungsbezug zu Grundrechten und ihren Freiheitsverbürgungen aufweisen.[329] Verletzt wäre insoweit vor allem das in Art.20 Abs.1 und Abs.2 GG verankerte Demokratieprinzip. Das Demokratieprinzip fordert, dass sich die Innehabung und Ausübung der Staatsgewalt konkret vom Volk ableitet. Die Wahrnehmung staatlicher Aufgaben und die Ausübung staatlicher Befugnis bedarf einer Legitimation, die auf das Volk selbst zurückgeführt bzw. von ihm ausgehen muss in Form einer ununterbrochenen demokratischen Legitimationskette.[330] Die Legitimation muss dabei zwar nicht in jedem Fall durch unmittelbare Volkswahl erfolgen.[331] In aller Regel genügt es, dass sie sich mittelbar auf das Volk als Träger der Staatsgewalt zurückführen lässt, so etwa bei Satzungen mitgliedschaftlich organisierter Selbstverwaltungskörperschaften, die im Rahmen verfassungsrechtlich oder parlamentsgesetzlich umzirkelter Sachautonomie eigene Angelegenheiten regeln dürfen.[332]

Darüber hinaus ist in der verfassungsgerichtlichen Rechtsprechung und in der staatsrechtlichen Literatur hinlänglich geklärt, dass wesentliche Regelungen im gewaltengeteilten Staat dem Gesetzgeber und - wenn er eine den Anforderungen des Art.80 Abs.1 GG genügende Ermächtigung vorgesehen hat - dem Verordnungsgeber vorbehalten sind. Danach muss der Gesetzgeber in grundlegenden normativen Bereichen, zumal in Bereichen der Grundrechtsausübung, soweit diese einer staatlichen Regelung zugänglich sind, alle wesentlichen Entscheidungen selbst treffen. Die Delegation von Rechtsetzung findet daher ihre Grenzen stets dort, wo die Verfassung den Gesetzgeber allein zur Regelung verpflichtet. Dies ergibt sich bereits aus dem Gebot vom Vorbehalt und Vorrang des Gesetzes.[333]

Daraus folgt, dass ein rechtlicher Verbindlichkeitsanspruch aus Verfassungsgründen all jenen Regelungen abgesprochen werden muss, die weder kraft der Sachautonomie der Selbstverwaltungskörperschaften geschaffen wurden noch aus der Sphäre des demokratisch konstituierten Staates stammen. Derartige Regelungen verstoßen gegen das Demokratieprinzip aus Art.20 Abs.1 und Abs.2

[329] Vgl. Wimmer, NZS 1999, 113f.; Ossenbühl a.a.O.; di Fabio a.a.O. spricht von einer Freiheitsgefährdung durch Vergrößerung des Rechtsquellenkanons durch einfaches Gesetzesrecht und Richterrecht, weil der Rechtsstatus des Bürgers durch korporative Mächte nichtstaatlicher Art bestimmt würde.

[330] BVerfGE 38, 258, 271; 47, 245, 272.

[331] BVerfGE 33, 125 = NJW 1972, 1504; BVerfGE 93, 37, 66.

[332] BVerfGE 47, 245, 275.

[333] BVerfGE 34, 165, 192f.; 40, 237, 249; 41, 251, 260; 45, 400, 417f.; 47, 46, 78ff.; 48, 210, 221; 49, 89, 126; 61, 260, 276.

GG. Im Ergebnis müssen sich die nicht-klassischen Rechtsquellen ebenso wie die klassischen Rechtsquellen an der verfassungsmäßigen Ordnung messen lassen, insbesondere an den Anforderungen des Demokratieprinzips und des Vorbehalts und Vorrangs des Gesetzes.[334] Mit Blick auf die skizzierte Rechtsquellendiskussion lassen sich damit für die gestellte Frage der rechtlichen Bedeutung der Deklaration im Rahmen des nationalen deutschen Rechts folgende Konsequenzen ziehen:

Unterstellt, man könnte die Regelungen der Deklaration von Helsinki als Leitlinie vertretbaren Forschungshandelns einordnen, was nach dem zuvor Gesagten anhand ihres Wortlauts und der von ihren Verfassern verfolgten Intention entschieden würde, eröffnete dies nur dann die Möglichkeit, den Regelungen der Deklaration von Helsinki – neben ihrer ethischen Aussagekraft – auch eine rechtserhebliche Bedeutung zuzusprechen, wenn die Einbindung der Deklaration im Rahmen des ärztlichen Berufsrechts verfassungsgemäß ist.

Unter dieser Vorraussetzung könnte die Befolgung der Regelungen der Deklaration von Helsinki - entsprechend den Leitlinien der Good Clincal Practice dazu führen, mögliche Sorgfaltspflichtverstöße im Zusammenhang mit biomedizinischer Forschung zu bejahen oder zu verneinen. Die Regelungen der Deklaration wären dann ein - wenn auch relativer - Maßstab zur Bewertung der ärztlichen Sorgfalt und hätten somit haftungsrechtliche Konsequenzen für die betroffenen Ärzte und für die Mitglieder der Ethikkommissionen.

Diese Annahme hätte weitreichende Konsequenzen nicht nur für die zivilrechtlichen Haftungstatbestände, sondern auch für das Strafrecht: Stirbt etwa ein Patient oder Proband eines biomedizinischen Forschungshabens oder wird er an der Gesundheit verletzt, stellt sich das Problem, welche Bedeutung das positive Votum einer Ethikkommission für die Strafbarkeit des Prüfarztes bzw. die hinter dem Forschungsvorhaben stehenden Vertreter der Pharmaindustrie hat und ob sich möglicherweise auch die Mitglieder der votierenden Ethikkommission bei objektiv unrichtiger Stellungnahme strafbar gemacht haben. Eine derartige Ausweitung der rechtlichen Bedeutung von Verlautbarungen von Fachgesellschaften in Form von Empfehlungen oder Leitlinien berühren den in Art. 103 Abs.2 GG statuierten Grundsatz nulla poena sine lege. Das Vorgehen der Ärztekammern, im Rahmen der Berufsordnungen bzw. den Satzungen der Ethikkommissionen Regelungswerken wie Empfehlungen und Leitlinien rechtliche Verbindlichkeit zu verschaffen, führt unterschwellig zu einer normativ Wirkung dieser an sich nicht rechtsverbindlichen Aussagen.

[334] Vgl. di Fabio, NZS 1998, 449, 453.

Aufgrund des Kollegialcharakters der Ethikkommissionen schließt sich die Frage an, ob sich nur die juristisch gebildeten oder nur die ärztlichen oder etwa alle Mitglieder der Kommission unabhängig von ihrem professionellen Status strafbar machen können.[335]

Vor diesem Hintergrund hängt der rechtliche Verpflichtungsanspruch der Deklaration gegenüber der Ärzteschaft kumulativ von folgenden Voraussetzungen ab:

Die Bestimmungen der Deklaration dürfen sich zunächst ihrem Inhalt nach nicht in allgemein formulierten ethischen Aussagen erschöpfen, sondern müssen zumindest daneben auch konkrete Handlungsanweisungen darstellen. Es soll an dieser Stelle nicht der rechtsphilosophischen Frage nach der Unterscheidung zwischen Recht im Sinne von positiviertem bzw. positivem Recht einerseits und Moral und Sitte andererseits im Zusammenhang mit der Tätigkeit der Ethikkommissionen nachgegangen werden[336], sondern lediglich anhand des Wortlauts der Deklaration aufgezeigt werden, dass die Deklaration den Ethikkommissionen einen hohen Anteil an konkreten Handlungsvorgaben als Bewertungsmaßstab der geplanten medizinischen Forschung am Menschen zur Verfügung stellt. Der Begriff der ethischen Aussage soll im Gegensatz hierzu beschränkt werden auf diejenigen Regeln der Deklaration, die ihrem Inhalt nach lediglich allgemein formulierte Gebote zu einer bestimmten sittlichen Verhaltensweise aussprechen, so z.B. der Satz „Der Arzt handelt zum Wohl des Patienten“. Mit der getroffenen Unterscheidung soll nicht in Abrede gestellt sein, dass auch diejenigen Regeln der Deklaration, die konkrete Handlungsanweisungen an den ärztlichen Forscher enthalten letztlich auch der Umsetzung der ethischen Zielsetzungen der Deklaration dienen. Die Erfüllung bzw. ihre Nichterfüllung konkreter Handlungsvorhaben lässt sich jedoch unmittelbar anhand von Tatsachen überprüfen. In diesem Sinne beschreiben die konkreten Verfahrensvorschriften einen konkret überprüfbaren Ist-Zustand und die ethische Aussage einen Sollens-Zustand.[337] Ob die einzelnen Regeln der Deklaration als ethische Aussagen oder konkrete Verfahrensregeln im vorstehenden Sinne zu qualifizieren sind, bestimmt sich aufgrund ihres Wortlauts und der damit verbundenen Intention ihrer Verfasser.

Für die Beantwortung der Frage nach der rechtlichen Bedeutung der Deklaration ist sodann die Rechtsnatur der Voten bzw. Stellungnahmen der Ethikkommissionen von wesentlicher Relevanz. Die Deklaration wird ausschließlich im

[335] Vgl. Tiedemann in: Schmitt-FS, S.155f.
[336] Vgl. zur Abgrenzung zwischen Moral und Recht als Prüfungsmaßstäbe medizinischer Ethikkommissionen Czwalinna, Forschungslegitimation durch Verfahren, S.27ff.
[337] Schaupp, S. 281ff.

Zusammenhang mit den Voten bzw. Stellungnahmen der Ethikkommissionen relevant: Nach den satzungsrechtlichen Bestimmungen der öffentlich-rechtlichen Ethikkommissionen gründen sich die Entscheidungen der Ethikkommissionen im Rahmen des Anwendungsbereiches des AMG bzw. des MPG neben den gesetzlichen Vorgaben auf die Bestimmungen der Deklaration. Außerhalb des Bundesgesetzes entscheiden die öffentlich-rechtlichen Ethikkommissionen nach den Landesberufsordnungen ausschließlich auf der Grundlage der Deklaration. Soweit man der Deklaration eine rechtliche und nicht eine unverbindliche sittlich-ethische Bedeutung zusprechen will, kommt es anschließend darauf an, ob sich die Voten bzw. die Stellungnahmen der Ethikkommissionen auf die Rechtsposition der forschungswilligen Ärzte bzw. auf die Rechte der vom geplanten Forschungsvorhaben Betroffenen, so z.B. die Rechte der forschungsfinanzierenden Pharmaindustrie, der Probanden und Patienten auswirken. Sollten sich die Voten in einer unverbindlichen gutachterlichen Stellungnahme erschöpfen, so wären auch die Bestimmungen der Deklaration rechtlich völlig irrelevant: Sie könnten sich mangels rechtlicher Verbindlichkeit des Votums bzw. der Stellungnahme der öffentlich-rechtlichen Ethikkommissionen faktisch nicht auf die Rechtsposition des Arztes auswirken. Die rechtliche Bedeutung der Deklaration hängt also zwingend von der Rechtsnatur der Voten bzw. Beratungsentscheidungen der Ethikkommissionen ab.

Sofern eine öffentlich-rechtliche Ethikkommission tätig wird, stellt sich weiter die Frage, ob ihre Entscheidungen dem Verwaltungsrecht zugeordnet werden und möglicherweise Grundrechtseingriffe darstellen. Beeinträchtigungen grundrechtlicher Schutzbereiche können anerkanntermaßen nicht nur in Gestalt klassischer Grundrechtseingriffe, sondern auch durch sonstige staatliche Handlungen anderer Qualität erfolgen.[338] Auch faktische Grundrechtseingriffe sind in Rechtsprechung und Literatur prinzipiell anerkannt.[339] Unter welchen Voraussetzungen tatsächliche Beeinträchtigungen als Eingriffe in grundrechtliche Schutzbereiche zu qualifizieren sind, wird dabei unterschiedlich beurteilt, insbesondere herrscht eine kontroverse Diskussion über die Zulässigkeit und Voraussetzungen staatlicher Warnungen, Empfehlungen und Hinweise.[340] In Betracht kommen Eingriffe in die Grundrechte des forschenden Arztes aus Art.5

338 Vgl. zum klassischen Eingriffsbegriff Dreier-Dreier, Vorb. Rdn.80f.

339 Vgl. Albers, DVBl. 1996, 233; Discher, JuS 1993, 463; Bleckmann/Eckhoff, DVBl. 1988, 373; BVerfGE 6, 273, 278 - Abzugsfähigkeit von Parteispenden; BVerfGE 13, 181, 185f. - Schankerlaubnis; BVerfGE 30, 227, 243 - Vereinsname; BVerfGE 52, 42, 54 - Kommunalrechtliches Vertretungsverbot; BVerfGE 66, 39, 60 - Nachrüstung; BVerfGE 76, 1, 42 - Wartefrist für Ehegattennachzug.

340 BVerwGE 71, 183 - Transparenzlisten; kritisch: Lübbe-Wolff, NJW 1987, 2705; BVerwGE 82, 76 - Warnung vor Jugendsekten; kritisch: Gusy, JZ 1989, 1003; Discher, JuS 1993, 463; BVerwGE 87, 37 - Diethylenglykolhaltiger Wein; kritisch: Schoch, DVBl. 1991, 667; Gröschner, DVBl. 1990, 619; Leidinger, DÖV 1993, 925.

Abs.3 GG und Art.12 GG sowie Art.2 Abs.2 GG. Daneben könnten auch Eingriffe in die Grundrechte der Probanden des Forschungsvorhabens aus Art.2 Abs.1 GG vorliegen. Auch die Rechte derjenigen pharmazeutischen Unternehmen, die eine Studie für die Zulassung eines neuen Arzneimittels durchführen lassen möchten, aus Art.12 Abs.1 GG könnten durch die Voten bzw. Stellungnahmen der öffentlich-rechtlichen Ethikkommissionen betroffen sein. Stellen die Entscheidungen der öffentlich-rechtlichen Ethikkommissionen einen Akt der Eingriffsverwaltung dar, müssen sie gemäß dem rechtsstaatlichen Prinzip vom Vorbehalt des Gesetzes auf eine Ermächtigungsgrundlage zurückzuführen sein. Eine gesetzesfreie Exekutive ist unzulässig. Belastende Maßnahmen und alle Entscheidungen, die nach dem Rechtsstaats- und nach dem Demokratieprinzip wesentlich sind, müssen auf ein Gesetz rückführbar sein.[341] Der Grundsatz des Vorbehalts des Gesetzes wird zwar in Art.20 Abs.3 GG nicht ausdrücklich erwähnt, seine Geltung entspricht aber allgemeiner Meinung.[342] Insbesondere für belastende Maßnahmen der Verwaltung gilt der Vorbehalt des Gesetzes, so dass Verwaltungshandeln nur rechtmäßig ist, wenn es auf einer wirksamen und ausreichenden Ermächtigungsgrundlage beruht.[343]

Welche Anforderungen an die gesetzliche Ermächtigungsgrundlage bei mittelbar-faktischen Eingriffen gestellt werden, ist umstritten.[344] Unabhängig vom Merkmal des Eingriffs, ergänzt die in der neueren Rechtsprechung des Bundesverfassungsgerichts entwickelte Wesentlichkeitstheorie[345] den Grundsatz vom Vorbehalt des Gesetzes, indem sie ihn auch auf alle wesentlichen Entscheidungen mit Grundrechtsbezug anwendet.[346] Im Nachfolgenden soll die Frage nach der rechtlichen Bedeutung der Deklaration im nationalen Recht vor dem Hintergrund der dargestellten Probleme untersucht werden.

341 Vgl. Maunz/Dürig/Herzog-Herzog, Art.20 Abschnitt VI Rdn.33.

342 Vgl. BVerfGE 40, 237, 248; 49, 89, 126; Maunz/Dürig/Herzog-Herzog, Art.20 Abschnitt VI Rdn.55; Hesse, Rdn.201; Roth, Gesetzesvorbehalt, S.118; Sachs-Sachs, GG-Komm., Art.20 Rdn.114.

343 In der Literatur wird teilweise eine terminologische Unterscheidung zwischen einem allgemeinen Vorbehalt des Gesetzes und einem speziellen, grundrechtlichen Gesetzesvorbehalt getroffen. In der vorliegenden Arbeit sollen beide Begriffe synonym verwandt werden, vgl. Isensee/Kirchhof-Ossenbühl, Bd.III, §62 Rdn.12.

344 BVerfGE 46, 120, 137; 66, 39, 60; BVerwGE 71, 183, 191; 82, 76, 79f.; BVerwG NJW 1991, 1766; Pieroth/Schlink, §6 IV 4 Rdn.274ff., §6 III 2 Rdn.238; Bleckmann/Eckhoff, DVBl. 1988, 373, 376; Schoch, DVBl. 1991, 667, 669; Discher, JuS 1993, 463 m.w.N.

345 Grundlegend BVerfGE 40, 237, 249; BVerfGE 49, 89, 126 m.w.N.

346 Vgl. BVerwGE 72, 265; Pieroth/Schlink, §6 IV 3 Rdn. 264ff.; Isensee/Kirchhof-Ossenbühl, Bd.III, §62 Rdn.46; Roth, Gesetzesvorbehalt, S.127f.

2. Regelungsinhalt der Deklaration

a. Der Wortlaut der Deklaration

Die Deklaration von Helsinki wurde in ihren sämtlichen Fassungen in englischer Sprache beschlossen. Eine vom Weltärztebund offiziell durchgeführte Übersetzung der Deklaration gibt es nicht. Der Auslandsdienst der Bundesärztekammer hat die Deklaration in Abstimmung mit den anderen deutschsprachigen Mitgliedsorganisationen des Weltärztebundes, dem Liechtensteinischen Ärzteverein und der Österreichischen Ärztekammer, in die deutsche Sprache übersetzen lassen.

Bevor die einzelnen Abschnitte der Deklaration untersucht werden, soll auf eine Besonderheit im Wortlaut der Deklaration eingegangen werden, der durchgängig in allen Kapiteln zu verzeichnen ist: In der englischen Originalfassung der Deklaration wird überwiegend das Verb „should" verwandt, dass im Deutschen dem Begriff „sollen" entspricht. Dies könnte dafür sprechen, dass die Deklaration keine Regelungen mit einem - möglichen - rechtlichen Verpflichtungsanspruch beinhaltet, sondern ausschließlich ethische Sollens-Aussagen, denen bereits aufgrund der sprachlichen Gestaltung kein rechtlicher Befolgungsanspruch zuerkannt werden kann. Diese Betrachtungsweise würde jedoch die Begriffsbedeutung des Verbs „sollen" im Verwaltungsrecht verkennen. Im Verwaltungsrecht gelten die Verben „sollen, dürfen, können bzw. befugt sein" in einer Vorschrift als Indiz für das Vorliegen eines Ermessensspielraums, innerhalb dessen die Behörde ihre Entscheidung nach pflichtgemäßem Ermessen zu treffen hat.[347] Bei scheinbar auf die Einräumung eines Ermessenspielraums hinweisenden Rechtsvorschriften kann sich aus dem Zweck der Regelung oder aus dem Zusammenhang mit anderen Vorschriften, so insbesondere des Verfassungsrechtes, sogar eine strikte Bindung des Normadressaten ergeben. Die Regelung in einer Rechtsvorschrift, wonach eine Behörde sich in bestimmter Weise verhalten soll, bedeutet eine strikte Bindung für den Regelfall und gestattet Abweichungen nur in atypischen Fällen, das heißt in Sachlagen, in denen besondere, nicht von der Behörde selbst zu vertretende, überwiegende Gründe für das Abgehen von der Norm sprechen.[348]

[347] Vgl. Kopp/Ramsauer, §40 Rdn.41f. m.w.N.
[348] Vgl. Kopp/Ramsauer a.a.O., §40 Rdn.44 m.w.N.

Diese, im Bereich des Verwaltungsrechts geltenden Feststellungen sind auf die Bestimmungen der Deklaration anwendbar. Die Ethikkommissionen nehmen, soweit sie von den Ärztekammern gegründet worden sind, oder aber an eine medizinische Fakultät einer Universität angebunden sind, an deren Behördenstatus teil. Damit erscheint die Tätigkeit der Ethikkommissionen grundsätzlich als Handeln einer staatlichen Stelle.

Im Ergebnis können die Ausführungen zur Begriffsbedeutung des Verbs „sollen" im verwaltungsrechtlichen Bereich bei der Wortlautauslegung der Deklaration entsprechend herangezogen werden. Das von den Verfassern der Deklaration verwandte Verb „sollen" steht somit der Annahme einer strikten Bindung für den Normadressaten grundsätzlich nicht entgegen. Selbstverständlich schließt dies auf der anderen Seite nicht aus, dass die Deklaration auch Bestimmungen rein ethischen Inhalts enthält, die aufgrund ihres Appellcharakters als rechtlich unverbindlich einzustufen sind. Welche Erklärungsform in den Bestimmungen der Deklaration dominiert soll nachfolgend festgestellt werden.

In der Überschrift der Deklaration wird zunächst der Adressatenkreis der Deklaration bestimmt: In der englischen Originalfassung heißt es hierzu: „recommendations guiding physicians". Die Deklaration richtet sich nach ihrer Überschrift somit ausschließlich an die Ärzteschaft. Die in der englischen Originalversion verwandte Bezeichnung als recommendations wird in der deutschen Übersetzung zutreffend mit Empfehlungen übersetzt. Die Verwendung des Begriffs der Empfehlung kann als Ausdruck der bewussten Zurücknahme eines strikten Befolgungsanspruchs gewertet werden. Tatsächlich scheinen die Initiatoren der Deklaration zunächst von einer Vorsicht im objektiven Anspruch geprägt gewesen zu sein.[349] Dies zeigt die Entstehungsgeschichte der Deklaration: In der Entwurfsfassung aus dem Jahr 1962 wurde die Deklaration nämlich zunächst als Kodex bezeichnet. An diesem Begriff wurde jedoch später nicht festgehalten.

Aus den Sitzungsprotokollen des Weltärztebundes lassen sich zwar keine Anhaltspunkte für die Änderung der ursprünglich gewählten Bezeichnung als Kodex entnehmen.[350] Feststellen lässt sich indes, dass die ursprüngliche Titulierung der Deklaration als Kodex der Gesetzesterminologie entstammt. Die Nichtbeibehaltung der Bezeichnung als Kodex, spricht dafür, dass die Verfasser der Deklaration ihren Charakter als unverbindliches Regelwerk betonen wollten.

[349] Vgl. Schaupp, S.281f.

[350] Der Entwurf wurde als „Draft code of Ethics on human Experimentation" bezeichnet; vgl. BMJ 1962 (2), 1119.

Allerdings wird diese im Wortlaut und in der Entstehungsgeschichte der Deklaration angedeutete Verpflichtungszurücknahme, bereits im Vorwort der Deklaration relativiert. Im ersten Satz des letzten Absatzes des Vorwortes werden die Bestimmungen der Deklaration wiederholt als „guide“ und im darauf folgenden Satz als „standards“ bezeichnet. Auffällig an der deutschen Übersetzung der Deklaration ist in diesem Zusammenhang, dass die Bezeichnung als Standard im Unterschied zum englischen Originaltext gänzlich ausgelassen wird. Lediglich die Begriffe „recommendations“ und „guide“ werden ins Deutsche mit den ihnen entsprechenden Ausdrücken als Empfehlungen und Leitlinie übersetzt.

Die Ursache für die im Originaltext und der deutschen Übersetzung abweichende Statusbezeichnung der Deklaration könnte darin gesehen werden, dass sich einerseits der Weltärztebund seiner fehlenden institutionalisierten legislativen Autorität bewusst war. Andererseits könnte bei der Übersetzung der Deklaration ins Deutsche der Begriff des Standards bewusst ausgelassen worden sein, weil die Regelungen der Deklaration von dem im deutschen Recht verwandten Begriff der ärztlichen Sorgfaltspflicht und des ärztlichen Standards abgegrenzt werden sollten, eine Vermutung, die sich mit Blick auf die uneinheitliche und teilweise diffuse rechtliche Qualifizierung der Deklaration von Helsinki im arztrechtlichen Schrifttum rechtfertigen ließe.[351]

Als Ergebnis ist festzuhalten, dass nach dem Wortlaut keine einheitliche Statusbezeichnung der Deklaration vorliegt: die Bestimmungen der Deklaration werden in der englischen Originalversion als „recommendations“, „standards“ und als „guide“ bezeichnet. In der deutschen Übersetzung fehlt der in der englischen Originalfassung verwandte Begriff des Standards völlig. Aus dem Wortlaut der Überschrift lässt sich somit kein - von den Verfassern möglicherweise intendierter - bestimmter Befolgungsanspruch der Deklaration objektivieren. Lediglich im letzten Satz des Vorwortes wird ausdrücklich auf die legislative Zuständigkeit der einzelnen Länder hingewiesen und betont, dass die Deklaration keinen verpflichtenden Gesetzescharakter hat.[352] Das Vorwort der Deklaration beinhaltet keine konkreten Handlungsanweisungen. Es werden allgemein die Ziele, die Methoden und die Risiken biomedizinischer Forschung festgestellt und Zitate aus bereits vorliegenden Dokumenten des Weltärztebundes übernommen. Festgestellt wird insbesondere auch die grundsätzliche Unterscheidung zwischen therapeutischer und nicht-therapeutischer Forschung formuliert, die auch für die Kapitelaufteilung der Deklaration wesentlich ist.

[351] Vgl. Schaupp, S.281f.

[352] Es heißt dort: „Es muss betont werden, dass diese Empfehlung nur als Leitlinie für die Ärzte auf der ganzen Welt gedacht ist; kein Arzt ist von der straf-, zivil- und berufsrechtlichen Verantwortlichkeit nach den Gesetzen seines Landes befreit.“

Der erste und der zweite Absatz des Vorwortes enthalten daneben Aussagen zu den Kerninhalten des ärztlichen Ethos: die Wahrung des gesundheitlichen Wohls und der psychischen und physischen Integrität des Menschen werden zum Hauptprinzip des ärztlichen Ethos erklärt und damit die Deklaration bewusst auf den Boden des traditionellen ärztlichen Ethos gestellt.[353]

aa. Art.I: Allgemeine Grundsätze

Art.I der Deklaration beinhaltet fast ausschließlich formelle Verfahrensregeln:

Art.I Nr.1 stellt für die biomedizinische Forschung die zwingende Forderung auf, dass derartige Forschung immer auf ausreichenden Laboratoriums- und Tierversuchen und der umfassenden Kenntnis der wissenschaftlichen Literatur aufbauen sollte.

Ebenso beinhaltet Art.I Nr. 2 eine konkrete Verfahrensvoraussetzung für die Durchführung biomedizinischer Forschung, nämlich die Forderung nach einem schriftlichen Versuchsprotokoll sowie nach einem beratenden Ausschuss, dem „specially appointed commitee."[354] Art.I Nr.2 wurde im Rahmen der Revision der Deklaration in Helsinki im Jahr 1975 neu aufgenommen und zeigt deutlich, dass die Deklaration sich seit diesem Zeitpunkt nicht nur der ethischen Reflexion humanmedizinischer Forschung widmete, sondern dass es den Initiatoren vor allem um die verpflichtende Kontrolle dieser Forschungsvorhaben durch Dritte ging.[355] Die Forderung nach einem beratenden Ausschuss gab den Anlass für die Errichtung von Ethikkommissionen in Deutschland. Art.I Nr.2 stellt damit eine zentrale Verfahrensregel zum Zweck der Versuchskontrolle im Rahmen biomedizinischer Forschung auf. Welche konkrete Funktion dieser Ausschuss haben soll, wird in der englischen Originalfassung der Deklaration mit den Begriffen consideration, comment and guidance definiert.[356] Nach dem Wortlaut der Deklaration ergibt sich also ein weit gefasstes Aufgabengebiet: Der Ausschuss soll den Forscher nicht nur beraten, sondern darüber hinaus eine eigene Stellungnahme zum Forschungsprojekt abgeben sowie Forschungsbegleitung leisten.

[353] Vgl. Schaupp, S.281f.

[354] Die deutsche Übersetzung spricht hier von einem „besonders berufenen, vom Forschungsteam und Sponsor unabhängigen Ausschuss".

[355] Vgl. Schaupp, S.231.

[356] Nach der - insoweit nicht begriffsexakten - deutschen Übersetzung werden diese Aufgaben mit den Begriffen Beratung, Stellungnahme und Orientierung umschrieben.

Auch Art.I Nr.3 beinhaltet seinem Wortlaut nach eine reine Verfahrensregelung: Es wird festgelegt, dass biomedizinische Forschung nur durch wissenschaftlich geschulte Personen und unter Aufsicht einer - so die englische Originalversion - clinical competent medical person durchgeführt werden sollte. Nach dem Wortlaut der Deklaration muss es sich bei der aufsichtsführenden Person nicht zwingend um einen approbierten Arzt handeln. An anderer Stelle definiert die Deklaration den Kreis der Forschungsberechtigten allerdings eindeutig mit physicians, d.h. Ärzten.

Die Uneinheitlichkeit der Formulierung in diesem Zusammenhang lässt den Schluss zu, dass die Verfasser der Deklaration nicht nur Ärzte mit der Leitung und Beaufsichtigung biomedizinischer Forschung betraut wissen wollen - ansonsten hätte es nahe gelegen, die bereits in der Überschrift und im Vorwort verwandte und eindeutige Bezeichnung physician zu wählen. In der deutschen Übersetzung wird die in der englischen Originalfassung durchgeführte Unterscheidung zwischen einem „physician“ und einer „clincial competent person“ nicht beibehalten, sondern biomedizinische Forschung ausschließlich der ärztlichen Aufsicht unterstellt: Es heißt in Art.I Nr.3, dass biomedizinische Forschung nur unter Aufsicht eines klinisch erfahrenen Arztes durchgeführt werden soll. Auch in Art.III Nr.3 wird vom ärztlichen Forscher gesprochen. Nichtmediziner werden nach dem Wortlaut der deutschen Fassung der Deklaration also nicht nur von der Leitung, sondern auch von der Beaufsichtigung biomedizinischer Forschung ausgeschlossen.

Art.I Nr.4 bis einschließlich Art.I Nr.6 befassen sich unter verschiedenen Gesichtspunkten mit dem Nutzen-Risiko-Verhältnis biomedizinsicher Forschung. Es werden keine konkreten Handlungsanweisungen, sondern ethische Prinzipen aufgestellt. So enthält Art.I Nr.4 die ethische Forderung, dass bei biomedizinischer Forschung ein angemessenes Verhältnis zwischen dem Risiko des Experiments für die Versuchsperson und der Bedeutung des Versuchsziels herrschen soll. Art.I Nr.5 konkretisiert das in Art.I Nr.4 weit formulierte Nutzen-Risiko-Prinzip dahingehend, dass im Rahmen der nach Art.I Nr.4 erforderlichen Abwägung immer die Sorge um die Belange der Versuchsperson im Vergleich zu den Interessen der Wissenschaft und der Gesellschaft vorrangig zu sein hat. Art.I Nr.5 beinhaltet also ebenfalls keine konkrete Handlungsanweisung, sondern eine allgemein gehaltene Vorzugsregel zugunsten des Wohls der Versuchsperson. Gleiches gilt für Art.I Nr.6, der das in Art.I Nr.4 aufgestellte allgemeine Prinzip des Nutzen-Risikos dahingehend konkretisiert, als es das Recht der Versuchsperson auf Unversehrtheit, den notwendigen Schutz der Privatsphäre der Versuchsperson und die notwendige Minimierung der Wirkungen eines Versuchs auf die körperliche und geistige Unversehrtheit der Versuchsperson formuliert.

Art.I Nr.6 kommt insofern eine besondere Bedeutung gegenüber den übrigen Artikeln zu, als darin ausdrücklich das Recht der Versuchsperson auf Wahrung ihrer Unversehrtheit formuliert wird.

Art.I Nr.7 beinhaltet sowohl eine ethische Maxime, nämlich den zwingenden Grundsatz der Vorhersehbarkeit des mit dem Versuch verbundenen Risikos für die Versuchsperson als auch eine konkrete Handlungsanweisung, nämlich die Abbruchsverpflichtung für den Fall, dass es sich um Versuche handelt, deren Risiko als nicht vorhersehbar eingeschätzt werden. Gleichzeitig wird durch Art.I Nr.7 das in Art.I Nr.4 formulierte, allgemein ethische Risiko-Nutzen-Prinzip weiter konkretisiert. Auch Art.I Nr.8 beinhaltet eine Verfahrensregelung: In Art.I Nr.8 Satz 1 wird die Verpflichtung des Arztes festgelegt, die durch die biomedizinische Forschung erlangten Befunde korrekt wiederzugeben. Es handelt sich nicht um einen Selbstzweck, sondern darum, dem Anliegen der Deklaration, d.h. dem Schutz der Versuchspersonen zu dienen, indem geschönte Veröffentlichungen, zum Beispiel durch Verharmlosung von Nebenwirkungen verhindert werden. Im weiteren wird das Veröffentlichungsverbot für unethische Forschung postuliert, ein Anliegen, dass sich direkt an die Zeitschriftenherausgeber richtet. Es handelt sich hierbei um einen rechtlich unverbindlichen Appell an außerhalb der Ärzteschaft stehende Dritte.

Art.I Nr.9 bis einschließlich Art.I Nr.11 befassen sich mit dem Erfordernis der vorherigen Aufklärung und anschließender Zustimmung der Versuchsperson vor Beginn der biomedizinischen Forschung. Die Regelungen stellen ebenfalls konkrete Verfahrensfragen dar: Art.I Nr.9 stellt die beiden Grundregeln für die notwendige Zustimmung in Form einer zwingenden Muss-Vorschrift auf, nämlich das Erfordernis der vorherigen Aufklärung der Versuchsperson sowie der Freiwilligkeit. Das Schriftlichkeitserfordernis wird hingegen nicht als zwingend formuliert, sondern nur empfohlen. Art.I Nr.10 und Art.I Nr.11 befassen sich mit zwei verschiedenen Aspekten der freiwilligen Zustimmung: Art.I Nr.10 betont den Grundsatz der freien Willensentscheidung der Versuchsperson bei Erteilung der Zustimmung. Diese Freiheit gilt nach Art.I Nr.10 besonders im Fall eines Abhängigkeitsverhältnisses zwischen dem forschenden Arzt und der Versuchsperson als gefährdet sowie in Situationen in denen unter Drohung bzw. subtileren Formen, Einfluss auf die Entscheidung der Versuchsperson genommen werden kann, so zum Beispiel durch Versprechen von Belohnungen für den Fall der Teilnahme an biomedizinischer Forschung. In diesen Fällen, so Art.I Nr.10, sollte die Einwilligung durch einen Arzt eingeholt werden, der mit dem Versuch nicht befasst ist und der außerhalb eines etwaigen Abhängigkeitsverhältnisses steht. Art.I Nr.10 beinhaltet somit ebenfalls eine konkrete Handlungsverpflichtung.

Art.I Nr.11 behandelt die Fälle mangelnder legaler oder subjektiver Zustimmungsfähigkeit des Individuums. Danach verlangt die Deklaration bei nicht voll Geschäftsfähigen die Einholung der Einwilligung nach Aufklärung vom gesetzlichen Vertreter entsprechend dem nationalen Recht. Bei Minderjährigen und Behinderten wird die Zustimmung eines fürsorgeberechtigten Verwandten gefordert entsprechend dem nationalen Recht, nach deutschem Recht ist der Personensorgeberechtigte gemeint. Bei Minderjährigen, die schon eines eigenen Urteils fähig sind, wird zusätzlich zur stellvertretenden Zustimmung noch ihre eigene gefordert. Dabei genügt in diesem Fall wieder die stellvertretende Zustimmung eines beliebigen gesetzlichen Vertreters. Es handelt sich ebenso wie in Art.I Nr.10 auch hier, trotz der teilweise gewählten Soll-Formulierung, um eine konkrete Verfahrensvorschrift ohne Handlungsalternative. Art.I Nr.12 befasst sich schließlich noch einmal mit dem bereits in Art.I Nr.2 genannten Versuchsprotokoll und fordert die schriftliche Bestätigung im Protokoll, dass im Rahmen des jeweiligen biomedizinischen Versuchs die Bestimmungen der Deklaration eingehalten wurden. Es handelt sich ebenfalls um eine konkrete Verfahrensregel.

bb. Art.II: Medizinische Forschung in Verbindung mit ärztlicher Versorgung (Klinische Versuche)

Art.II befasst sich mit den besonderen Vorraussetzungen humanmedizinischer Forschung in Verbindung mit ärztlicher Versorgung. Anders als in den allgemeinen Grundsätzen, finden sich hier in der Mehrheit keine konkreten Handlungsanweisungen, sondern allgemeine ethische Forderungen. An erster Stelle des Kapitels wird der grundsätzliche Anspruch des Arztes auf Anwendung neuartiger Untersuchungs- und Behandlungsmethoden formuliert.

Es folgt in Art.II Nr.2 eine Wiederholung des bereits in Art.I Nr.2 aufgestellten Abwägungsprinzips zwischen Nutzen und Risiko biomedizinischer Versuche. Art.II Nr.3 stellt die Forderung auf, dass alle Patienten einen Anspruch auf die bestmögliche diagnostische und therapeutische Behandlung haben.

Art.II Nr.4 enthält die allgemeine ethische Forderung, dass die Weigerung eines Patienten, an einem Versuch teilzunehmen, niemals die Arzt-Patienten-Beziehung beeinträchtigen soll. Es handelt sich der Sache nach um einen Appell an den behandelnden Arzt.

Art.II Nr.5 legt eine Ausnahme zum allgemeinen Zustimmungserfordernis des Art.I Nr.9 fest, verbunden mit einer für diesen Fall geltenden, konkreten Handlungsanweisung: Danach wird ausnahmsweise für den Bereich der therapeutischen Versuche die Möglichkeit gegeben, auf die Einholung einer informierten Zustimmung zu verzichten, und zwar nicht nur auf die persönliche des jeweiligen Patienten, sondern auch auf die stellvertretende Zustimmung. Diese Möglichkeit ist für diejenigen Fälle vorgesehen, in denen der Arzt sowohl die persönliche als auch die stellvertretende Zustimmung für entbehrlich hält. Sollte der behandelnde Arzt die Entbehrlichkeit der Zustimmung für gegeben ansehen, ist er nach dem Wortlaut der Deklaration gehalten, die Gründe für sein Vorgehen im Versuchsprotokoll festzuhalten.[357]

In Art.II Nr.6 wird versucht, den Umfang möglicher Verbindung von wissenschaftlichen Zielsetzungen und ärztlicher Betreuung zu begrenzen. Danach kann human-medizinische Forschung in Verbindung mit gleichzeitiger ärztlicher Betreuung der Versuchsperson nur insoweit verbunden werden, als dies durch den möglichen diagnostischen oder therapeutischen Wert der Forschung für den Patienten gerechtfertigt ist. Es handelt sich dem Wortlaut nach nicht um eine konkrete Handlungsanweisung, sondern um die Formulierung einer Zweck-Mittel-Relation humanmedizinischer Forschung am Patienten.

cc. Art.III: Nicht therapeutische Forschung in Verbindung mit ärztlicher Versorgung (Klinische Versuche)

Das dritte Kapitel der Deklaration befasst sich mit der rein wissenschaftlichen, d.h. nicht-therapeutischen Forschung am Menschen. In Art.III Nr.1 wird zunächst noch einmal die Pflicht des Arztes formuliert, das Leben und die Gesundheit der Versuchsperson zu schützen. In Art.III Nr.2 wird sodann der Personenkreis konkretisiert, der für rein wissenschaftliche biomedizinische Forschung in Betracht kommt. Es handelt sich um eine indirekte Handlungsanweisung: Der Arzt soll im Regelfall nur aus dem benannten Personenkreis Versuchspersonen rekrutieren. Art.III Nr.3 enthält ebenfalls eine direkte Handlungsanweisung, nämlich die Forderung, dass der ärztliche Forscher bzw. das Forschungsteam den Versuch abbrechen sollten, wenn im Falle der Fortführung Schäden für die Versuchspersonen zu erwarten sind. Auch in diesem Fall ist, wie bereits ausgeführt, trotz der Soll-Formulierung regelmäßig von einer Pflicht zum Versuchsabbruch auszugehen.

Mit Art.III Nr.4 wird am Ende der Deklaration noch einmal der Vorrang des Wohlbefindens des Individuums vor den Interessen der Wissenschaft postuliert und damit das grundlegende ethische Anliegen der Deklaration noch einmal wiederholt.

[357] Vgl. zum Problem Schaupp, S.264f.

b. Zwischenergebnis

Im Ergebnis ist Folgendes festzuhalten: Nach dem Wortlaut der Deklaration enthalten die Bestimmungen der Deklaration überwiegend konkrete Handlungsvorgaben für die Durchführung humanmedizinischer Forschungsvorhaben. Dies gilt vor allem für den Abschnitt Allgemeine Bestimmungen, der sowohl für therapeutische als auch für nicht-therapeutische Versuche Anwendung findet. Allgemeine ethische Aussagen enthält die Deklaration im Vorwort der Deklaration, ansonsten nur vereinzelt in den nachfolgenden Kapiteln. Im Übrigen dominieren substantielle Handlungs- und Verfahrensanweisungen den Stil der Deklaration.

Soweit in der Deklaration der Begriff des Sollens verwandt wird, spricht dies nicht gegen das Vorliegen zwingender Handlungsanweisungen. Aufgrund der funktionalen Eingliederung der öffentlich-rechtlichen Ethikkommissionen in den verwaltungsrechtlichen Bereich, bedeutet die Verwendung des Verbs „Sollen" eine strikte Bindung für den Regelfall. Nur in atypischen Fällen wird eine Abweichung vom Regelfall gestattet. Die Verwendung des Verbs sollen in den meisten Vorschriften der Deklaration steht somit der Annahme einer strikten Bindung für den Normadressaten grundsätzlich nicht entgegen.

Diese Einschätzung der Bestimmungen lässt sich auch mit Blick auf die Entwicklungsgeschichte der Deklaration rechtfertigen. Die Verfasser der Deklaration von Helsinki verfolgten seit der Ursprungsversion der Deklaration das Ziel, den größtmöglichen Schutz für die Probanden und Patienten im Zusammenhang mit humanmedizinischer Forschung zu ermöglichen. Sie standen dabei vor dem Problem der fehlenden institutionalisierten legislativen Autorität des Weltärztebundes. Größtmöglichen Patienten- und Probandenschutz zu realisieren, verlangt aber gleichzeitig, eine möglichst strikte Bindung des Normadressaten zu wollen.

Die Verfasser der Deklaration befinden sich seit der Ursprungsfassung des Regelwerks bis heute im Spannungsfeld zwischen fehlender institutionalisierender Kompetenz des Weltärztebundes und der Absicht umfassenden Probanden- und Patientenschutz im Rahmen humanmedizinischer Forschung zu gewährleisten. Durch die Formulierung von Sollens-Vorschriften wird dieses Problem bestmöglich gelöst. Dem forschenden Arzt werden dabei umso engere Handlungsanweisungen auferlegt, je nachhaltiger die Rechte des Probanden durch das Forschungsprojekts gefährdet erscheinen. Zentrales Anliegen ist dabei immer der Schutz der körperlichen Unversehrtheit des Probanden bzw. Patienten sowie die Wahrung seiner Zustimmung in das geplante Forschungsprojekt nach vorheriger Aufklärung. Mit Blick auf die Diskussion über die rechtliche Relevanz medizinischer Leitlinien, erscheint es nach alledem gerechtfertigt, die in der Deklaration enthaltenen konkreten Verhaltensanweisungen an den forschenden Arzt als Leitlinie für gutes Forschungshandeln ähnlich den Leitlinien für good clincal practice zu bewerten. Medizinischen Leitlilien kann aber - wie ausgeführt - nur dann ein rechtlicher Verbindlichkeitsanspruch zugesprochen werden, wenn sie den verfassungsrechtlichen Anforderungen genügen.[358]

Da in den vorhandenen nationalen Bestimmungen zur humanmedizinischen Forschung auf die Deklaration als eine Entscheidungsgrundlage für die Voten bzw. Stellungnahmen der Ethikkommissionen verwiesen wird, kommt es auf die Verfassungsmäßigkeit dieses Regelungskonzepts an. Zunächst ist dabei entscheidend, welche Rechtsqualität die Voten bzw. die Stellungnahmen der Ethikkommissionen haben. Dies soll nachfolgend untersucht werden.

3. Die Voten der öffentlich-rechtlichen Ethikkommissionen: Rechtsnatur, Grundrechtsrelevanz und verfassungsrechtliche Legitimation

In die Untersuchung der Rechtsnatur der Voten und Stellungsnahmen der Ethikkommissionen sollen ausschließlich die Voten und Beratungsentscheidungen der öffentlich-rechtlichen Ethikkommissionen einbezogen werden. Dies aus zwei Gründen:

Zum einen sind in Deutschland in der Mehrheit öffentlich-rechtliche Ethikkommissionen tätig, die entweder einer Ärztekammer oder der medizinischen Fakultät einer Universität angeschlossen sind.[359] Privatrechtliche Ethikkommissionen haben hingegen seit der 5. AMG-Novelle nur ein eingeschränktes Betätigungsfeld, da die Arzneimittelforschung den weit überwiegenden Teil humanmedizinischer Forschungsbereiche ausmacht.[360] Zum anderen stellen die Beratungsentscheidungen privater Ethikkommissionen Privatrechtsakte dar, die sich zu ihrer Rechtfertigung nicht am verfassungsrechtlichen Gebot des Vorbe-

358 Vgl. Abschnitt B. V.

359 Zur Geschichte der Ethikkommission vgl. Toellner-Deutsch, Ethikkommission, S.67ff.; Rupp S.3ff.; Deutsch, NJW 1981, 614f.; ausführlich auch Deutsch, Medizinrecht, Rdn.716ff.; Fischer, Medizinische Forschung, S.72ff.; Czwalinna, MedR 1986, 306; Kollwitz, S.3ff.; vgl. Lippert, ZRP 1992, 191, wobei Lippert sich noch auf die entsprechende Regelung in §1 IV MBO-Ä 1988 bezieht. Orientierungszahlen zu den Beratungsanträgen, sowie der Anzahl abgelehnter bzw. zugestimmter Forschungsvorhaben vgl. Freund, MedR 2001, 65 sowie den Bericht über die Arbeit der Ethikkommission bei der Landesärztekammer Rheinland-Pfalz 1996 bis 1998, Sonderdruck aus: Ärzteblatt Rheinland-Pfalz vom April 1999, S.1ff.

360 Vgl. Schenke, NJW 1996, 745, 746.

halts und des Vorrangs des Gesetzes messen lassen müssen.[361] Im Zusammenhang mit der Tätigkeit privatrechtlicher Ethikkommissionen setzt ein rechtlicher Verbindlichkeitsanspruch der Deklaration von Helsinki voraus, dass sich die mit der Begutachtung betraute Ethikkommission in ihrer Satzung zur Anwendung der Regeln der Deklaration verpflichtet und sich der Wissenschaftler, der sein Forschungsvorhaben von einer privaten Ethikkommission beurteilen lassen will, mit dem Satzungsstatut einverstanden erklärt hat. Es besteht in diesem Fall also eine vertragsrechtliche Einigung, dass die Voten gemäß Satzung der privaten Ethikkommissionen auf Grundlage der Deklaration zu ergehen haben.

Anders im Fall der Entscheidungen der öffentlich-rechtlichen Ethikkommissionen. Den Ärztekammern und Universitäten wurde nach Inkrafttreten der 5. AMG-Novelle über die jeweiligen Heilberufkammergesetze die Beratungstätigkeit der Ethikkommissionen als eine Pflichtaufgabe übertragen. Folglich nehmen die bei den Ärztekammern und Universitäten gegründeten öffentlich-rechtlichen Ethikkommissionen die ihnen übertragene Pflichtaufgabe als Aufgabe der öffentlichen Verwaltung und damit als Stelle im Sinne des §1 Abs.4 VwVfG wahr.[362]

Akte der Eingriffsverwaltung müssen sich gemäß dem rechtsstaatlichen Gesetzmäßigkeitsprinzip aus Art.20 Abs.2 S.2 und Abs.3 GG auf eine gesetzliche Grundlage zurückführen lassen können. Eine gesetzesfreie Exekutive ist verfassungswidrig. Die Ermächtigungsgrundlage müsste ihrerseits den verfassungsrechtlichen Anforderungen, insbesondere den Anforderungen des Bestimmtheitsgebotes genügen.[363] Ob die Voten und Stellungnahmen der Ethikkommissionen als Akte der Eingriffsverwaltung zu qualifizieren sind und ob die auf bundes-, landes- und standesrechtlicher Ebene vorhandenen Regelungen als ausreichende Ermächtigungsgrundlagen im Sinne des Art.20 Abs. 2 S.2 und Abs.3 GG anzusehen sind, soll nachfolgend erörtert werden.

361 Rieger, Arztrecht, 2. Aufl., 1670 Ethik-Kommission, Rdn.2.

362 Vgl. z.B. §6a Heilberufekammergesetz NRW und §4a Kammergesetz Bad.-Württ. Inzwischen gibt es auch landesrechtliche Vorschriften, die die Universitäten (nicht die medizinischen Fakultäten!) verpflichten, Ethikkommissionen einzurichten, vgl. z.B. §5 Abs.1 S.2 Kammergesetz Bad.-Württ.

363 BVerwGE NJW 1992, 2496, 2499; Schulte DVBl. 1988, 512, 516; Schenke, JuS 1989, 557; Schoch, DVBl. 1991, 667, 670 m.w.N.

a. Rechtsnatur der Voten der öffentlich-rechtlichen Ethikkommissionen

Seit Beginn der Gründung von Ethikkommissionen in Deutschland wird in der Literatur die rechtliche Bedeutung der Tätigkeit der Ethikkommissionen unterschiedlich beurteilt. Während Anfang der neunziger Jahre noch mehrheitlich die Kommissionstätigkeit als ein Akt unverbindlicher Honoratiorenberatung und als nicht justiziabel eingeschätzt wurde,[364] wird seit Erlass der 5. AMG-Novelle im Jahre 1994 die Ansicht vertreten, die Tätigkeit der öffentlich-rechtlichen Ethikkommissionen sei als rechtserhebliche Verwaltungshandlung mit dem Erfordernis einer gesetzlichen Ermächtigung zu qualifizieren. Das Votum der öffentlich-rechtlichen Ethikkommission stelle einen Verwaltungsakt im Sinne des §35 VwVfG oder aber zumindest schlichtes Verwaltungshandeln dar.[365]

Die Frage, wie die Voten bzw. Beratungsentscheidungen der öffentlich-rechtlichen Ethikkommissionen rechtlich zu qualifizieren sind, ist letztlich unterschiedlich zu beantworten: Es kommt einerseits darauf an, in welchem Kontext, d.h. in welchem medizinischen Forschungsgebiet die öffentlich-rechtlichen Ethikkommissionen tätig werden. Andererseits ist entscheidend, welche Rechtsfolgen die Voten bzw. Beratungsentscheidungen der öffentlich-rechtlichen Ethikkommissionen auslösen.

364 Vgl. Tiedemann, ZRP 1991, 54; Sobota, AöR 1996, 238; entsprechend bestreitet Bork das Vorliegen einer Klagebefugnis gem. §42 Abs.2 VwGO analog: Bork, S.103f.; Rupp, S.32; Ratzel/Lippert, MBO-Komm. §15 Rdn.23 unter Hinweis auf den „lediglich empfehlenden Charakter" der Entscheidungen der Ethikkommissionen.

365 Für schlichtes Verwaltungshandeln: Sobota, AöR 1996, 229f.; Rieger, Arztrecht, 2.Aufl., 1670 Ethik-Kommission, Rdn. 8; für die Einordnung als Verwaltungsakt: Fröhlich, S.159, der zutreffend differenziert zwischen den Voten im Zusammenhang mit klinischer Forschung nach dem AMG und MPG einerseits und den Voten im Zusammenhang mit klinischer Prüfung außerhalb des AMG und MPG andererseits; Deutsch, Medizinrecht, Rdn.760; Toellner fordert die Beachtung der Prinzipien über das Verwaltungsverfahren, der rechtsstaatlichen Grundregeln und das VwVfG, ist aber gegen das Vorliegen eines Verwaltungsaktes, vgl. Toellner-Deutsch, S.74f.; Laufs bezeichnet die Entscheidungen der öffentlich-rechtlichen Ethikkommissionen einerseits als Bescheide, die rechtlich wirkten, andererseits seien sie nicht bindend. Vgl. Laufs/Uhlenbruck-Laufs, Arztrecht, §130 Rdn.18.

aa. Votum der öffentlich-rechtlichen Ethikkommissionen im Rahmen der klinischen Arzneimittelforschung

§§40 Abs.1 S.2, 41 AMG verlangt seit der 5. Novelle des AMG, dass die zuständige Ethikkommission die klinische Prüfung zustimmend bewertet. Liegt kein zustimmendes Votum einer öffentlich-rechtlichen Ethikkommission vor, darf gem. §§40 Abs.1 S.3, 41 AMG mit der klinischen Prüfung erst begonnen werden, wenn die zuständige Bundesoberbehörde innerhalb von 60 Tagen nach Eingang der Unterlagen gemäß §40 Abs.1 S.1 Nr.6 AMG nicht widersprochen hat. Überprüft man die gesetzlichen Vorgaben der §§40, 41 AMG anhand der Legaldefinition des Verwaltungsaktes gemäß §35 VwVfG so ergibt sich, dass jedenfalls die positiven Voten der öffentlich-rechtlichen Ethikkommissionen im Zusammenhang mit dem arzneimittelrechtlichen Zulassungsvorhaben als Verwaltungsakte zu qualifizieren sind.

Zunächst ist es ohne Bedeutung, dass die Entscheidung der öffentlich-rechtlichen Ethikkommissionen nach §§40, 41 AMG nicht als Verfügung, Bescheid, Anordnung, den typischen Verwaltungsaktbezeichnungen benannt werden, sondern als Voten.[366] Entscheidend für die Einordnung einer staatlichen Maßnahme als Verwaltungsakt im Sinne des §35 VwVfG ist vielmehr, dass für die Adressaten und/oder sonstige, unmittelbar Betroffene aus dem Akt selbst oder aufgrund der jeweiligen Umstände seines Erlasses objektiv erkennbar ist, dass eine einseitige, konkrete, verbindliche und der Rechtsbeständigkeit fähige Regelung kraft hoheitlicher Gewalt gewollt ist.[367] Diese Voraussetzungen liegen bei Erlass eines positiven Votums einer öffentlich-rechtlichen Ethikkommission vor:

Jedes Votum einer öffentlich rechtlichen Ethikkommission im Rahmen des arzneimittelrechtlichen Zulassungsverfahrens stellt eine behördliche Entscheidung eines Trägers der öffentlichen Verwaltung im Sinne des §35 VwVfG dar. Die öffentlich-rechtlichen Ethikkommissionen sind, wie ausgeführt, als Stelle im Sinne des §1 Abs.4 VwVfG anzusehen. §35 VwVfG fordert weiter, dass es sich bei der Entscheidung um eine Regelung handelt, d.h. die behördliche Maßnahme muss ihrem Ausspruch nach unmittelbar auf die Herbeiführung einer Rechtsfolge gerichtet sein. Es ist nicht ausreichend, dass sich die Folge als bloßer Rechtsreflex der Maßnahme ergibt. Der Eintritt der Rechtsfolge muss vielmehr final bezweckt sein.[368] Insoweit wurde gegen die Einordnung der Ethikkommissionsvoten als Regelung im Sinne des §35 VwVfG in der älteren Literatur eingewandt, dass sich die öffentlich-rechtlichen Ethikkommissionen im Rahmen

[366] BVerwGE 51, 93; 57, 159, 161; BVerwG DÖV 1980, 116.
[367] Vgl. Kopp/Ramsauer, §35 Rdn. 3ff.
[368] Vgl. Kopp/Ramsauer, §35 Rdn.47ff.

der arzneimittelrechtlichen Zulässigkeitsprüfung nur zu Fragen der ethischen Korrektheit äußerten, ähnlich einer Sachverständigenentscheidung oder der Stellungnahme eines fachlich kompetent besetzten Gremium beispielsweise auf dem Gebiet der Pädagogik, der Kunst oder des Jugendschutzes.[369]

Eine verbindliche Festlegung der Rechtslage würde und könne die Kommission gar nicht treffen, da sie in aller Regel überwiegend von Ärzten und nicht von Juristen besetzt sei, so dass keine Rechte und Pflichten im Sinne einer Regelungswirkung gem. §35 VwVfG begründet, geändert oder aufgehoben werden könnten.[370] Die zustimmende Bewertung der öffentlich-rechtlichen Ethikkommissionen beschränke sich allein auf die Feststellung, dass die Bedingungen gem. §40 Abs.1 S.1 AMG eingehalten worden seien. Eine derartige Feststellung stelle aber keine Regelung im Sinne des §35 VwVfG dar, vielmehr treffe allein das Bundesamt für Arzneimittel, im folgenden abgekürzt BfArM, eine rechtsverbindliche Entscheidung über das Schicksal des Forschungsprojekts. Etwas anderes könne sich nur dann ergeben, wenn sich die öffentlich-rechtlichen Ethikkommissionen wegen schwerwiegender, nachteiliger Ereignisse zu einem Einschreiten gezwungen sähen.[371]

Dieser Auffassung kann jedoch seit Erlass der 5. AMG-Novelle nicht mehr gefolgt werden: Nach §40 Abs.1 S.1 AMG hängt nämlich die Durchführung einer klinischen Prüfung eines Arzneimittels beim Menschen zwingend vom Vorliegen eines positiven Votums der öffentlich-rechtlichen Ethikkommissionen ab. Die Durchführung eines Forschungsvorhabens wird ansonsten von keiner weiteren Voraussetzung - etwa der Zustimmung durch das BfArM - abhängig gemacht. Es kann bei Vorliegen eines positiven Votums also unverzüglich mit dem Prüfverfahren begonnen werden. Ein positives Votum räumt dem forschungswilligen Arzt nach dem Wortlaut des §40 Abs.1 S.1 AMG im Ergebnis unmittelbar das Recht ein, mit dem Forschungsvorhaben zu beginnen. Die Zustimmung der Kommission kommt damit einer Genehmigung gleich.[372]

[369] Vgl. Sobota, AöR 121 (1996), 229, 240f.

[370] Vgl. Sobota a.a.O.; ebenso Classen, MedR 1995, 148, 149; ebenso Ratzel/Lippert, MBO-Komm. §15 Rdn.23, allerdings ohne Unterscheidung zwischen einem positiven und negativen Votum im Rahmen des AMG- und MPG-Verfahrens. Für das Vorliegen eines Verwaltungsaktes Fröhlich, S.159; ebenso nun wohl auch Deutsch, Medizinrecht, Rdn.760.

[371] BVerwGE 39, 197, 204; 77, 75, 85.

[372] Vgl. Rehmann, §40 Rdn.13; anders Toellner-Deutsch, Ethikkommission, S.75; kritisch zur Regelung in §40 Abs.1 AMG auch Hasskarl in: Deusch-FS, S.583.

Das Vorliegen einer Regelung im Sinne des §35 VwVfG könnte unter Berufung auf den Wortlaut des §40 Abs.1 S.2 2.HS AMG mit der Begründung abgelehnt werden, dass die von der Maßnahme herbeizuführende Rechtsfolge sich schon aus dem Gesetz ergäbe und deshalb die Feststellungen der öffentlich-rechtlichen Ethikkommissionen nicht als Regelungen im Sinne des §35 VwVfG anzusehen seien.[373]

Der Begriff der Regelung im Sinne des §35 VwVfG setzt jedoch nicht voraus, dass eine Rechtsfolge herbeigeführt werden soll, die von der gesetzlich bestehenden Rechtslage abweicht oder allein nach den gesetzlichen Regelungen noch nicht gegeben ist. Auch gesetzeswiederholende, konkretisierende oder feststellende Verwaltungsakte sind in Rechtsprechung und Literatur anerkannt und können regelnden Charakter besitzen.[374]

Eine Regelung im Sinne des §35 VwVfG in Form eines feststellenden oder gesetzeskonkretisierenden Verwaltungsaktes wird in denjenigen Fällen angenommen, in denen eine generelle und abstrakte Regelung eines Gesetzes für den Einzelfall mit Bindungswirkung als bestehend oder nicht bestehend festgestellt, konkretisiert oder individualisiert wird, mit der Folge, dass die entsprechende behördliche Feststellung nicht lediglich deklaratorische Bedeutung hat,[375] sondern die verbindliche Klärung und Durchsetzung der gesetzlichen Rechtslage bezweckt.[376]. Ist eine Erklärung der Verwaltung darauf gerichtet, die im Verhältnis von Staat und Bürger bestehenden Unsicherheiten zu beseitigen, indem sie die generelle und abstrakte Regelung des Gesetzes verbindlich konkretisiert und/oder individualisiert, legt die Verwaltung fest, was im Einzelfall rechtens sein soll und trifft damit eine Regelung.[377] Die mit der verbindlichen Feststellung getroffene Regelung liegt in diesen Fällen darin, dass der feststellende Verwaltungsakt als selbständiger, neuer Geltungsgrund des Rechts neben das Gesetz tritt.[378]

373 Vgl. Sobota, AöR 1996, 229, 240.

374 Die Einteilung der Verwaltungsakte nach ihrem Regelungsinhalt in befehlende, gestalten de und feststellende Verwaltungsakte entspricht allgemeiner Meinung, vgl. Appel/Melchiner, Verw.Arch. 1993, 349, 350; Erichsen/Ehlers-Erichsen, §12 Rdn.28; Maurer, §9 Rdn.44ff.; Ule/Laubinger, §48 Rdn.17.

375 BVerwGE 79, 291, 293; wohl noch anders BVerwGE 14, 151f. BVerwGE 34, 353.

376 BVerwGE 58, 37, 39; Bay VGH NJW 1981, 2076; DVBl. 1982, 309; NJW 1989, 3235; VGH Mannheim DÖV 1985, 1022; VBlBW 1990, 315; vgl. auch König, BayVBl. 1987, 261.

377 Vgl. Badura, §12 II 4 Rdn.28 m.w.N.

378 Vgl. statt anderer: Engel, S.13, der die konstitutive Bedeutung des feststellenden Verwaltungsaktes in der Beseitigung der Unsicherheit über die objektive Rechtslage sieht.

Daraus folgt, dass die mit einem positiven Votum verbundene Feststellung der Erfüllung der Voraussetzungen des §40 Abs.1 S.2 2.HS. AMG nicht zwingend gegen das Vorliegen eines Verwaltungsaktes spricht. Bei mangelnder Eindeutigkeit einer Maßnahme ist schließlich im Wege der Auslegung zu ermitteln, ob eine feststellende Rechtsfolge herbeigeführt werden soll oder nicht. Dabei ist nicht auf den inneren Willen der Behörde abzustellen, sondern darauf, wie der Bürger unter Berücksichtigung aller ihm bekannten oder erkennbaren Umstände nach Treu und Glauben die Maßnahme auffassen durfte, §133 BGB analog.[379]

Aus Sicht des betroffenen Arztes muss jedoch ein zustimmendes Votum seitens der öffentlich-rechtlichen Ethikkommissionen als verbindliche Feststellung dahingehend aufgefasst werden, dass die Normativbestimmungen in §40 Abs.1 AMG erfüllt sind und keine weitere Behördenentscheidung mehr abgewartet werden muss.[380] Für den Arzt bedeutet ein zustimmendes Votum somit die behördliche Genehmigung seines Forschungsvorhabens.

Das positive Votum wird dem Bundesinstitut für Arzneimittel und Medizinprodukte lediglich mitgeteilt, ohne dass von dort aus eine weitere Entscheidung über die Zulässigkeit des Forschungsvorhabens abzuwarten wäre. Durch die positive Bewertung eines Forschungsvorhabens gemäß §40 AMG werden die generellen und abstrakt festgelegten Voraussetzungen nach §40 S.1 Nr.1 bis Nr. 8 AMG gegenüber dem Forscher, der forschungsfördernden Pharmaindustrie und gegenüber dem in das Forschungsprojekt einbezogenen Probanden verbindlich konkretisiert und in Bezug auf den forschenden Arzt individualisierend festgestellt.

Auf Grundlage des §40 Abs.1 S.1 Nr.1 bis Nr.8 AMG ergeht im Ergebnis also das positive Votum einer Ethikkommission in Form eines feststellenden Verwaltungsaktes mit konstitutiver Wirkung. Regelungsinhalt des Verwaltungsaktes ist dabei, dass das jeweilige Forschungsvorhaben den gesetzlichen Tatbestand der §§40, 41 AMG als Voraussetzung eines positiven Votums erfüllt. Gegen das Vorliegen eines Verwaltungsaktes wird schließlich eingewandt, dass die öffentlich-rechtlichen Ethikkommissionen überwiegend mit Nichtjuristen, d.h. mit Klinikern und Forschern besetzt seien, denen man eine Beurteilungskompetenz in Sachen des Rechts nicht zuweisen könne.[381] Auch dieses Argument greift letztlich nicht, da die für das Votierungsergebnis erforderliche Überprüfung des Normativkatalogs des §40 Abs.1 AMG keine juristischen

[379] BVerwGE 29, 310, 312 f; 34, 353; VGH Mannheim NVwZ 1983, 100; Bay VGH NVwZ 1990, 775, 776; vgl. König BayVBl 1987, 261; Stelkens/Bonk/Sachs-P.Stelkens, U. Stelkens §35 Rdn.42 m.w.N.

[380] Vgl. Rehmann, §40 Rdn.13.

[381] Vgl. Sobota, AöR 1996, 229, 240f.

Kenntnisse, sondern überwiegend medizinwissenschaftliche Feststellungen verlangt. Allenfalls in der Frage, ob eine wirksame Einwilligung seitens des Probanden im Sinne des §40 Abs.1 S.1 Nr.2 AMG vorliegt, erscheinen juristische Kenntnisse notwendig. Eine derartige Feststellung kann jedoch ohne weiteres durch die Anwesenheit nur eines juristischen Mitglieds der öffentlich-rechtlichen Ethikkommission getroffen werden.

Auch nach dem Wortlaut des §35 VwVfG werden an die Sachkompetenz der Entscheidungsträger keine weiteren Voraussetzungen geknüpft. Festzuhalten ist daher im Ergebnis, dass ein positives Votum einer öffentlich-rechtlichen Ethikkommission als feststellender Verwaltungsakt im Sinne des §35 VwVfG ergeht.

Komplizierter gestaltet sich die Rechtslage bei Vorliegen eines negativen Votums gemäß §40 Abs.1 S.2 und S.3 AMG: Danach ist bei Vorliegen eines negativen Votums vorgesehen, dass das Forschungsvorhaben - trotz Vorliegens des negativen Votums - durchgeführt werden darf, soweit das BfArM binnen 60 Tagen nach Eingang der Unterlagen nach S.1 Nr.6 AMG nicht widersprochen hat. Fraglich ist, ob ein negatives Votum der tätig werdenden Ethikkommissionen das nach §35 VwVfG erforderliche Kriterium einer Regelung erfüllt.[382] Gegen das Vorliegen eines Verwaltungsaktes spricht zunächst, dass ein negatives Votum keine rechtsverbindliche Feststellung der Unzulässigkeit einer klinischen Prüfung trifft: der betroffene Arzt kann - trotz Vorliegens eines ablehnenden Votums - gemäß §40 Abs.2 AMG nach Ablauf der 60-Tage-Frist und bei Nichtwiderspruch des BfArM mit der Durchführung des Forschungsvorhabens beginnen. Ein negatives Votum besitzt somit nicht die nach §35 VwVfG erforderliche Regelungswirkung.

In Bezug auf die Regelung in §40 Abs.1 S.2 AMG könnte jedoch gesagt werden, dass zumindest für die Zeit zwischen Erlass des negativen Votums und Ablauf der 60-Tage-Frist bzw. bis zu einem - das negative Votum bestätigenden - Widerspruch seitens des BfArM ein vorläufiger Verwaltungsakt vorliegt. Unter dem Begriff des vorläufigen Verwaltungsaktes wird eine behördliche Maßnahme verstanden, die unter dem Vorbehalt späterer endgültiger Entscheidung ergeht.[383] Bei einem vorläufigen Verwaltungsakt wird der gesamte Gegenstand unter dem Vorbehalt einer endgültigen Entscheidung aufgrund noch nicht abgeschlossener Ermittlungen geregelt. Eine vorläufige Regelung kann zum

382 Bejahend Fröhlich, S.159, jedoch ohne weitere Begründung; ebenso Deutsch, Medizinrecht, Rdn.760.

383 BVerwGE 67, 99, 102; BVerwG, BayVBl. 1987, 87f.; Hess VGH NVwZ 1990, 879, 881; OVG Münster DVBl. 1991, 1365; Stelkens/Bonk/Sachs-P. Stelkens, U. Stelkens, §35 Rdn.174ff.

Beispiel notwendig werden, weil eine endgültige Sachverhaltsermittlung und/oder eine abschließende rechtliche Subsumtion noch nicht möglich ist. Die Umsetzung der vorläufigen Regelung in einem Verwaltungsakt kann auf unterschiedliche Weise erfolgen, zum Beispiel dadurch, dass der Verwaltungsakt unter der auflösenden Bedingung späterer Beurteilung gestellt wird.[384]

Überprüft man anhand dieser Definition das negative Votum einer öffentlich-rechtlichen Ethikkommission im Rahmen des §§40, 41 AMG so könnte man den Standpunkt einnehmen, ein negatives Votum sei als vorläufiger Verwaltungsakt im dargelegten Sinne zu betrachten. Zumindest vor Ablauf der 60-Tage-Frist bis zur möglichen Nachbeurteilung des Forschungsvorhabens in Form eines Widerspruchs des BfArM hat ein negatives Ethikkommissionsvotum zur Folge, dass nicht mit der Durchführung des Forschungsvorhabens begonnen werden darf. Ein negatives Votum würde nach dieser Betrachtungsweise unter dem Vorbehalt späterer Begutachtung seitens des BfArM stehen.

Allerdings greift diese Argumentation zu kurz: ein negatives Votum gemäß §40 Abs.1 S.2 AMG erfüllt nämlich nicht die von der Rechtsprechung des Bundesverwaltungsgerichts entwickelten Kriterien eines vorläufigen Verwaltungsaktes: Ein negatives Votum im Rahmen der §§40, 41 AMG ergeht nicht aufgrund fehlender Sachverhaltsermittlung, sondern nach Überprüfung des vollständigen Forschungsplans. Ergeht am Ende dieser Überprüfung ein negatives Ethikkommissionsvotum, so bedeutet dies, dass nach Auffassung der erkennenden Ethikkommissionen die Voraussetzungen gemäß §40 Abs.1 Nr.1 bis Nr.8 AMG im Einzelfall nicht erfüllt wurden, nicht aber, dass der zu beurteilende Sachverhalt unvollständig ist und deshalb nur vorläufig beurteilt werden könnte. Ein negatives Votum stellt deshalb zu keinem Zeitpunkt - auch nicht im Rahmen der 60-Tage-Frist des §40 Abs.1 S.1 AMG - eine vorläufig verbindliche Regelung von Rechten und Pflichten des Betroffenen oder seines Rechtsstatus` dar. Allein das bloße Zuwarten auf den Ablauf der 60-Tage-Frist hat keine Auswirkung auf die Rechtsposition des Betroffenen.[385] Im Ergebnis ermangelt es einem negativen Votum nach §40 Abs.1 S.2 AMG an der für das Vorliegen eines Verwaltungsaktes gemäß §35 VwVfG typischen Verbindlichkeit und Rechtsbeständigkeit.

Ein negatives Votum stellt aus den gleichen Gründen auch keinen feststellenden Verwaltungsakt dar, etwa in dem Sinne, als dass bis zum Ablauf der 60-Tage-Frist das Nichtvorliegen der gesetzlichen Anforderungen in §40 Abs.1 AMG verbindlich festgestellt würde. Auch feststellende bzw. gesetzeskonkretisierende

[384] Siehe die Auflistung in BVerwGE 67, 99.
[385] BVerwGE 78, 3 = NVwZ 1988, 51 = NJW 1988, 436.

Verwaltungsakte müssen nämlich als regelnde Feststellung[386] rechtsverbindlich sein, in dem Sinne als dadurch verbindlich ein Rechtsverhältnis festgestellt wird oder einzelne sich daraus ergebende Rechte oder Pflichten für den Bürger geklärt werden.[387]

Wie ausgeführt, tritt bei einem negativen Votum jedoch diese Folge gerade nicht ein, sondern die Durchführung des Forschungsvorhabens wird erst binnen der 60-Tage-Frist durch die Entscheidung des BfArM verbindlich. Diese Entscheidung objektiviert sich entweder in Form eines Widerrufs oder aber durch den fehlenden Widerruf seitens des BfArM. In beiden Fällen entscheidet also das BfArM und nicht die angerufene öffentlich-rechtliche Ethikkommission endgültig über die Durchführung des Forschungs-vorhabens. Im Ergebnis stellt ein negatives Votum im Rahmen des §§40, 41 VwVfG mangels Regelungswirkung lediglich schlichtes Verwaltungshandeln dar.

§35 VwVfG verlangt für das Vorliegen eines Verwaltungsaktes schließlich, dass die behördliche Maßnahme auf eine Außenwirkung gerichtet sein muss. Dies bedeutet, dass es sich bei der Maßnahme nicht nur um eine verwaltungsinterne Anweisung handeln darf, sondern, dass die behördliche Maßnahme unmittelbar die Rechtsposition außerhalb der Verwaltung stehender Personen berührt, indem sie diese verbindlich gestaltet bzw. feststellt.[388]

Eine lediglich mittelbare Außenwirkung genügt nicht. Nicht ausreichend ist, dass die Maßnahme tatsächliche Folgen hat oder solche damit verbunden sind.[389] Wie ausgeführt, beschränkt sich sowohl die Wirkung eines positiven als auch die eines negativen Ethikkommissionsvotums nicht auf den verwaltungsinternen Bereich, sondern erstreckt sich auf die außerhalb der Verwaltung stehenden forschungsbeabsichtigenden Ärzte, die Probanden sowie die pharmazeutischen Unternehmen. Diese Wirkung stellt auch keinen bloßen Reflex dar, sondern ist zielgerichtet. Im Ergebnis ist festzuhalten, dass ein positives Votum einer Ethikkommission im Rahmen des §40 AMG sämtliche in §35 VwVfG genannten Kriterien eines Verwaltungsaktes erfüllt. Ein negatives Votum einer öffentlich-rechtlichen Ethikkommission stellt hingegen schlichtes Verwaltungshandeln dar.

[386] BVerwGE 72, 232.
[387] Vgl. Kopp/Ramsauer, §35 Rdn.51 m.w.N. aus Rspr. und Lit.
[388] Vgl. Kopp/Ramsauer, §35 Rdn.73ff.
[389] BVerwGE 60, 145f.; Erichsen, DVBl. 1982, 96.

bb. Votum der öffentlich-rechtlichen Ethikkommissionen im Rahmen der klinischen Forschung nach dem MPG

Wie ausgeführt regelt das MPG in Abweichung zum AMG keine ausdrückliche Zuständigkeit der Ethikkommissionen, sondern legt in §20 Abs.7 MPG lediglich eine allgemeine Registrierungsbefugnis der Ethikkommissionen beim BfArM fest.[390] Dies führt dazu, dass die klinische Prüfung von Medizinprodukten am Menschen der Kontrolle der örtlich ansässigen Ethikkommissionen entzogen ist. Gleichzeitig eröffnet die Regelung den privaten Ethikkommissionen - sofern sie die sonstigen Anforderungen des §20 Abs.7 MPG erfüllen - im Rahmen der Zulassungsprüfung von Medizinprodukten tätig zu werden.[391] Dies hat zur Folge, dass die Stellungnahmen der im Rahmen des Anwendungsbereichs des MPG tätigen Ethikkommissionen unterschiedlicher Rechtsnatur sind:

Das Votum einer privaten Ethikkommission ist, wie ausgeführt, weder als Verwaltungsakt noch als schlichtes Verwaltungshandeln zu qualifizieren, da die privaten Ethikkommissionen Einrichtungen des Privatrechts sind. Es fehlt ihnen an der für die Zuordnung zum öffentlichen Recht erforderlichen Behördeneigenschaft gemäß §1 Abs.4 VwVfG. Die privaten Ethikkommissionen sind auch nicht etwa als Beliehene einzuordnen, denn dies würde voraussetzen, dass ihnen zumindest schlicht-hoheitliche Befugnisse durch oder aufgrund eines Gesetzes übertragen worden sein müssten. Dies setzt jedoch einen Beleihungsakt voraus, z.B. durch Verwaltungsakt, öffentlich-rechtlichen Vertrag oder aufgrund einer Rechtsnorm.[392] Für diese Annahme sprechen keine Anhaltspunkte.

Im Ergebnis stellen Voten der privaten Ethikkommissionen Privatrechtsakte dar. Soweit eine öffentlich-rechtliche Ethikkommission im Rahmen des MPG tätig wird, ist in Übereinstimmung mit dem AMG ihr positives Votum als Verwaltungsakt im Sinne des §35 VwVfG zu qualifizieren: Sobald das klinische Forschungsvorhaben bei der zuständigen Behörde gem. §20 Abs.6 MPG angezeigt worden ist, hat ein positives Votum gem. §20 Abs.7 MPG zur Folge, dass mit dem Forschungsvorhaben begonnen werden kann. Es wird also ebenso wie in §§40, 41 AMG durch ein positives Votum verbindlich die Zulässigkeit der Durchführung des angestrebten humanmedizinischen Forschungsvorhabens

390 Vgl. Abschnitt B.IV.3.c.

391 Die unterschiedlichen Regelungen im Hinblick auf die Zuständigkeit der Ethikkommissionen und der damit im Zusammenhang stehende unterschiedliche Prüfungsmaßstab der öffentlich-rechtlichen Ethikkommissionen nach §40 AMG und §17 MPG wird teilweise als unzulässige Mischverwaltung zwischen Bund und Ländern und damit als verfassungswidrig bezeichnet, vgl. Ratzel/Lippert, MPG, Rdn.122.

392 Vgl. zum Begriff des Beliehenen Stelkens/Bonk/Sachs-P. Stelkens, U. Stelkens §1 Rdn.231ff.; Kopp/ Ramsauer, §1 Rdn.58.

festgestellt. Sowohl das gemäß §35 VwVfG erforderliche Merkmal einer Regelung als auch die erforderliche Außenwirkung sind im Fall eines positiven Votums einer öffentlich-rechtlichen Ethikkommission erfüllt.

Anders wiederum bei Vorliegen eines negativen Votums: Ähnlich wie im AMG sieht das MPG für den Fall eines negativen Kommissionsvotums ein Ersatzverfahren vor. Die beantragte klinische Prüfung kann gemäß §20 Abs.7 MPG trotz negativen Votums der öffentlich-rechtlichen Ethikkommissionen durchgeführt werden, falls nicht die zuständige Behörde innerhalb von 60 Tagen aus Gründen der öffentlichen Gesundheit oder der öffentlichen Ordnung dem Forschungsvorhaben ebenfalls widerspricht. Zutreffend wird auch hier auf die nicht nachvollziehbare, unterschiedliche Gesetzesausgestaltung in AMG und MPG hingewiesen: Nach dem MPG kann der Widerspruch nur auf Gründe der öffentlichen Gesundheit oder der öffentlichen Ordnung gestützt werden und muss zudem – anders als im AMG – auch begründet werden.[393] Im Ergebnis gilt deshalb auch hier: Ein positives Votum einer öffentlich-rechtlichen Ethikkommission im Rahmen des Zulassungsverfahrens nach dem MPG ergeht in Form eines feststellenden Verwaltungsaktes, ein negatives Votum stellt hingegen schlichtes Verwaltungshandeln dar.

cc. Votum einer öffentlich-rechtlichen Ethikkommission im Rahmen der ärztlichen Berufsordnungen

Für die klinischen Forschungsvorhaben außerhalb des AMG und MPG wird mit zutreffender Begründung und unter Verweisung auf den Wortlaut des §15 MBO-Ä 1997 bzw. der entsprechenden Regelungen in den Landesberufsordnungen für Ärztinnen und Ärzte das Vorliegen eines Verwaltungsaktes abgelehnt.[394]

Nach dem Vorbild des §15 MBO-Ä 1997 wird in den Landesberufsordnungen für Ärztinnen und Ärzte im Unterschied zu den Spezialgesetzen nicht von Voten, sondern lediglich von einer Beratung durch die öffentlich-rechtlichen Ethikkommissionen gesprochen.[395] Die nur beratende Tätigkeit der öffentlich-rechtlichen Ethikkommissionen ist jedoch nicht auf eine unmittelbare Rechtsfolge gerichtet, da die bloße Beratung im Gegensatz zu den Voten im Rahmen des AMG und MPG keine verbindliche Entscheidung über die Zulässigkeit des

[393] Lippert/Eisenmenger-Taupitz, S.520.
[394] Vgl. Fröhlich, S.159.
[395] Vgl. §15 MBO-Ä 1997 sowie §15 sämtlicher in Fn. 14 genannten Berufsordnungen der Ärztinnen und Ärzte.

Forschungsvorhabens darstellt, sondern dem betroffenen Arzt grundsätzlich die freie Entscheidung lässt, ob er das geplante Forschungsvorhaben durchführt oder nicht. Dies gilt unabhängig davon, ob seitens der angerufenen Ethikkommissionen die Beurteilung des Forschungsvorhabens positiv oder negativ erfolgt ist. Die Beratungsentscheidung der Ethikkommission im Rahmen der ärztlichen Berufsordnungen enthält keine rechtsverbindliche Anordnung, die auf eine bestimmte Rechtsfolge abzielt.[396] Die Beratungstätigkeit der Ethikkommissionen im Rahmen des §15 Abs.2 MBO-Ä entbehrt daher der gemäß §35 VwVfG für das Vorliegen eines Verwaltungsaktes erforderlichen Regelungswirkung. Die Beratungstätigkeit stellt damit schlichtes Verwaltungshandeln dar.

dd. Votum der öffentlich-rechtlichen Ethikkommissionen im Rahmen multizentrischer Studien

Bei der Beurteilung der Rechtsnatur der Entscheidungen der öffentlich-rechtlichen Ethikkommissionen nehmen diejenigen Ethikkommissionen, die im Rahmen multi-zentrischer biomedizinischer Forschungsstudien tätig werden, eine Sonderrolle ein. Multizentrische Studien sind jene Forschungsreihen, die in mehr als einem Zuständigkeitsbereich in der Bundesrepublik durchgeführt werden und für die eine hauptsächlich zuständige Kommission ermittelt werden muss. In den Verfahrensgrundsätzen der Arbeitsgemeinschaft der öffentlich-rechtlichen Ethikkommissionen wurde insoweit festgelegt, dass die federführende öffentlich-rechtliche Ethikkommission bei multi-zentrischen Studien diejenige zu sein hat, die für den Hauptforschungsleiter zuständig ist.[397] Mangels Außenwirkung stellen sämtliche Voten und Beratungsentscheidungen derjenigen Ethikkommissionen, die der federführenden Ethikkommission lediglich zuarbeiten, Verwaltungsinterna dar. Dabei ist jedoch der Einfluss der zuarbeitenden Ethikkommissionen nicht zu unterschätzen, denn die vor Ort gewonnenen Erkenntnisse über ein Forschungsprojekt beeinflussen maßgeblich das Endvotum. Lediglich das endgültige Votum der federführenden, d.h. der letztentscheidenden Kommission, wirkt im Außenverhältnis gegenüber Dritten. Die Rechtsnatur dieser Entscheidung richtet sich wiederum danach, in welchem Zusammenhang die multizentrische Forschungsstudie erfolgt.

396 Vgl. Fröhlich a.a.O.

397 Zum Problem der Ethikkommissionen im Rahmen multizentrischer Studien, vgl. Deutsch, Medizinrecht, Rdn.763ff; Vgl. auch Hasskarl in: Deutsch-FS, S. 585ff.

Dass heißt: Positive Voten der letztentscheidenden Ethikkommission im Rahmen des Anwendungsbereichs des AMG und des MPG stellen Verwaltungsakte dar, während negative Voten im Rahmen des AMG und MPG sowie außerhalb der Spezialgesetze in Form von schlichtem Verwaltungshandeln ergehen. Sofern eine private Ethikkommission als letztentscheidende Ethikkommission im Rahmen einer nach dem MPG durchgeführten multizentrischen Studie bestimmt ist, liegt ein Privatrechtsakt vor.

b. Die Voten und Beratungsentscheidungen der öffentlich-rechtlichen Ethikkommissionen als Grundrechtseingriffe

aa. Der Begriff des Grundrechtseingriffs

Der traditionelle oder auch klassische Eingriffsbegriff konturiert sich durch die Merkmale der Finalität, Unmittelbarkeit, Rechtsförmigkeit und Imperativität,[398] wobei die Imperativität einer Maßnahme als zentrales Kriterium angesehen wird. Der Begriff der Imperativität meint dabei, dass die Grundrechtsbeeinträchtigung durch einen Befehl oder Zwang angeordnet bzw. durchgesetzt wird, d.h. ohne das Einverständnis des Betroffenen. Danach definiert sich der klassische Eingriff als objektive Belastung des Betroffenen, die durch staatliches Handeln einseitig bewirkt wird und die in einem Befehl oder in einer rechtsgestaltenden Regelung besteht.[399]

Unter Zugrundelegung des klassischen Eingriffsbegriffs ist die Eingriffsqualität negativer Ethikkommissionsvoten abzulehnen, da diesen weder ein Befehlscharakter noch eine Regelungswirkung im Sinne des §35 VwVfG zugesprochen werden kann: Negative Ethikkommissionsvoten sind grundsätzlich rechtlich unverbindlich. Sowohl nach den Bestimmungen des AMG als auch des MPG sowie außerhalb der Spezialgesetze ist es - wie ausgeführt - rechtlich zulässig, das beabsichtigte humanmedizinische Forschungsvorhaben - trotz Vorliegens eines negativen Ethikkommissionsvotums - durchzuführen.

398 Vgl. Dreier-Dreier, Vorb. Rdn.81; Isensee-Isensee/Kirchhof, Bd.V, §111 Rdn. 61; Pieroth/Schlink, §6 III 2 Rdn. 238; Roth, Gesetzesvorbehalt, S.136.; Roth, Faktische Eingriffe, S.7f.; Sachs-Sachs, GG-Komm., vor Art.1 Rdn.80-82; Sachs, JuS 1995, 303; Bleckmann, Staatsrecht II, §12 Rdn. 34ff.

399 Sachs a.a.O.

Allerdings besteht in der neueren Rechtsprechung und Literatur mittlerweile Einigkeit darüber, dass Grundrechte Schutz nicht nur gegen traditionelle staatliche Eingriffe im angeführten Sinne bieten,[400] sondern dass auch faktische und/oder mittelbare Grundrechtseingriffe prinzipiell anzuerkennen sind.[401] Rechtsprechung und Literatur diskutieren allerdings unterschiedlich, unter welchen Voraussetzungen tatsächliche Beeinträchtigungen als rechtfertigungsbedürftige Eingriffe in grundrechtliche Schutzbereiche zu begreifen sind.[402]

Bei der Beurteilung der Frage, ob einer staatlichen Maßnahme Eingriffsqualität zugesprochen werden kann oder nicht, stellt das BVerwG und die hierzu sich äußernde Literatur teilweise auf die Unmittelbarkeit, dann wiederum auf die Finalität und/oder die Schwere der Grundrechtsbetroffenheit ab, andererseits werden auch zusätzliche Merkmale eingeführt, so zum Beispiel das Kriterium der Vorhersehbarkeit oder der Zurechenbarkeit.[403] Übereinstimmung herrscht allenfalls dahingehend, dass nicht jede den Grundrechtsträger irgendwie belastende staatliche Maßnahme als Grundrechtseingriff oder wie eine solche zu bewertende Beeinträchtigung eingestuft wird.[404] So stellen bloße Bagatellen, alltägliche Lästigkeiten und subjektive Empfindlichkeiten unstreitig keine Grundrechtsbeeinträchtigung bzw. keinen Grundrechtseingriff dar.[405]

Ein Grundrechtseingriff liegt nach der Literatur immer dann vor, wenn durch staatliches Handeln dem Einzelnen ein Verhalten, welches in den Schutzbereich eines Grundrechts fällt, ganz oder teilweise unmöglich gemacht wird und zwar unabhängig davon, ob diese Wirkung final oder unbeabsichtigt, unmittelbar oder

[400] Vgl. Albers, DVBl. 1996, 233 ff. mit zahlreichen Nachweisen aus der Rechtsprechung und Literatur; Gallwas, S.11ff.

[401] Vgl. Schoch, DVBl. 1991, 667, 670;: Brohm, DÖV 1992, 1035; di Fabio, JZ 1993, 689, 695; Murswiek, DVBl. 1997, 1021; Ein Teil der Lit. verweist darauf, dass die Kriterien der Intention und der Intensität konturlos und zu unbestimmt seien, um eine im Einzelfall nachvollziehbare Bestimmung des Eingriffscharakters vornehmen zu können. Daher wird darauf abgestellt, ob der Schutzzweck des betroffenen Grundrechts auch einer mittelbaren Einwirkung auf die Schutzsphäre entgegen steht, vgl. Gusy, JZ 1989, 1003, 1005; Schulte, DVBl. 1988, 512, 517; Discher, JuS 1993, 463, 466 m.w.N. Das BVerwG spricht in seiner Rspr. davon, dass die Folgen „beabsichtigt, vorhergesehen oder in Kauf genommen" worden sein müssen, BVerwG NJW 1991, 1766, 1768; dazu Discher, JuS 1993, 463, 465.

[402] Vgl. statt anderer die Darstellungen bei Bleckmann/Eckhoff, DVBl. 1988, 373ff., sowie Albers, DVBl. 1996, 233.

[403] BVerfGE 66, 39, 60; BVerwG NJW 1985, 2774, 2776; NVwZ 1987, 315; Vgl. Bleck mann, Staatsrecht II, §12 Rdn.41ff.; Dreier-Dreier, Vorb. Rdn.82; Gallwas, Faktische Beeinträchtigungen, S.12ff.; Isensee/Kirchhoff-Isensee, Bd.V, §111 Rdn.62ff.; Roth, Faktische Eingriffe, S.225ff.; Sachs JuS 1995, 303.

[404] Vgl. Dreier-Dreier, Vorb. Rdn.82.

[405] Vgl. Pieroth/Schlinck, §6 IV 2 Rdn.248 m.w.N.

mittelbar, rechtlich oder tatsächlich, mit oder ohne Befehl und Zwang erfolgt.[406] Das BVerwG hat sich in einer Reihe von Entscheidungen mit der Frage beschäftigt, ob staatliche Warnungen oder sich belastend auswirkende Werturteile als Eingriffe in andere Grundrechte als das allgemeine Persönlichkeitsrecht zu qualifizieren sind:[407]

In der Transparenzlistenentscheidung[408] bejahte das BVerwG einen Eingriff in das Grundrecht aus Art.12 GG: In dem zu entscheidenden Fall war vom Bundesminister für Jugend, Familie und Gesundheit eine Kommission einberufen worden, die eine Liste veröffentlicht hatte, aus der sich die wirksamen Bestandteile der Arzneimittel, ihrer Wirkungen und Nebenwirkungen, die Preise sowie Qualitätskennzeichen ergaben. Zweck der Veröffentlichung war die Herbeiführung von Markttransparenz zur Senkung des Preisniveaus auf dem Arzneimittelmarkt. Das BVerwG stellte für die Bejahung eines Grundrechtseingriffs entscheidend auf die Finalität der staatlichen Maßnahme ab und bejahte einen Eingriff in Art.12 GG, da die in Rede stehende staatliche Maßnahme zielgerichtet bestimmte Rahmenbedingungen veränderte, um zu Lasten einzelner Unternehmen einen im öffentlichen Interesse erwünschten Erfolg herbeizuführen.[409]

In der Glykolwein-Entscheidung[410] stellt das BVerwG hingegen nicht die Finalität als entscheidendes Kriterium für das Vorliegen eines Eingriffs durch öffentliche Warnungen in den Vordergrund, sondern die Inanspruchnahme staatlicher Autorität und die Inkaufnahme voraussehbarer schwerwiegender Beeinträchtigungen zu Lasten derer, die von der jeweiligen staatlichen Maßnahme mittelbar betroffen waren. In dem der Entscheidung zugrunde liegenden Sachverhalt war vom Bundesminister für Jugend, Familie und Gesundheit eine Liste diethylenglykolhaltiger Weine mit den Namen der Weinabfüller veröffentlicht worden.

406 Vgl. Bleckmann/Eckhoff, DVBl. 1988, 373 m.w.N.; Pieroth/Schlink, §6 III 2 Rdn.240f., 246 m.w.N.

407 BVerwGE 71, 183 = NJW 1985, 2774 NVwZ 1985, 900 L – Transparenzlisten; BVerwGE 82, 76 = NJW 1989, 2272 = NVwZ 1989, 873 L - TM; BerwGE 87, 37 = NJW 1991, 766 = NVwZ 1991, 785 L - Glykol; BVerwGE 90, 112 = NJW 1992, 2496 = NVwZ 1992, 1186 L - Osho II; BerwGE 102, 304 = NJW 1997, 1996 – Kritik an Hochschullehrer; BVerwG, NJW 1991, 1779 – Osho I (Nichtzulassung); BVerwG, NJW 1996, 3161 = DVBl. 1996, 807 - Warentest.

408 BVerwGE 71, 183, 189.

409 BVerwGE a.a.O.

410 BVerwGE 87, 37.

Zwar wurde eine wirtschaftliche Intention der Maßnahme verneint, jedoch die voraussehbare und in Kauf genommene Nebenfolge einer schwerwiegenden Beeinträchtigung der beruflichen Betätigungsfreiheit als ausreichend zur Bejahung eines Grundrechtseingriffs in Art.12 GG erachtet.[411]

In einer neueren Entscheidung des BVerwG[412] wurde ein Eingriff in die durch Art.5 Abs.3 GG geschützte Forschungsfreiheit durch amtliche Kritik an den wissenschaftlichen Arbeiten eines Hochschullehrers bejaht. Der Dekan des medizinischen Fachbereichs einer Universität hatte eine ad-hoc-Kommission zur Klärung von Vorwürfen einberufen, die gegen einen Universitätsprofessor erhoben wurden.

Andere Wissenschaftler hatten behauptet, dass der Universitätsprofessor zum Beleg für eine von ihm entwickelte Diagnosemethode Daten publiziert hatte, die jedoch von den tatsächlichen Messergebnissen abwichen. Die Mitglieder der Kommission veröffentlichten die Ergebnisse ihrer Untersuchung in Form von Feststellungen und Beschlüssen. Darin verwarfen sie die vom Kläger entwickelte Diagnosemethode und erhoben die Forderung, dieser möge seine Ergebnisse und Aussagen revidieren. In den Feststellungen ihres Beschlusses befasste sich die Kommission teilweise unmittelbar mit den einzelnen Schritten der Forschungstätigkeit des Professors und bewertete diese. Unter anderem nannte die Kommission Voraussetzungen für eine bessere Beurteilung des Verfahrens, insbesondere die einzuhaltenden allgemeinen wissenschaftlichen Kriterien.[413]

Das erkennende Gericht stellte in dieser Entscheidung fest, dass durch die Feststellungen der Kommissionen ein intensiver faktischer und moralischer Druck auf den betroffenen Professor ausgeübt worden sei, dass ein im konkreten Fall nicht gerechtfertigter Eingriff in die Forschungsfreiheit aus Art.5 Abs.3 GG vorläge.[414] Die Appelle der in Rede stehenden ad-hoc-Kommission seien außerdem auf Außenwirkung gerichtet gewesen. Beschlüsse mit Außenwirkung unterlägen jedoch gesteigerten rechtlichen Anforderungen gegenüber bloßen internen Willensbildungsakten in einer Hochschule.[415]

411 BVerwGE 87, 37, 41.

412 BVerwG NJW 1997, 1996 mit Hinweisen auf BVerfGE 35, 79, 112f.; 47, 327, 367; 90, 1, 11; Murswiek, DVBl. 1997, 1021, 1024.

413 BVerwG NJW 1997, 1996 mit Hinweisen auf BVerfGE 35, 79, 112f.; 47, 327, 367; 90, 1, 11; Murswiek, DVBl. 1997, 1021, 1024.

414 BVerwG NJW 1997, 1996.

415 BVerwG a.a.O.

Art.5 Abs.3 GG gewährleiste einen von staatlicher Fremdbestimmung freien Bereich persönlicher und autonomer Verantwortung des einzelnen Wissenschaftlers und einen Schutz vor staatlicher Einwirkung auf den Prozess der Gewinnung und Vermittlung wissenschaftlicher Erkenntnisse.[416]

Als Ergebnis der bundesverwaltungsgerichtlichen Rechtsprechung[417] lässt sich folgendes festhalten: Staatliche Warnungen, Empfehlungen oder öffentlich geäußerte kritische Bewertungen sind dann als Eingriffe in grundrechtlich geschützte Freiheitsrechte zu qualifizieren, wenn sie:

1. unter Inanspruchnahme staatlicher Amtsautorität erfolgen *und*
2. entweder auf die Verhaltenslenkung in dem geschützten Freiheitsbereich abzielen (Finalität) *oder*
3. die Lenkung des Verhaltens Dritter bezwecken, als dessen Kehrseite Nachteile im grundrechtlich geschützten Freiheitsbereich des Grundrechtssubjekts notwendig auftreten (Finalitätsäquivalent) *oder*
4. wenn sie im geschützten Freiheitsbereich erhebliche (schwerwiegende) Nachteile hervorrufen, die vom Staat vorhergesehen werden konnten und in Kauf genommen wurden.[418]

Das Bundesverfassungsgericht hat sich erst in seiner jüngsten Rechtsprechung mit der Dogmatik mittelbarer Grundrechtseingriffe beschäftigt.[419] Es handelt sich um zwei Entscheidungen vom 26. Juni 2002, mit denen die im Glykolwein-Fall[420] und im Osho-Fall[421] ergangenen Entscheidungen des Bundesverwaltungsgerichts verfassungsgerichtlicher Überprüfung unterzogen wurden. Während sich das BVerfG in der Osho-Entscheidung mit dem hier nicht einschlägigen Grundrecht der Religionsfreiheit befasst, geht es in der Glykolweinentscheidung des BVerfG um die Frage, unter welchen Voraussetzungen staatliche Informationstätigkeit einen Eingriffe in die Berufsfreiheit darstellen kann.

Im Gegensatz zum BVerwG verneint das BVerfG einen Eingriff in die Berufsfreiheit. Das BVerfG geht in dieser Entscheidung von einer restriktiven Auslegung des Schutzbereichs des Art.12 Abs.1 GG aus. Erfolge die unternehmeri-

416 BVerwG a.a.O.
417 Ausführlich erörtert bei Murswiek, DVBl. 1997, 1021, 1023f.
418 Murswiek, NVwZ 2003, 1, 2.
419 BVerfG, Beschl. v. 26. Juni 2002 – 1 BvR 558/91 und 1 BvR 1428/91, NJW 2002, 2621 – Glykol, und Beschl. v. 26. Juni 2002 – 1 BvR 670/91, NJW 2002, 2626 – Osho.
420 BVerwGE 87, 37.
421 BVerwGE 90, 112 = NJW 1992, 2496 = NVwZ 1992, 1186 L – Osho II; BVerwG, NJW 1991, 1779 – Osho I (Nichtzulassung).

sche Berufstätigkeit am Markt nach den Grundsätzen des Wettbewerbs, würde die Reichweite des Freiheitsschutzes auch durch die rechtlichen Regeln mitbestimmt, die den Wettbewerb ermöglich und begrenzten. Art.12 Abs1 GG sichere in diesem Rahmen die Teilhabe am Wettbewerb nach Maßgabe seiner Funktionsbedingungen.[422]

Das BVerfG differenziert also zwischen der Freiheit zur Teilnahme am Wettbewerb und der tatsächlichen Wettbewerbsposition des einzelnen Wettbewerbers im Konkurrenzkampf. Nur die Freiheit zur Wettbewerbsteilnahme sei von der grundrechtlichen Gewährleistung des Art.12 Abs.1 GG erfasst. Nicht geschützt sei der Einfluss auf die wettbewerbsbestimmenden Faktoren.[423] Der für die vorliegende Arbeit bedeutsame Leitsatz der Entscheidung des Ersten Senats des BVerfG vom 26. Juni 2002 lautet:

„(...) Marktbezogene Informationen des Staates beeinträchtigen den grundrechtlichen Gewährleistungsbereich der betroffenen Wettbewerber aus Art. 12 Abs.1 GG nicht, sofern der Einfluss auf wettbewerbserhebliche Faktoren ohne Verzerrung der Marktverhältnisse nach Maßgabe der rechtlichen Vorgaben für staatliches Informationshandeln erfolgt. Verfassungsrechtlich von Bedeutung sind dabei das Vorliegen einer staatlichen Aufgabe und die Einhaltung der Zuständigkeitsordnung sowie die Beachtung der Anforderungen an die Richtigkeit und Sachlichkeit von Informationen (...).“

Art.12 Abs.1 GG schütze - so das BVerfG - nicht vor der Verbreitung zutreffender und sachlich gehaltener Informationen, die für das wettbewerbliche Verhalten der Marktteilnehmer von Bedeutung sein können, selbst wenn die Inhalte sich auf einzelne Wettbewerbspositionen nachteilig auswirke.[424] Erfolge die unternehmerische Berufstätigkeit am Markt nach den Grundsätzen des Wettbewerbs, so würde die Reichweite des Freiheitsschutzes auch durch die rechtlichen Regeln mitbestimmt, die den Wettbewerb ermöglichten und begrenzten. Art.12 Abs.1 GG sichere in diesem Rahmen die Teilnahme am Wettbewerb nach Maßgabe seiner Funktionsbedingungen.[425] Staatliche Information, die lediglich Markttransparenz herstelle oder verbessere, ohne im Übrigen lenkend auf die Marktprozesse einzuwirken, beeinträchtigten die Berufsfreiheit nicht.[426]

[422] BVerfG, Beschl. v. 26. Juni 2002 – 1 BvR 558/91 und 1 BvR 1428/91 C I Rdn.41.
[423] BVerfG a.a.O.
[424] BVerfG, Beschl. v. 26. Juni 2002 – 1 BvR 558/91 und 1 BvR 1428/91 C I Rdn.40.
[425] BVerfG, Beschl. v. 26. Juni 2002 – 1 BvR 558/91 und 1 BvR 1428/91 C I Rdn.40, 41.
[426] BVerfG, Beschl. v. 26. Juni 2002 – 1 BvR 558/91 und 1 BvR 1428/91, C I Rdn.47; Murswiek, NVwZ, 1, 4.

Die verfassungsgerichtliche Rechtsprechung wurde in der Literatur teilweise heftig kritisiert; grundrechtsdogmatische Klarheit zum Problem mittelbarer Grundrechtseingriffe sei nicht geschaffen worden.[427] Die These des Bundesverfassungsgerichts, marktbezogene Informationen des Staates stellten keine Beeinträchtigung der Berufsfreiheit und damit keinen Eingriff dar, verdiene zwar grundsätzlich Zustimmung, soweit damit wahre Tatsachenmitteilungen gemeint seien und soweit die Informationen nicht diskriminierend eingesetzt würden, um bestimmte Marktteilnehmer zu benachteiligen. Allerdings bedürfe es einer Präzisierung, was unter „marktbezogenen Informationen" zu verstehen sei. So beziehe das BVerfG mittelbar auch Wertungen in seinen Informationsbegriff ein, indem es im Zusammenhang mit der Darlegung der Voraussetzungen unter denen staatliche Informationen keinen Eingriff darstellen ausführe: „Wertungen dürfen nicht auf sachfremden Erwägungen beruhen."[428] Wertungen seien - so die Literatur zutreffend - jedoch weder richtig noch falsch und ließen sich deshalb nicht anhand des vom BVerfG aufgestellten Wahrheitskriteriums als die Berufsfreiheit beeinträchtigend (wenn falsch) oder nicht beeinträchtigend (wenn richtig) unterscheiden. Wertungen intendierten immer bestimmte Lenkungswirkungen. Solche - gezielten - Einwirkungen, seien grundrechtsdogmatisch etwas anderes als bloße Auswirkungen eines auf andere Ziele gerichteten oder neutralen Informationshandelns.[429] Zutreffend wird in der Literatur deshalb auch festgestellt, dass es einen fundamentalen Unterschied zwischen staatlichen Informationshandlungen gäbe, die der Verhaltenslenkung dienten und final auf die Möglichkeit der Freiheitsausübung einwirkten, und solchen, die auf andere Ziele gerichtet seien und sich lediglich als ungewollte Nebenfolge auf die Freiheit Dritter auswirkten. Letztere stellten keinen Eingriff in Freiheitsrechte dar.[430]

Im Nachfolgenden sollen zunächst die durch ein negatives Votum einer öffentlich-rechtlichen Ethikkommission möglicherweise tangierten Grundrechte dargestellt werden. Da die beiden Begriffe des grundrechtlichen Schutzbereichs einerseits und des Grundrechtseingriffs andererseits mit ihren jeweiligen Synonymen aufeinander bezogen sind, ist Ausgangspunkt der Diskussion, ob eine staatliche Maßnahme eine Grundrechtsbeeinträchtigung darstellt, die genaue Konkretisierung des grundrechtlichen Schutzgehaltes und der sich daraus ergebenden individuellen Rechtsposition. Je weiter der Schutzbereich eines Grundrechts definiert wird, desto eher erscheint staatliches Handeln als

427 Murswiek, NVwZ 2003, 1ff., „schlampige Formulierung", im „Ausgangspunkt ... unhaltbar", „grundrechtsdogmatisch...nicht nachvollziehbar"; Huber, JZ 2003, 290ff. „dogmatisch kaum vertretbar"; Fassbender, NJW 2004, 816ff.

428 BVerfG 1 BvR 558/91/1 BvR 1428/91, C I 2 e, bb.

429 Vgl. Murswiek, NVwZ 2003, 1, 4.

430 Vgl. Murswiek, NVwZ 2003, 1, 8.

Grundrechtseingriff.[431] Sodann werden die tatsächlichen Auswirkungen eines negativen Votums auf den Schutzbereich der Grundrechte untersucht unter Berücksichtigung der vom Bundesverwaltungsgericht und Bundesverfassungsgericht zum mittelbar-faktischen Grundrechtseingriff aufgestellten Kriterien.

bb. Mittelbar-faktischer Eingriff in den Schutzbereich des Art.5 Abs.3 GG

Schutzgut des Art.5 Abs.3 S.1 GG ist neben der Kunstfreiheit die Freiheit der Wissenschaft, Forschung und Lehre. Forschung und Lehre bilden die Säulen der Wissenschaft.[432] Der Schutzbereich des Art.5 Abs.3 S.1 GG umfasst alle auf wissenschaftlicher Eigengesetzlichkeit beruhenden Prozesse, Verhaltensweisen und Entscheidungen bei der Suche nach Erkenntnissen, ihrer Deutung und Weitergabe, die Fragestellung, die Grundsätze der Methodik sowie die Bewertung der Forschungsergebnisse und ihre Verbreitung.[433] Gewährleistet wird dabei ein von staatlicher Fremdbestimmung freier Bereich persönlicher und autonomer Verantwortung des einzelnen Wissenschaftlers, d.h. der Schutz vor staatlicher Einwirkung auf den Prozess der Gewinnung und Vermittlung wissenschaftlicher Erkenntnisse.[434]

Jedes Verbot von Forschung oder Lehre, jede staatliche Einflussnahme auf Gestaltung, Methode, Materialsammlung, Bewertung und Verbreitung der Ergebnisse bei der Forschung, jede Steuerung oder Kontrolle von Inhalt und Ablauf der Lehre ist als Beeinträchtigung von Wissenschaftsfreiheit im Sinne des Art.5 Abs.3 S.1 GG anzusehen.[435] Daher wird zu Recht die Auffassung vertreten, dass bereits die zwingende vorherige Beurteilung eines biomedizinischen Forschungsvorhabens durch eine öffentlich-rechtliche Ethikkommission eine Beeinträchtigung des Schutzbereichs des Art.5 Abs.3 GG darstellt.[436] Da ohne die vorherige Konsultation einer Ethikkommission nach AMG und MPG sowie nach dem ärztlichen Standesrecht kein humanmedizinisches Forschungsvorhaben durchgeführt werden darf, wird durch die spezial- und standesrechtlich festgelegte Anrufungspflicht einer Ethikkommission Einfluss auf den Ablauf eines Forschungsvorhabens genommen.

[431] Vgl. Albers, DVBl. 1996, 233, 236f.; Pieroth/Schlinck, §6 III 1 Rdn.226f.
[432] Vgl. Ipsen, Rdn.499.
[433] BVerfGE 35, 79, 112f.
[434] BVerfGE 15, 256, 263; 35, 79, 114; 47, 327, 417; 88, 129, 136; 90, 1, 11.
[435] Vgl. Dreier-Dreier, Art.5 III Rdn.32.
[436] Vgl. statt Vieler: Trute, S.166f.

Wenn man - wie früher teilweise vertreten - die bloße Anrufungspflicht nicht als Beeinträchtigung des Schutzbereichs des Art.5 Abs.3 GG bewertet,[437] so lässt sich diese Auffassung seit Erlass der 5. AMG-Novelle und der damit verbundenen Bedeutungsaufwertung der Ethikkommissionsvoten nicht mehr vertreten: Das in §40 AMG normierte Zustimmungserfordernis der öffentlich-rechtlichen Ethikkommissionen und die erheblichen faktischen Auswirkungen eines ablehnenden Ethikkommissionsvotums zu Lasten des forschenden Arztes und des eventuell betroffenen Pharmaunternehmens lassen es sachgerecht erscheinen, dass ein negatives Votum, unabhängig davon, ob es im Rahmen des arzneimittel- oder medizinproduktrechtlichen Zulassungsverfahrens oder außerhalb des Anwendungsbereichs des AMG und MPG ergeht, als mittelbar-faktische Grundrechtsbeeinträchtigung des Art.5 Abs.3 GG zu qualifizieren ist. Dies ergibt sich aus folgenden Überlegungen:

Angenommen, eine bei einer Landesärztekammer oder medizinischen Fakultät gegründete Ethikkommission lehnt die beantragte klinische Forschung ab. Nach Auffassung der forschenden Ärzte ist jedoch die Begründung der Ablehnung seitens der öffentlich-rechtlichen Ethikkommissionen nicht nachvollziehbar bzw. nicht stichhaltig. Das Bundesinstitut für Arzneimittel und Medizinprodukte äußert sich jedoch innerhalb der 60-Tage-Frist weder zustimmend noch ablehnend. Gemäß §40 Abs.1 S.3 AMG kann der forschende Arzt nach Ablauf der 60-Tage-Frist das Forschungsvorhaben – trotz Vorliegens eines negativen Votums der öffentlich-rechtlichen Ethikkommissionen – zulässigerweise durchführen. Gleiches gilt für das Zulassungsverfahren im Rahmen des §§20, 21 MPG. Auch danach besteht für den forschungswilligen Arzt grundsätzlich kein rechtliches Hindernis, das geplante Forschungsvorhaben durchzuführen. Auch für Ethikkommissionsentscheidungen auf Grundlage der ärztlichen Landesberufsordnungen gilt, dass ein negatives Votum seitens einer Ethikkommission kein rechtliches Hindernis für die Durchführung eines biomedizinischen Forschungsvorhabens darstellt. Die Landesberufsordnungen für Ärztinnen und Ärzte normieren nach dem Vorbild des §15 MBO-Ä 1997 lediglich eine obligatorische Beratungspflicht vor Durchführung des geplanten humanmedizinischen Forschungsvorhabens und kein Zustimmungserfordernis, so dass auch standesrechtlich die Durchführung eines medizinischen Forschungsvorhabens nicht vom Ergebnis der Beratung abhängig gemacht wird.

Allerdings verkennt diese Betrachtungsweise folgendes: Die aufgezeigten gesetzlichen Regelungen des AMG, MPG und die satzungsrechtlichen Bestimmungen der Berufsordnungen beinhalten nämlich nur scheinbare Handlungsalternativen bei Vorliegen eines negativen Votums. Vielmehr besitzt ein ablehnendes Ethikkommissionsvotum auf faktischer Ebene eine erhebliche Negativ-

[437] Vgl. Laufs/Reiling, S.37 m.w.N.

wirkung, nicht nur im Verhältnis zum betroffenen Arzt, sondern auch in Bezug auf das Pharmaunternehmen, welches das Forschungsvorhaben finanziell zu unterstützen beabsichtigt. Ein Arzt wird bei Vorliegen eines negativen Votums entweder von der Durchführung des geplanten Forschungsvorhabens gänzlich Abstand nehmen oder aber, falls eine entsprechende Modifizierung des Forschungsvorhabens von Seiten der angerufenen öffentlich-rechtlichen Ethikkommission vorgeschlagen wird, seine Forschungsplanung entsprechend anpassen, um schließlich doch noch eine positive Beurteilung zu erlangen. Dies aus folgenden Gründen:

Zum einen sind wissenschaftliche Ergebnisse, die im Rahmen unethisch bewerteter Forschungsvorhaben gewonnen worden sind, faktisch nicht publizierbar, zumindest ist ihre Veröffentlichung erheblich erschwert, da kaum eine wissenschaftliche Zeitschrift sich bereit erklären wird, die gewonnenen Forschungsergebnisse zu veröffentlichen, wenn die Methode der Ergebnisgewinnung zuvor seitens einer Ethikkommission als unethisch bewertet wurde. Die Veröffentlichung derartiger Forschungsergebnisse wirkt sich aufgrund der zunehmenden Sensibilisierung der Öffentlichkeit in Bezug auf das Thema medizinischer Forschungsethik zwangsläufig negativ auf die Reputation der betreffenden Fachzeitschrift aus. Nachweislich lehnen zum Beispiel seit langem schon amerikanische Fachzeitschriften Artikel zur Veröffentlichung ab, wenn der Autor nicht das positive Votum einer Ethikkommission nachweisen kann.[438] Auch in Deutschland publizieren große Fachzeitschriften nur solche Studien, die mit einem positiven Votum einer Ethikkommission beurteilt wurden.[439]

Hinzukommt, dass Forschungsvorhaben, die ein negatives Votum einer Ethikkommission erhalten, regelmäßig keine finanzielle Unterstützung seitens öffentlicher bzw. privater Geldgeber erfahren werden. So machen zum Beispiel öffentliche Einrichtungen wie die Deutsche Forschungsgemeinschaft die Vergabe von Förderungsmitteln vor positiven Votum der Ethikkommissionen abhängig.[440] Auch gemeinnützige Stiftungen werden ein negativ bewertetes Forschungsvorhaben kaum unterstützen. Auch pharmazeutische Unternehmen werden ein solches Forschungsprojekt finanziell nicht unterstützen.[441] Darüber hinaus wird in der juristischen Literatur zunehmend die Auffassung vertreten, dass ein negatives Votum einer Ethikkommissionen sich auch unter haftungsrechtlichen Gesichtspunkten auswirken kann: Der Forscher und die pharmazeu-

438 Vgl. Jung/Müller-Dietz/Neumann, S.401f.; vgl. auch Sobota, AöR 1996, 229, 236 m.w.N.; auch schon Rupp, S.36.

439 Vgl. Deutsch, VersR 1999, 1; Furkel-Grupp S.194, 125, 128 m.w.N.; Kollwitz, S.7 m.w.N.

440 Vgl. Freund, MedR 2001, 65; Deutsch, VersR 1999, 1, 6.

441 Vgl. Sobota, AöR 1996, 229, 239.

tischen Unternehmer müssen damit rechnen, dass ein präventiv ansetzendes Haftungsrecht bereits eine Sorgfaltspflichtverletzung annimmt, wenn die Ethikkommission übergangen oder ihr Rat in Form eines negativen Votums missachtet wird.[442] Vor diesem Hintergrund wird sich auch kaum eine Versicherung bereit erklären, das Haftungsrisiko für ein humanmedizinisches Forschungsprojekt einzugehen, wenn dieses seitens einer Ethikkommission als unethisch eingestuft wurde.

Auch in Bezug auf die unmittelbar in ein humanmedizinisches Forschungsvorhaben eingebundenen Probanden und Patienten erscheint es wenig realistisch, dass diese gewillt sind, sich den Gegebenheiten und Folgen eines als unethisch bewerteten medizinischen Forschungsprojektes auszusetzen. Die dargelegten tatsächlichen Folgen eines negativen Votums bewirken im Ergebnis also regelmäßig eine bestimmte Verhaltenssteuerung gegenüber dem forschungswilligen Arzt bzw. dem die Forschung finanzierenden Unternehmen. Diese Verhaltenssteuerung geht über eine bloße Bagatellwirkung zu Lasten der betroffenen Forscher hinaus. Die Forscher werden nämlich faktisch gezwungen, die Gestaltung des Forschungsplanes abzuändern oder aber das Forschungsvorhaben gänzlich einzustellen.[443]

Die negative ethische Bewertung eines humanmedizinischen Forschungsvorhabens durch eine Ethikkommission führt zu einer Vielzahl negativer faktischer Konsequenzen, von der fehlenden finanziellen Unterstützung, der öffentlichen Stigmatisierung bis hin zu möglichen prozessualen Auswirkungen. Dies muss besonders dann gelten, wenn das negative Votum seitens einer öffentlich-rechtlichen Ethikkommission ausgesprochen wird, da deren Äußerungen aufgrund ihres Behördenstatus in der Öffentlichkeit als unabhängig eingestuft werden. Sofern eine öffentlich-rechtliche Ethikkommission und damit ein staatlicher Entscheidungsträger das negative Votum ausgesprochen hat, stellen die festgestellten Konsequenzen einer Negativbewertung im Ergebnis eine staatliche Einwirkung auf den Prozess der Gewinnung wissenschaftlicher Erkenntnisse dar. Damit liegt ein mittelbar-faktischer Eingriff in den Schutzbereich des Art.5 Abs.3 GG vor.

[442] Es gehöre zu den Verkehrssicherungspflichten des Forschers das Votum der Ethikkommission einzuholen und zu beachten, sofern er bei bedenklichen Versuchen nicht einen anderen adäquaten Rat einzuholen vermag. Nur dann könne er sich im Schadensfall entlasten, so Scholz/Stoll, MedR 1990, 58; Sorgfaltspflichten werden nicht verletzt, wenn der Prüfungsleiter die Ethikkommission angerufen hat und diese die rechtliche Zulässigkeit festgestellt hat, vgl. insoweit v. Bar/ Fischer, NJW 1980, 2734, 2737f.

[443] Vgl. Rupp, S.37.

Die Tätigkeit der öffentlich-rechtlichen Ethikkommissionen im Rahmen humanmedizinischer Forschungstätigkeit lässt sich letztlich mit der in der BVerwGE, Urt. v. 11. Dezember 1996 – 6 C 5/95 (Kassel)[444] beurteilten Tätigkeit der adhoc-Kommission vergleichen. In beiden Fällen äußern sich Kommissionen, die an öffentlich-rechtliche Körperschaften angebunden sind, zum Prozess der Gewinnung wissenschaftlicher Erkenntnisse. Die Äußerungen beider Gremien erschöpfen sich auch nicht in Appellen an das wissenschaftliche Gewissen der Beteiligten, sondern sind auf Außenwirkung gerichtet. Die Voten der öffentlich-rechtlichen Ethikkommissionen bewirken - wie ausgeführt - nicht nur einen erheblichen faktischen Druck auf die forschungswilligen Ärztinnen und Ärzte, sondern auch gegenüber den potentiellen Geldgebern der Forschungsprojekte. Die Beratungsergebnisse und Voten der öffentlich-rechtlichen Ethikkommissionen sind bewusst auf diese Außenwirkung gerichtet. Dadurch wird erheblicher faktischer oder moralischer Druck erzeugt, der die Annahme eines Grundrechtseingriffs bzw. einer Grundrechtsbeeinträchtigung rechtfertigt. Negative Ethikkommissionsvoten üben einen derartig starken moralischen Druck auf alle unmittelbar und mittelbar Beteiligten des Forschungsvorhabens aus, dass in der Praxis tatsächlich nur diejenigen Forschungsvorhaben durchgeführt werden können, denen die öffentlich-rechtlichen Ethikkommissionen ein positives Votum beschieden hat.

Mit Blick auf die beschriebenen Wirkungen der öffentlich-rechtlichen Ethikkommissionstätigkeit lässt sich auch nicht die Auffassung vertreten, dass die berufsrechtliche Pflicht, sich vor Durchführung eines Forschungsvorhabens durch eine öffentlich-rechtliche Ethikkommission beraten zu lassen, lediglich einen leichten und schonenden Eingriff in Art.5 Abs.3 GG mit minimaler Grundrechtsrelevanz darstelle, der lediglich der Sensibilisierung des Forschergewissens im Hinblick auf seine besondere ethische Verantwortung diene.[445] Nach dieser Ansicht stellt die in den Landesberufsordnungen festgelegte obligatorische Beratungspflicht gegenüber dem dadurch erreichten Lebens- und Gesundheitsschutz für Probanden und Patienten lediglich ein prozedurales Erschwernis dar. [446] Dem ist jedoch entgegenzuhalten, dass die dargelegten Folgen eines negativen Ethikkommissionsvotums vielfältig und erheblich sind: Sie reichen - wie ausgeführt - von der fehlenden finanziellen Unterstützung des Forschungsvorhabens bis hin zu seiner allgemeinen Stigmatisierung, die sich dadurch objektiviert, dass die gewonnenen Forschungsergebnisse nicht oder nur eingeschränkt in der Fachpresse publiziert werden können.

[444] Abgdr. in: NJW 1997, 1996ff.

[445] Vgl. Laufs/Reiling, S.36f.; Laufs/Uhlenbruck-Laufs, Arztrecht, §130 Rdn.17 m.w.N.

[446] Vgl. Laufs/Reiling a.a.O.; Laufs/Uhlenbruck-Laufs, Arztrecht a.a.O.; Rieger, Arztrecht, 2.Aufl., 2890 Klinisches Experiment, Rdn.6.

Die dargelegten tatsächlichen Folgen eines negativen Ethikkommissionsvotums für den betroffenen Arzt, lassen es im Ergebnis als sachgerecht erscheinen, die Voten und Beratungsentscheidungen der öffentlich-rechtlichen Ethikkommissionen als mittelbar faktische Grundrechtseingriffe in den Schutzbereich des Art.5 Abs.3 GG zu qualifizieren.

cc. Mittelbar-faktischer Eingriff in den Schutzbereich des Art.12 Abs.1 S.1 GG

Der Berufsbegriff im Sinne des Art.12 Abs.1 S.1 GG umfasst jede auf Dauer angelegte, der Schaffung und Erhaltung einer Lebensgrundlage dienende Tätigkeit, soweit diese nicht sozial unwertig ist.[447] Mit der grundlegenden Entscheidung des Bundesverfassungsgerichts im sog. Apotheken-Urteil[448] wurde klargestellt, dass von Art.12 GG sowohl die Berufswahl als auch die Berufsausübungsfreiheit geschützt wird. Danach umfasst der Schutzbereich des Art.12 Abs.1 S.1 GG als einheitliches Grundrecht der Berufsfreiheit sowohl die Freiheit der Berufswahl, als auch die Berufsausübungsfreiheit. Schutzrichtung des Art.12 Abs.1 S.1 GG ist die Abwehr staatlicher Maßnahmen, die die Berufsfreiheit einschränken. Mit der sog. Stufentheorie [449] hat das BVerfG verschiedene Eingriffsstufen und, daraus resultierend, unterschiedliche, staatliche Beschränkungsmöglichkeiten der Berufsfreiheit entwickelt. Danach ist zu differenzieren, ob es sich um eine gesetzliche Einschränkung auf der Ebene der Berufsausübung handelt oder auf der der Berufswahl. Regelungen der Berufswahl sind weiter danach zu unterscheiden, ob es sich um subjektive oder objektive Vorrausetzungen der Berufswahl handelt.[450]

Dagegen sind Ausübungsregeln von solchen Rechtsnormen zu unterscheiden, die sich zwar ebenfalls auf die Berufsausübung auswirken, aber nicht als Ausübungsregelungen gedacht sind. Nach der Rechtsprechung des Bundesverfassungsgerichts müssen sich nur solche Vorschriften an Art.12 GG messen lassen, die in einem engen Zusammenhang mit der Ausübung eines Berufes stehen und objektiv eine berufsregelnde Tendenz erkennen lassen.[451] Zu Recht wird in diesem Zusammenhang von der Literatur kritisiert, dass die von der

447 Vgl. Schmidt-Bleibtreu/Klein, Art.12 Rdn.6; Sachs-Tettinger, GG-Komm. Art.12 Rdn.29 m.w.N.; Dreier-Wieland, Art.12 Rdn.49f. m.w.N.; weiterführend: BVerwGE 22, 286, 289; v. Münch/Kunig-Gübelt, GG-Komm. Bd.1 Art.12 Rdn.9.

448 BVerfGE 14, 19.

449 BVerfGE 7, 377.

450 Vgl. Ipsen, Rdn.616ff. m.w.N. aus Rspr. und Lit.

451 Vgl. BVerfGE 13, 181, 186; 16, 145, 162; 52, 42, 54; 55, 7, 25; 70, 191, 214; 81, 108, 121; BVerwG NVwZ 1989, 1175.

Rechtssprechung gewählte Formel widersprüchlich ist: Der Begriff der Tendenz im Sinne einer Zweckrichtung als finales Element kann nämlich nicht zugleich objektiv sein.[452] Zutreffenderweise ist daher entscheidend auf die tatsächlichen Auswirkungen abzustellen, die eine gesetzliche Regelung faktisch auf die Berufsausübung hat, denn nur diese sind objektivierbar. Auf die Absicht bzw. Intention der gesetzlichen Regelung kann es mangels Objektivierbarkeit nicht ankommen.[453] Legt man diese Kriterien zugrunde, ist eine mittelbar faktische Beeinträchtigung der ärztlichen Berufsfreiheit durch ein negatives Votum einer öffentlich-rechtlichen Ethikkommission offensichtlich:

Bereits die obligatorische Begutachtung eines Forschungsvorhabens durch eine öffentlich-rechtliche Ethikkommission ist als Eingriff in Art.12 GG zu werten und zwar auf der Ebene der Berufsausübung, da diese Begutachtung die Modalitäten der ärztlichen Forschungstätigkeit und damit die Art und Weise der ärztlichen Berufsausübung betreffen. Wie ausgeführt, sind negative Ethikkommissionsvoten regelmäßig mit erheblichen wirtschaftlichen Nachteilen für den Initiator und Nutznießer des Forschungsprojekts verbunden. Ein mit einem negativen Votum belegtes Forschungsvorhaben ist mangels finanzieller Unterstützung und negativer öffentlicher Meinungsbildung letztlich für den Forscher bzw. den Sponsor praktisch undurchführbar, so dass negative Voten auch objektiv geeignet erscheinen, die Berufsausübung eines Arztes zu beeinträchtigen.

Diese Annahme erscheint auch mit Blick auf die höchstrichterliche Rechtsprechung zum faktischen Grundrechtseingriff gerechtfertigt. Insbesondere im Hinblick auf die Transparenzlistenentscheidung des BVerwG zeigen sich erhebliche Parallelen. In beiden Fällen veröffentlichen Stellen, die mit amtlicher Autorität ausgestattet sind, Bewertungen: So publizierte die Transparenzkommission eine Arzneimittelliste, die qualitätsvolle und zugleich preiswerte Medikamente auszeichnete und bewertete. Die öffentlich-rechtlichen Ethikkommissionen geben ebenfalls Qualitätsbewertungen ab, nämlich über die medizinethische Güte eines Forschungsprojekts.

Die mit den Bewertungen beider Gremien verfolgte Intention zielt auf die Beeinträchtigung grundrechtlich geschützter Bereiche: Die Erstellung der Transparenzliste diente gezielt dazu, den Arzneimittelmarkt zwecks Kostendämpfung zu beeinflussen. Die Aufnahme bzw. Nicht-Aufnahme bestimmter Arzneimittel in die Liste sollte gerade den Effekt haben, dass Marktteilnehmer mit überteuerten Produkten diese nicht mehr absetzen können.[454] Durch die

[452] Vgl. Ipsen, Rdn. 616ff.
[453] Vgl. Ipsen a.a.O.; BVerfGE 61, 291, 308.
[454] BVerwG NJW 1985, 2776 Sp.2: Zum Kriterium der Zielgerichtetheit.

Veröffentlichung wurde im Ergebnis die durch Art.12 GG geschützte unternehmerische Freiheit beschränkt. Das BVerwG kommt in seiner Entscheidung zu dem Ergebnis, dass die tatsächliche Wirkung der Transparenzliste einem unmittelbaren staatlichen Zwangseingriff in den Schutzbereich des Art.12 GG gleichkommt.[455]

Ebenso wie die Veröffentlichung der Transparenzlisten werden auch die Voten der Ethikkommissionen mit der Intention erlassen, ein bestimmtes Verhalten der Betroffenen zu bewirken, nämlich entweder ein bestimmtes Forschungsverhalten gänzlich zu verhindern oder aber den Versuchsablauf den Vorstellungen der Ethikkommissionen vom Versuchsablauf entsprechend zu modifizieren. Das Votum hat gerade den Effekt, dass ein bestimmtes Forschungsverhalten gefördert, unterbunden bzw. in seinem geplanten Ablauf und seiner Methode abgeändert wird.

Negative Voten öffentlich-rechtlicher Ethikkommissionen haben daher letztlich den gleichen Effekt wie ein unmittelbar behördlicher Zwangseingriff in das Grundrecht des forschenden Arztes aus Art.12 GG.[456]

Auch die von der verwaltungsgerichtlichen Rechtsprechung in der Glykolwein-Entscheidung entwickelten Kriterien für das Vorliegen eines mittelbar-faktischen Grundrechtseingriffs finden sich im Fall der negativen Voten öffentlich-rechtlicher Ethikkommissionen wieder: Die bei den Ärztekammern und medizinischen Fakultäten gebildeten öffentlich-rechtlichen Ethikkommissionen nehmen durch ihre Anbindung an eine öffentlich-rechtliche Körperschaft an deren Behördenstatus teil, so dass ihre Tätigkeit als Handeln einer staatlichen Stelle erscheint. Die Äußerungen einer öffentlich-rechtlichen Ethikkommission erzielen in der Bevölkerung eine wesentlich größere faktische Wirkung als diejenigen privater Dritter, da sie staatliche Autorität beanspruchen können.

Etwas anderes könnte sich möglicherweise aus der neuesten Rechtsprechung des BVerfG ergeben. Nach Auffassung des BVerfG stellen - wie ausgeführt - marktneutrale, zutreffende Tatsacheninformationen keine Eingriffe in die Berufsfreiheit dar, wenn sie keine Lenkungsfunktion haben, sondern lediglich Markttransparenz herstellen oder verbessern sollen. Der forschende Arzt stellt sich mit seinem Forschungsvorhaben auch in den Wettbewerb mit anderen Forschern.

455 BVerwG NJW 1985, 2777 Sp.1.
456 Vgl. zur Effektgleichheit auch Mauer, §15 S.374 Rdn.5.

Es ist allerdings fraglich, ob die Entscheidung des BVerfG zur Frage der mittelbar-faktischen Eingriffsqualität staatlicher Produktwarnungen auf negative Ethikkommissionsvoten übertragbar ist. Ethikkommissionsvoten müssten als marktbezogene Informationen im Sinne der Verfassungsgerichtsrechtsprechung einzuordnen sein.

Wie ausgeführt, konkretisiert das BVerfG den Begriff der marktbezogenen Informationen nur vage. Staatliche Veröffentlichung von Informationen, die lediglich Markttransparenz herstellten oder verbesserten, ohne im Übrigen lenkend auf die Marktprozesse einzuwirken, beeinträchtigten jedenfalls die Berufsfreiheit nicht.[457] Erst die Informiertheit der Markteilnehmer über die Qualität eines Produktes ermögliche eine an den eigenen Interessen orientierte Entscheidung über die Bedingungen der Marktteilhabe, insbesondere über das Angebot von oder die Nachfrage nach Gütern oder Leistungen.[458] Ethikkommissionsvoten stellen in diesem Sinne jedoch keine marktbezogenen Informationen dar: Anders als die Produktlisten im Glykolweinfall die über die Gefährlichkeit eines bestimmten Marktproduktes informierten, dokumentieren Ethikkommissionsvoten die Bewertung der rechtlichen Zulässigkeit eines Forschungsprojekts und seine medizinethische Vertretbarkeit. Ein humanmedizinisches Forschungsvorhaben befasst sich mit der Wirkungsweise eines noch nicht auf dem Markt vertretenen medizinischen Produkts (Arzneimittel oder Medizinprodukt) oder aber einer bestimmten, neuartigen medizinischen Behandlungsmethode. Ethikkommissionsvoten werden also in einem marktvorgelagerten Bereich erlassen. Erst nach Durchlaufen eines bestimmten Prüfungsverfahrens wird das neue Produkt oder die neue medizinische Methode für den Markt zugelassen. Staatliche Produktwarnungen - wie im entschiedenen Fall es BVerfG - betreffen aber das Marktgeschehen selbst, sie dienen dem Ziel, die informationelle Voraussetzung der Entscheidungsfreiheit der Marktteilnehmer durch inhaltlich richtige Tatsachenmitteilungen zu verbessern.[459] Ethikkommissionsvoten zielen hingegen in erster Linie darauf ab, dem forschenden Arzt die rechtliche und medizinethische Bedenklichkeit seines Vorhabens vor Augen zu führen. Ethikkommissonsvoten schaffen im Sinne der Verfassungsgerichtsentscheidung keine Markttransparenz über ein bestimmtes Produkt. Der Markt möglicher Konsumenten wird von den Ethikkommissionsvoten nicht erreicht.

Hinzu kommt noch folgendes: Das Richtigkeitskriterium, an welchem das BVerfG im Glykolweinfall, das Vorliegen oder nicht Vorliegen eines Eingriffs in die Wettbewerbsfreiheit anknüpft, lässt sich nicht auf Ethikkommissionsvoten anwenden: die Ethikkommissionsvoten stellen ihrer Natur nach die rechtliche

[457] BVerfG, Beschl. v. 26. Juni 2002 – 1 BvR 558/91 und 1 BvR 1428/91, C I Rdn.46, 47.
[458] Vgl. BVerfG, Beschl. v. 26. Juni 2002 – 1 BvR 558/91 und 1 BvR 1428/91, C I Rdn.44.
[459] Vgl. Murswiek, NVwZ 2003, 1, 4.

Bewertung des Forschungsvorhabens sowie seiner medizinethischen Vertretbarkeit im Sinne einer wertenden Betrachtung fest. Sie sind deshalb einer rechtlichen und einer medizinethischen Bewertung zugänglich nicht aber einer Produktqualitätsbewertung im Sinne der Verfassungsgerichtsentscheidung. Ethikkommissionsvoten lassen sich - anders als im entschiedenen Fall die Feststellung der Glykholverseuchtheit der Weine - daher nicht anhand des vom BVerfG aufgestellten Wahrheitskriteriums auf Falsch oder Richtig im Sinne einer objektiven Wahrheit überprüfen.

Als Ergebnis lässt sich festhalten, dass Ethikkommissionsvoten keine marktbezogenen Informationen beinhalten. Sie intendierten regelmäßig eine bestimmte Lenkungswirkung in Bezug auf den forschenden Arzt und Dritte, der forschungsfördernden Industrie: Ein Forschungsprojekt, welches mit einem negativen Ethikkommissionsvotum belegt ist, wird - wie ausgeführt - nicht finanziert. Solche - gezielten- Einwirkungen, sind grundrechtsdogmatisch etwas anderes als bloße Auswirkungen eines auf andere Ziele gerichteten oder neutralen Informationshandelns.[460] Negative Ethikkommissionsvoten sind daher auch unter Berücksichtigung der neuen Bundesverfassungsgerichtsrechtsprechung als mittelbar-faktische Grundrechtseingriffe zu bewerten.

dd. Eingriff in den Schutzbereich des Art.2 GG

Soweit ein negatives Votum einer Ethikkommission die öffentliche Diskreditierung des forschungswilligen Arztes nach sich zieht, stellt ein negatives Votum auch eine Beeinträchtigung der freien Entfaltung der Persönlichkeit des Arztes dar, die durch Art.2 Abs.1 GG geschützt wird. Allerdings ist Art.2 Abs.1 GG ein Auffangtatbestand, der keine Anwendung findet, sofern der Schutzbereich eines anderen Grundrechts betroffen ist.[461]

Man könnte allerdings argumentieren, dass ein negatives Votum einer öffentlich-rechtlichen Ethikkommission eine Verschlechterung bzw. eine Nichtförderung potentieller Behandlungsmöglichkeiten gegenüber denjenigen Patienten darstellt, die von einer neuen Behandlungsmethode bzw. einem neuen Arzneimittel oder Medizinprodukt Nutzen ziehen könnten.

[460] Vgl. Murswiek, NVwZ 2003, 1, 4.
[461] Vgl. statt Vieler: Pieroth/Schlink, §8 II 2 Rdn.369f.

Art.2 Abs.2 GG als subjektives Abwehrrecht umfasst die Pflicht der staatlichen Organe, sich schützend und fördernd vor die Rechtsgüter Leben, körperliche Unversehrtheit und Freiheit der Person zu stellen und sie insbesondere vor rechtswidrigen Eingriffen von Seiten anderer zu bewahren.[462] Art.2 Abs.2 S.1 GG räumt jedoch dem Einzelnen grundsätzlich kein Grundrecht auf angemessene Versorgung durch den Staat ein.[463]

Auch ist nicht anzunehmen, dass die öffentlich-rechtlichen Ethikkommissionen - anders als im Verhältnis zum forschenden Arzt und den forschungsfördernden Unternehmen - bei Erlass eines negativen Votums die Intention verfolgen, mit einer Negativbeurteilung eines Forschungsvorhabens zielgerichtet potentielle neue Behandlungsmethoden und Therapiechancen von Patienten zu verhindern.[464] Die Negativbewertung eines Forschungsvorhabens seitens einer öffentlich-rechtlichen Ethikkommission zielt darauf ab, dass die humanmedizinischen Forschungsvorhaben in ihrer Planung und Durchführung so ausgestaltet werden, dass die beabsichtigte Ergebnisgewinnung und daraus resultierende Therapiechancen in Übereinstimmung mit den bundesgesetzlichen Vorgaben bzw. den Bestimmungen der Deklaration von Helsinki gewonnen werden, um so innovative Behandlungsmethoden und Therapiechancen für Patienten zu entwickeln.

Soweit ein negatives Ethikkommissionsvotum tatsächlich zur Einstellung eines Forschungsvorhabens bzw. zu einer tatsächlichen Verzögerung der Durchführung eines medizinischen Forschungsvorhaben führt, so stellt dies im Verhältnis zu den potentiellen Patienten als spätere Nutznießer der Ergebnisse des Forschungsvorhabens lediglich einen Reflex dar, der nicht die Schwelle zum Grundrechtseingriff überschreitet. Ein mittelbar-faktischer Eingriff in Art.2 Abs.2 GG zulasten derjenigen Patienten, die von neuen Therapiechancen profitieren könnten, zu deren Entwicklung es mangels Vorliegen eines positiven Votums nicht kommt, scheidet deshalb im Ergebnis aus.

[462] Vgl. Schmidt-Bleibtreu/Klein, Art.2 Rdn.20b.
[463] Vgl. Schmidt-Bleibtreu/Klein, Art. 2 Rdn.21.
[464] Vgl. Sobota, AöR 1996, 229, 246.

c. Ermächtigungsgrundlage für die mittelbar-faktischen Grundrechtseingriffe

aa. Anforderungen an die Ermächtigungsgrundlage bei mittelbar-faktischen Grundrechtsbeeinträchtigungen

Die Anforderungen an die Rechtfertigung von Grundrechtseingriffen durch staatliches Informationshandeln sind in Literatur und Rechtsprechung in den Einzelheiten sehr umstritten.[465] So hat zunächst das Bundesverwaltungsgericht im sog. Oshi-Urteil die Rechtsgrundlage für amtliche Warnungen der Bundesregierung vor der Jugendsekte in der verfassungsrechtlichen Aufgabenstellung der Bundesregierung und deren Befugnisse zur Information und Aufklärung gesehen.[466]

In einem Kammerbeschluss des BVerfG, der sich auf die Nichtannahme der zitierten Bundesverwaltungsgerichtsentscheidung bezog, wird zur verfassungsrechtlichen Rechtfertigung des Grundrechtseingriffs ergänzend auf die sich aus den Grundrechten abgeleitete Schutzpflicht des Staates abgestellt. Diese staatliche Schutzpflicht berechtige die Bundesregierung im Rahmen ihrer vom Grundgesetz vorausgesetzten Aufgabenstellung zur Beobachtung und Vorsorge und damit auch zur Wahrnehmung dieser Befugnisse und zwar, ohne dass es dafür einer besonderen gesetzlichen Ermächtigung bedürfe.[467] Auch in der Glykolwein-Entscheidung hat die Rechtsprechung von der der Exekutive zugewiesenen Aufgabe auf deren Befugnis zu Grundrechtseingriffen geschlossen. So schließe die der Regierung übertragene Aufgabe der politischen Krisenbewältigung durch Information und Warnung die Befugnis ein, konkrete Grundrechtsträger als Quelle der bestehenden Gefahrensituation zu benennen.[468]

Zu Recht wurde von der Literatur gegen diese höchstrichterliche Rechtsprechung eingewandt, dass sie eine grobe Missachtung des Grundsatzes vom Vorbehalt des Gesetzes darstelle.[469] Der Grundsatz des Vorbehalts des Gesetzes wird zwar in der Verfassung nicht ausdrücklich erwähnt, seine Geltung ergibt

465 Tendenzen in der Rechtsprechung, sich über die Anforderungen an eine gesetzliche Ermächtigungsrundlage hinwegzusetzen, haben in der Literatur heftige Kritik ausgelöst: vgl. Wahl/Masing, JZ 1990, 553f.; Schoch, DVBl. 1991, 667f., Neuere Entscheidungen des BVerwG haben eine gesetzliche Grundlage auch für Informationseingriffe verlangt, so BVerwGE 90, 112, 122 und das „Warentest-Urteil" abgdr. in: DVBl. 1996, 807.

466 BVerwG NJW 1989, 2272f.

467 BVerfG NJW 1989, 3269f.

468 BVerwG NJW 1991, 1766, 1768.

469 Vgl. statt Vieler Leidinger, DÖV 1993, 925, 930f. m.w.N.

sich jedoch aus Art.20 Abs.3 GG. Danach muss es allein dem Gesetzgeber vorbehalten bleiben, festzulegen, unter welchen konkreten Voraussetzungen ein grundrechtlich gewährleistetes Interesse zum Schutz anderer kollidierender Rechte zurückzutreten habe. Nur wenn Eingriffsbefugnisse durch gesetzliche Tatbestandmerkmale vorbestimmt sind, ist die rechtsstaatlich gebotene Begrenzung staatlicher Macht möglich; diese Eingriffsbefugnis zu schaffen, ist allein dem Gesetzgeber vorbehalten. Aus dem Grundsatz des Gesetzesvorbehalts leitet sich auch das Verbot des Schlusses von der Aufgabe auf die Befugnis ab, das zu den gesicherten Erkenntnissen des Staats- und Verwaltungsrechts gehört.[470] Deshalb können Normen, die der Verwaltung Aufgaben zuweisen, für die zuständige Behörde lediglich eine Kompetenz begründen, einen bestimmten Handlungsauftrag wahrzunehmen. Normen, die Aufgabenzuweisungen beinhalten, ermächtigen jedoch nicht zu Grundrechtseingriffen.[471]

Die Verfassung gebietet andererseits - wie bereits ausgeführt - nicht, dass Grundrechtseinschränkungen ausschließlich durch den staatlichen Gesetzgeber oder durch die von ihm ermächtigte staatliche Exekutive angeordnet werden müssen. Vielmehr sind solche Regelungen innerhalb bestimmter Grenzen auch in Gestalt von Satzungen zulässig, die von einer mit Autonomie ausgestatteten Körperschaft erlassen werden. Neben dem formellen Gesetz sind sowohl Rechtsverordnungen als auch Satzungen, d.h. auch die ärztlichen Berufsordnungen grundsätzlich befugt, die durch das Grundgesetz gezogenen Grenzen grundrechtlicher Freiheit näher zu bestimmen.[472] Zu beachten ist dabei jedoch, dass der Gesetzgeber seinen Einfluss auf den Inhalt der von den körperschaftlichen Organen zu erlassenden Normen nicht gänzlich preisgeben darf und verpflichtet bleibt, in grundlegenden normativen Bereichen, so im Bereich der Grundrechtsausübung alle wesentlichen Entscheidungen selbst zu treffen.

Der Gesetzesvorbehalt erstarkt insoweit zum sog. Parlamentsvorbehalt.[473] Liegen die Voraussetzungen des Parlamentsvorbehalts vor, so muss der Gesetzgeber die Entscheidung vollständig durch Gesetz treffen.[474] Die Regelungspflicht des parlamentarischen Gesetzgebers bei wesentlichen Beeinträchtigungen von Grundrechten und seine Entscheidungspflicht bei grundsätzlichen Satzungsinhalten gilt erst recht, wenn durch die Satzung Grundrechte der

470 Vgl. Leidinger a.a.O.; kritisch auch Hesse, JZ 1991, 744, 746; Wahl/Masing, JZ 1990, 553, 555f; Fischer, JuS 1993, 463f.

471 Vgl. Leidinger, DÖV 1993, 925, 930f. m.w.N.; Hesse, JZ 1991, 744, 746; Wahl/Masing, JZ 1990, 553, 555f; Fischer, JuS 1993, 463f.

472 BVerfGE 33, 125 = NJW 1972, 1504f.; ferner BVerfGE 71, 162, 172 = NJW 1986, 1533 m.w.N.

473 BVerfGE 47, 46, 79; 49, 89, 126; 68, 1, 86; 80, 124, 132; vgl. Pieroth/Schlink, §6 IV 3 Rdn.264 m.w.N.

474 BVerfGE 47, 46, 79; 49, 89, 126; 68, 1, 86; 80, 124, 132.

Mitglieder der Körperschaften[475] betroffen sind. Dies gilt umso mehr, wenn durch die Satzungen Grundrechte Außenstehender in erheblichem Maße beeinträchtigt werden können.[476]

Greift das Prinzip vom Parlamentsvorbehalt nicht ein, ist es ausreichend, dass der Gesetzgeber eine verfassungsgemäße Ermächtigung in Form eines formellen Gesetzes schafft und die Regelungen im Einzelnen durch Rechtsverordnung der Exekutive getroffen werden. In ähnlicher Weise kann auch der Gesetzgeber einem Selbstverwaltungsträger Autonomie einräumen, so dass dieser die Regelungen durch Satzung trifft.[477] Im Zusammenhang mit der Möglichkeit der Delegation von Rechtsetzungsbefugnissen ist weiter darauf zu achten, dass die Wesentlichkeitslehre nicht nur eine Entscheidung über das „Ob" des gesetzgeberischen Handelns beansprucht, sondern auch über das „Wie" einer eventuellen Delegation.[478] Der Gesetzgeber muss unter dem Gesichtspunkt rechtsstaatlicher Bestimmtheit die Voraussetzungen einer Grundrechtsbeschränkung regelmäßig selbst hinreichend konkretisieren.[479] Generalklauseln und unbestimmte Rechtsbegriffe werden nach der verfassungsrechtlichen Spruchpraxis nur in engen Grenzen anerkannt. Die im Einzelfall erforderliche Regelungsdichte richtet sich nach den Besonderheiten der jeweiligen Sachmaterie, dem Ausmaß und der Intensität der individuellen Grundrechtsbetroffenheit sowie der Bedeutung der zu treffenden Regelung.[480]

Im Ergebnis lässt sich die Frage, auf welcher kompetenzrechtlichen Ebene die durch die Voten bzw. die Beratungsentscheidungen der öffentlich-rechtlichen Ethikkommissionen bewirkten Grundrechtsbeeinträchtigungen zu rechtfertigen sind und welche Regelungsdichte die jeweiligen Bestimmungen aufweisen müssen, nur vor dem Hintergrund der einschlägigen Grundrechtspositionen, nach der Intensität der jeweiligen Grundrechtsbetroffenheit sowie anhand der formellen Beschränkungsmöglichkeiten des jeweiligen Grundrechts beurteilten. Im Nachfolgenden sollen die im Zusammenhang mit der Tätigkeit der öffentlich-rechtlichen Ethikkommissionen bestehenden Regelungen auf bundes- und landesgesetzlicher sowie auf berufsrechtlicher Ebene im Hinblick auf die dargelegten verfassungsrechtlichen Anforderungen überprüft werden.

[475] BVerfGE 33, 125, 158 = NJW 1972, 1504.
[476] BVerfGE a.a.O.
[477] BVerfGE 58, 257, 281; BVerwGE 56, 165; BVerwG DVBl. 1982, 301.
[478] Vgl. Klöpfer, JZ 1984, 691; BVerfGE 77, 170, 231.
[479] Vgl. Hill, DVBl. 1985, 88, 90; aus der Rspr. vgl. BVerfGE 48, 210, 222; 58, 257, 278; 76, 1, 41.
[480] BVerfGE 49, 168, 181; 58, 257, 277.

bb. Die bundes- und landesgesetzlichen Regelungen als Ermächtigungsgrundlage für die Tätigkeit der öffentlich-rechtlichen Ethikkommissionen

Nach dem Wortlaut des §40 Abs.1 S.2 AMG wird die Errichtung öffentlich-rechtlicher Ethikkommissionen über die jeweiligen Landesgesetze vorausgesetzt. In §20 Abs.7 S.1 MPG wird eine allgemeine Registrierungspflicht für die im Rahmen des Medizinprodukte-Zulassungsverfahrens zuständigen Ethikkommissionen festgelegt. Die bundesgesetzlichen Vorschriften scheiden bereits nach ihrem Wortlaut als gesetzliche Grundlage für die Errichtung, die Verfahrensweise und die Votierungs- und Beratungstätigkeit der öffentlich-rechtlichen Ethikkommissionen aus. Vielmehr regeln die bundesgesetzlichen Bestimmungen die Indienstnahme der öffentlich-rechtlichen Ethikkommissionen bzw. derjenigen Ethikkommissionen, die bei der zuständigen Bundesoberbehörde registriert sind, für den Staat bzw. eine Dienstannahme durch den Staat.[481]

Die Ausgestaltung der bundesgesetzlichen Regelungen steht im Einklang mit dem Gesetzgebungskatalog des Art.74 Nr.19 GG nach dem eine ausschließliche, bundesgesetzliche Gesetzgebungskompetenz nur für die Arzneimittelversorgung und die ärztliche Berufszulassung vorgesehen ist. Aus Art.70 GG folgt, dass die Gesetzgebungskompetenz für die Einrichtung von öffentlich-rechtlichen Ethikkommissionen an universitären oder berufsständischen Körperschaften den jeweiligen Landesgesetzgebern vorbehalten ist.

Bei näherer Untersuchung der landesgesetzlichen Regelung zeigt sich jedoch, dass auch diese Normen keine Ermächtigungsgrundlage für den Erlass der Ethikkommissionsvoten darstellen: Die jeweiligen Heil- und Kammergesetze der Länder beinhalten nämlich ausschließlich die gesetzlichen Ermächtigungen zugunsten der Landesärztekammern, zur Errichtung von Ethikkommissionen, zur Festlegung ihres Aufgabenbereichs, ihrer Zusammensetzung sowie zur Regelung ihres Verfahrens. Unter welchen Vorraussetzungen im Einzelfall positive oder negative Voten bzw. Beratungsentscheidungen ergehen sollen, wird nicht in den Heil- und Kammerberufsgesetzen festgelegt.

Vereinzelt wurde in der Literatur in diesem Zusammenhang die Auffassung vertreten, dass eine Landesgesetzgebung, die lediglich die Errichtung und das Verfahren von öffentlich-rechtlichen Ethikkommissionen festlege, den verfassungsmäßigen Anforderungen an eine Ermächtigungsgrundlage für die festgestellten Grundrechtseingriffe genüge.[482] Diese Auffassung besagt, dass die

[481] Vgl. Rupp, S.27f.
[482] Vgl. Rupp, S.35f.

freie Gesinnung des Menschen und ethisch-moralische Erwägungen im Vordergrund stünden. Staatliche Handlungsvorgaben könnten sich in diesen Bereichen auf die Festlegung von Rahmenbedingungen für die Aufgaben und Verfahrens- und Entscheidungsprozeduren beschränken. Beispielhaft wird auf den öffentlich-rechtlichen Rundfunk und die universitäre Forschung und Lehre verwiesen: Sowohl der öffentlich-rechtliche Rundfunk als auch die universitäre Forschung und Lehre verlange nach Staatsferne und Weisungsunabhängigkeit. Der Schutz der grundrechtlich verankerten öffentlichen Meinungsvielfalt und die Wahrung der Gesinnungsfreiheit verbiete staatliche Einflussnahme auf Programminhalte des öffentlich-rechtlichen Rundfunks.[483]

In Bezug auf Forschungs- und Lehrinhalte an Universitäten verbiete der Schutzbereich des Art. 5 Abs.3 GG die staatliche Beeinflussung von Forschung und Lehre.[484] Gleichermaßen seien die Entscheidungen der öffentlich-rechtlichen Ethikkommissionen als Ausdruck freier, moralisch-ethischer Gesinnung zu begreifen, so dass auf ihre Entscheidungsprozesse und -inhalte staatlicherseits kein Einfluss genommen werden dürfte.[485]

Für die Tätigkeit der öffentlich-rechtlichen Ethikkommissionen seien allerdings vom Gesetzgeber zusätzliche Beurteilungs- und Maßstabsrichtlinien zum Verbot bestimmter Forschungstätigkeit zu fordern, etwa für das Klonen, der Chimärenbildung und der Interspezies-Hybridisierung.[486]

Der Auffassung Rupps ist jedoch nicht zu folgen: Im Unterschied zum Konzept des öffentlich-rechtlichen Rundfunks und dem Bereich der Forschung und Lehre an den Universitäten stellen die öffentlich-rechtlichen Ethikkommissionen keine Institute der Meinungs- oder Gesinnungsfreiheit dar, sondern fungieren als Hilfseinrichtungen zur Kontrolle der Forschungsfreiheit und zum Schutz der Rechte betroffener Probanden und Patienten.[487] Das Tätigkeitsfeld der Ethikkommissionen betrifft eine Materie, in der im Unterschied zum öffentlich-rechtlichen Rundfunk und zur allgemeinen Forschungsfreiheit an Universitäten eine staatliche Kontrolle der Forschungsfreiheit mit dem Ziel, die körperlichen Unversehrtheit der Probanden zu schützen, notwendig und sinnvoll ist.

Im Zusammenhang mit humanmedizinischer Forschung stehen im Gegensatz zum öffentlich-rechtlichen Rundfunk nicht Meinungs- und Gesinnungsfreiheit im Vordergrund, sondern die Würde des Menschen und der Schutz seiner

483 Vgl. Rupp a.a.O.
484 Vgl. Sobota, AöR 1996, 229, 249.
485 Vgl. Sobota a.a.O.
486 Vgl. Rupp, S.35f.
487 Vgl. Sobota, AöR 1996, 229, 249.

körperlichen Unversehrtheit, die zu ihrer Gewährleistung gerade der staatlichen Überwachung bedürfen.[488] Die Regelungen der Heil- und Kammerberufsgesetze weisen auch keine zusätzlichen Beurteilungs- und Maßstabsrichtlinien zum Schutz vor willkürlicher Forschung auf. Derartige Bestimmungen finden sich allenfalls auf der Ebene der Berufsordnungen, nämlich in den Satzungen der öffentlich-rechtlichen Ethikkommissionen, in denen auf die Deklaration von Helsinki als Entscheidungsgrundlage der öffentlich-rechtlichen Ethikkommissionen verwiesen wird. Folgte man der Auffassung Rupps, nach der die Festlegung formeller Rahmenbedingungen für die Tätigkeit der öffentlich-rechtlichen Ethikkommissionen auf landesgesetzlicher Ebene ausreichend und verfassungsrechtlich unbedenklich erscheint, so würde man den öffentlich-rechtlichen Ethikkommissionen letztlich auch einen gerichtlich nur eingeschränkt überprüfbaren Beurteilungsspielraum zusprechen, der ihnen jedoch aus nachfolgenden Gründen abzusprechen ist:

cc. Beurteilungsspielraum oder uneingeschränkte gerichtliche Überprüfung der Entscheidungen der öffentlich-rechtlichen Ethikkommissionen

Ob eine gesetzliche Regelung der Behörde einen gerichtlich nur begrenzt überprüfbaren Beurteilungsspielraum gewährt oder nicht und wie weit dieser gegebenenfalls reicht, ist im Einzelfall eine Frage der Auslegung.[489]

Maßgebend ist nicht allein der Wortlaut einer Vorschrift, sondern auch Sinn und Zweck der jeweils anwendbaren materiell-rechtlichen Vorschrift unter Berücksichtigung auch der Natur der Sache. Die Frage, ob der Gesetzgeber die Letztentscheidungskompetenz der Verwaltung zugewiesen hat, ist demnach aufgrund einer Gesamtbetrachtung der jeweiligen Vorschrift zu beantworten. Den Gründen, die eine derartige Zuweisung verfassungsrechtlich rechtfertigen können, kommt dabei eine wesentliche Bedeutung zu. Anhaltspunkte, die für einen Beurteilungsspielraum einer Behörde sprechen können, sind zum Beispiel die besonderen Qualifikationen der mit der Beurteilung betrauten Amtsträger sowie die besondere pluralistische Zusammensetzung und/oder Sachkunde eines mit der Entscheidung betrauten grundsätzlich weisungsfreien Gremiums. Daneben sprechen die Maßgeblichkeit von Erwägungen, die außerhalb des rechtlich exakt fassbaren Bereichs liegen und die Maßgeblichkeit von persönlichen Erfahrungen und Eindrücken sowie das Fehlen hinreichend bestimmter Entscheidungsvorgaben in der gesetzlichen Ermächtigung für das Vorliegen

[488] Vgl. Sobota a.a.O.
[489] Vgl. Kopp/Ramsauer, §40 Rdn.72 m.w.N. aus der Rspr.

eines Beurteilungsspielraums.[490] Schließlich stellt auch die Unvertretbarkeit und Unwiederholbarkeit der entscheidungserheblichen Situation, wie zum Beispiel in Prüfungssituationen ein Indiz für das Vorliegen eines Beurteilungsspielraums dar.[491] Überprüft man die Tätigkeit der öffentlich-rechtlichen Ethikkommissionen anhand dieser Kriterien, so spricht bereits die in den Satzungen der öffentlich-rechtlichen Ethikkommissionen regelmäßig vorgesehene Besetzung der Kommissionen gegen das Vorliegen eines Beurteilungsspielraums.[492]

Die Satzungen der öffentlich-rechtlichen Ethikkommmissionen sehen eine Mitgliederzahl zwischen drei und 19 Personen vor.[493] Üblicherweise bewegt sich die Mitgliederzahl zwischen fünf und sieben, wobei - abhängig vom jeweiligen Statut - mindestens vier Mitglieder Ärzte sein müssen. Unter den weiteren Mitgliedern findet sich regelmäßig ein Jurist mit der Befähigung zum Richteramt und ein Repräsentant aus dem Bereich der Theologie oder der Philosophie.[494] Pflegepersonal und Medizinstudenten sind nur ausnahmsweise vertreten.[495] Im Extremfall ist es aufgrund der satzungsrechtlichen Bestimmungen durchaus möglich, dass bei einer nur mit fünf Mitgliedern besetzten öffentlich-rechtlichen Ethikkommissionen bis zu vier Mitglieder von Vertretern der Ärzteschaft gestellt werden. Ihnen steht in diesem Fall lediglich ein Mitglied gegenüber, dass außerhalb der ärztlichen Profession steht. Eine pluralistisch-repräsentative Zusammensetzung der Kommissionen ist im Ergebnis nach den Satzungen der Ethikkommissionen also nicht vorgesehen.[496] Die Besetzungsvorschriften in den Satzungen der Ethikkommissionen dokumentieren vielmehr ein auffälliges Übergewicht an Vertretern aus der Ärzteschaft.

Dass ein Gremium, welches überwiegend aus Medizinern besteht, kompetenter über die im Zusammenhang mit humanmedizinischer Forschung zu überprüfenden, juristischen und ethischen Fragen entscheiden können soll, ist nicht nachvollziehbar. Zwar kommt den medizinischen Aspekten im Entscheidungsprozess der Ethikkommissionen ein bedeutendes Gewicht[497] zu. Medizinische

490 Vgl. Kopp/Ramsauer a.a.O.
491 Vgl. Kopp/Ramsauer, §40 Rdn.74,76 m.w.N. aus der Rspr.
492 Der Landesgesetzgeber hat die personelle Zusammensetzung der Ethikkommissionen in der Regel vollständig der Satzungsgewalt der Ärztekammern überlassen, vgl. zur aktuellen Praxis der Ethikkommissionen: Wilkening, MedR 2001, 301ff.
493 Vgl. Deutsch/Lippert, Ethikkommission und klinische Prüfung, S.36.
494 Vgl. Deutsch/Lippert a.a.O.; Czwalinna, MedR 1986, 306f.; Ethikkommissionen: Verfahrensgrundsätze, DÄBl. 91, A-2656; B-1779. Vgl. auch DÄBl. 94, B-1514, vgl. statt Anderer §2 Abs.1 der Satzung der Ethikkommission der Landesärztekammer Rheinland-Pfalz vom 22. Mai 1996.
495 Vgl. Czwalinna, MedR 86, 306f.
496 Vgl. Sobota, AöR 1996, 229, 250f.
497 Vgl. Sobota a.a.O.

Fragen sind jedoch nur kumulativ neben den rechtlichen und ethischen Aspekten eines humanmedizinischen Forschungsprojekts für das Votum der Ethikkommissionen bestimmend. Sieht man den Schwerpunkt der Beratungsentscheidung überdies im ethischen Bereich, so erscheint es noch fragwürdiger, warum Vertretern der Ärzteschaft eine größere Fachkompetenz auf diesem Gebiet zuzusprechen sein sollte, als Vertretern aus den pädagogischen, theologischen oder juristischen Spezialgebieten.

Angesichts der Multidimensionalität der Materie, die medizinische Aspekte ebenso berührt wie juristische und ethische, lässt sich deshalb insgesamt bezweifeln, ob die bundesgesetzlich und in §15 Abs.2 MBO-Ä 1997 bzw. in den Landesberufsordnungen festgelegte Beratung und Beurteilung humanmedizinischer Forschung ihrer Natur nach überhaupt eine besondere Qualifikation der mit dieser Aufgabe betrauten Amtsträger voraussetzt oder ob diese Aufgabe nicht durch ein zahlenmäßig ausgewogen zusammengesetztes Gremium aus Vertretern unterschiedlichster Fachrichtungen und Laien besser erfüllt würde. Nur ein derart zusammengesetztes Gremium wäre im Sinne der zitierten Rechtsprechung als pluralistisch anzusehen und ein Beurteilungsspielraum sowie damit verbundene eingeschränkte richterliche Überprüfung der Entscheidungen der öffentlich-rechtlichen Ethikkommissionen denkbar.

Die personelle Zusammensetzung und der praktizierte Beratungs- und Votierungsprozess der öffentlich-rechtlichen Ethikkommissionen spricht indessen ebenso gegen das Vorliegen eines Beurteilungsspielraums wie der Wortlaut der bundesgesetzlichen Vorschriften und der ärztlichen Landesberufsordnungen: Die bundesgesetzlichen Vorgaben und die in den Landesberufsordnungen als Grundlage der Beratungsentscheidung genannte Deklaration von Helsinki regeln nämlich - wie ausgeführt - einen Katalog von konkreten Zulässigkeitsvoraussetzungen für humanmedizinische Forschungsprojekte und keine abstrakten ethischen Sollvorgaben.

Das Vorliegen oder Nichtvorliegen der gesetzlichen bzw. in der Deklaration von Helsinki festgelegten Voraussetzungen humanmedizinischer Forschungsprojekte kann jederzeit überprüft werden. Die Beratungs- und Beurteilungsentscheidungen der öffentlich-rechtlichen Ethikkommissionen setzen auch grundsätzlich keine persönliche Erfahrung der Ethikkommissionsmitglieder voraus.

Die Feststellung, ob ein geplantes Forschungsvorhabens nach den gesetzlichen Vorgaben und nach den Bestimmungen der Deklaration von Helsinki zulässig oder nicht zulässig ist, kann jederzeit von unabhängigen Dritten in einem gerichtlichen Verfahren getroffen werden. Es liegt im Ergebnis keine für das Vorliegen eines Beurteilungsspielraums typische unwiederbringliche Prüfungssituation vor.[498]

Zusammenfassend lässt sich festhalten, dass weder die personale Zusammensetzung der öffentlich-rechtlichen Ethikkommissionen noch die Eigenart des Beurteilungsgegenstandes noch der Inhalt der bundesgesetzlichen Vorschriften und der Deklaration von Helsinki Anhaltspunkte dafür geben, dass die öffentlich-rechtlichen Ethikkommissionen ihrer Funktion nach als pluralistisch zusammengesetzter Ausschuss von Fachleuten einzuordnen sind. Ihre Entscheidungen dürfen mangels Vorliegen eines Beurteilungsspielraums nicht der richterlichen Kontrolle entzogen sein. Mangels Vorliegen eines Beurteilungsspielraums genügt die Angabe nur formeller Rahmenbedingungen für die Tätigkeit der öffentlich-rechtlichen Ethikkommissionen, so wie sie in den Landesgesetzgebungen gefasst sind, im Ergebnis nicht den verfassungsrechtlichen Anforderungen, die an eine Ermächtigungsgrundlage für Grundrechtseingriffe gestellt werden. Ob das vorhandene Regelungskonzept auf der Ebene ärztlicher Berufsordnungen den verfassungsrechtlichen Anforderungen genügt, erscheint ebenfalls zweifelhaft, was sich aus den nachfolgenden Überlegungen ergibt:

dd. Die berufsrechtlichen Regelungen in den Berufsordnungen nach dem Vorbild des §15 Abs.2 MBO-Ä 1997 und die Satzungen der öffentlich-rechtlichen Ethikkommissionen als verfassungsrechtlich ausreichende Ermächtigungsgrundlagen für den Erlass der Voten bzw. Beratungsentscheidungen der öffentlich-rechtlichen Ethikkommissionen

Die nach dem Vorbild des §15 MBO-Ä 1997 gebildeten Regelungen der Landesberufsordnungen der Ärztinnen und Ärzte waren seit Beginn der Tätigkeit öffentlich-rechtlicher Ethikkommissionen Anfang der 90er Jahre Gegenstand verfassungsrechtlicher Kontroverse. Im Mittelpunkt der verfassungsrechtlichen Diskussion stand dabei von Anfang an die Frage, ob ärztliches Standesrecht überhaupt die Kompetenz hat, die Materie der Vorprüfung medizinischer Forschungsvorhaben am Menschen in verfassungsrechtlich einwandfreier Weise in den Landesberufsordnungen zu regeln.

[498] Vgl. allgemein zum Vorliegen eines Beurteilungsspielraums bei Prüfungssituationen Schulz-Fielitz, JZ 1993, 773 m.w.N.

Dabei wurde einerseits die entsprechende Kompetenz der Ärztekammern unter Hinweis auf den Eingriff in Grundrechte Dritter abgelehnt.[499] Andere werteten die Grundrechtseingriffe als nicht wesentlich und sprachen daher den Kammern die Regelungsbefugnis für diesen Bereich zu.[500] Ein vor dem VGH Kassel geführtes, abstraktes Normenkontrollverfahren, mit dem die in der hessischen Berufsordnung der Ärztinnen und Ärzte fehlende gesetzliche Grundlage für die Errichtung von öffentlich-rechtlichen Ethikkommissionen und deren ausschließliche Anrufungspflicht bei Forschungsvorhaben am Menschen gerügt wurde, hat keine materielle Entscheidung der Streitfrage gebracht, sondern beschränkte sich auf formelle Ablehnungsgründe.[501] Dieser Streit dürfte sich mit der mittlerweile in den Heil- und Kammergesetzen der Länder ausdrücklich vorgesehen Ermächtigungsgrundlage zur Errichtung von öffentlich-rechtlichen Ethikkommissionen erledigt haben. Danach wurde den Landesärztekammern ausdrücklich die Ermächtigung zur Einrichtung von Ethikkommissionen zugesprochen.[502]

Somit erscheint zwar die Frage, auf welcher Regelungsebene die Voraussetzungen zur Errichtung von öffentlich-rechtlichen Ethikkommissionen festgelegt werden müssen zugunsten der Berufsordnungen der Landesärztekammern entschieden, es verbleibt jedoch bei dem Problem, ob die derzeit vorhandenen Regelungen auf berufsrechtlicher Ebene eine verfassungsrechtlich ausreichende Ermächtigungsgrundlage für die Votierungs- und Beratungstätigkeit der öffentlich-rechtlichen Ethikkommissionen darstellt. Insbesondere stellt sich die Frage, ob sie im Sinne der Wesentlichkeitslehre eine verfassungsrechtlich ausreichende Regelungsdichte aufweisen oder ob der parlamentarische Gesetzgeber wegen der Eigenart der Materie dezidiertere Bestimmungen zu den Voraussetzungen der Voten der öffentlich-rechtlichen Ethikkommissionen erlassen müsste.

Unter verfassungsrechtlichen Gesichtspunkten erscheint insbesondere die in den Berufsordnungen der Ärztinnen und Ärzte nach dem Vorbild des §15 Abs.2 MBO-Ä 1997 angewandte Gesetzestechnik der Verweisung problematisch, die sich auch in den Satzungen der öffentlich-rechtlichen Ethikkommissionen findet. Auf das Problem dieser Verweisungen soll daher zunächst eingegangen werden.

[499] Vgl. Schenke, NJW 1991, 2313; Pfeiffer, VersR 1991, 613, 615; Rupp, S.49f.; Scholz/Stoll, MedR 1990, 58.

[500] Vgl. Laufs/Reiling, S.40ff.; Schröder, VersR 1990, 243f.

[501] Vgl. VGH Kassel NJW 1994, 812; Deutsch, Medizinrecht, Rdn.723 m.w.N.

[502] Vgl. beispielsweise: §5 Heilberufekammergesetz Baden-Württemberg, in der Fassung vom 16. März 1995, geändert durch ÄndG v. 25. November 1999.

(1) Die Gesetzgebungstechnik der Verweisung in §15 Abs.2 MBO-Ä 1997

Verweisungen oder Bezugnahmen von einer rechtlichen Regelung auf eine andere stellen ein Mittel der Gesetzgebungstechnik dar, das sich in Bundes- und Landesgesetzen ebenso wie in Rechtsverordnungen, Satzungen und Verwaltungsvorschriften wieder findet.[503] Unterschieden werden zwei Verweisungsarten:

Statische Verweisungen sind Bezugnahmen einer Norm auf eine anderswo bestehende Vorschrift in der derzeitigen Fassung oder einer zu einem bestimmten Zeitpunkt der Gegenwart oder Vergangenheit bestehenden Fassung. In diesem Fall wird die Verweisung nicht durch Gesetzesänderungen des Bezugsobjektes, d.h. der Norm auf die verwiesen wird, berührt.[504] Im Gegensatz dazu wird von antizipierten oder dynamischen Verweisungen gesprochen, wenn auf die jeweils geltende Fassung anderer Vorschriften verwiesen wird.[505] Die antizipierte oder dynamische Verweisung wird also durch inhaltliche Änderungen des Verweisungsobjektes berührt. Das heißt, dass auf zukünftige Änderungen der Norm vorweggenommen verwiesen wird. Letztlich kann sich also bei der antizipierten oder dynamischen Verweisung das Verweisungsobjekt selbst inhaltlich ständig ändern.[506]

Danach enthalten die nach dem Vorbild des §15 Abs.2 MBO-Ä gebildeten Regelungen der Landesberufsordnungen eine statische Verweisung auf die Deklaration von Helsinki vor. Es wird auf eine bestimmte Fassung der Deklaration von Helsinki Bezug genommen. Die Satzungen für öffentlich-rechtlichen Ethikkommissionen bzw. die Rechtsverordnungen über Satzungen beinhalten hingegen antizipierte oder dynamische Verweisungen auf die Deklaration, da aufgrund der gewählten Formulierung[507] auf keine bestimmte Fassung der Deklaration verwiesen wird. Vielmehr ändert sich der Inhalt des Verweisungsobjekts jeweils danach, welche Fassung der Deklaration in einem bestimmten Zeitpunkt gilt.

503 Vgl. Ossenbühl, DVBl. 1967, 401f.; umfangreiches Anschauungsmaterial zur Verweisungstechnik findet sich bei Müller, Gesetzgebungstechnik, S.167f.; Wimmer, NZS 1999, 113f.; zur Verweisungspraxis im Kassenarztrecht vgl. Hill, NJW 1982, 2104f.

504 BVerfGE 78, 32f.

505 Vgl. Ossenbühl, DVBl. 1967, 401.

506 BVerfGE 78, 32f.; Ossenbühl a.a.O.

507 Vgl. z.B. §1 Abs.2 der Satzung der Ethikkommission bei der Ärztekammer Rheinland-Pfalz vom 22. Mai 1996.

Bedenken gegen die Gesetzgebungstechnik der Verweisung wurden schon früh in der juristischen Literatur und auch in der verfassungsrechtlichen Rechtsprechung erhoben und zwar im Hinblick auf die Erfordernisse des Demokratie- und Rechtstaatlichkeitsgebots, sowie des Prinzips der Bundesstaatlichkeit.[508] Statische Verweisungen werden grundsätzlich als verfassungsrechtlich zulässig erachtet. Dies gilt auch für statische Verweisungen auf Bestimmungen privater Gremien oder Verwaltungsvorschriften. Für die verfassungsrechtliche Zulässigkeit statischer Verweisungen wird jedoch ausnahmslos – also auch bei Verweisungen auf Bestimmungen Privater – die Beachtung des Gebotes der Rechtssicherheit als Ausfluss des Rechtsstaatprinzips aus Art.20. Abs.3 GG gefordert. Das Gebot der Rechtssicherheit verlangt die gehörige Verkündung sowohl der verweisenden Norm als auch der Norm auf die verwiesen wird, also Normbestimmtheit und Normklarheit.[509] Die Betroffenen müssen danach in zumutbarer Weise feststellen können, ob die tatsächlichen Voraussetzungen für die in den Vorschriften ausgesprochene Rechtsfolge vorliegen.[510] Bestimmungen Privater werden jedoch regelmäßig überhaupt nicht veröffentlicht und haben auch grundsätzlich keine allgemein verbindliche Kraft, sondern nur interne Bedeutung.

Wird in einer Norm auf Bestimmungen Privater verwiesen, so ist dem Sinn und Zweck des Publikationserfordernis nur dann genüge getan, sofern das Verweisungsobjekt in einem zweckentsprechenden Publikationsorgan veröffentlicht worden ist.[511] Danach gelten Regelungen Privater im Sinne des Publikationserfordernisses als ausreichend publiziert, wenn eine für die Betroffenen zugängliche und erkennbare Verkündung der Regelungen erfolgt ist.[512] Die Schlüssigkeit der Verweisung muss allein im Wortlaut der Verweisungsnorm erkennbar sein.[513]

Vor diesem Hintergrund erscheinen die in den Landesberufsordnungen der Ärztinnen und Ärzte in Anlehnung an den §15 Abs.2 MBO-Ä 1997 festgelegten statischen Verweisung auf die Deklaration von Helsinki unter dem Gesichtspunkt des Publikationserfordernisses aus folgenden Gründen als bedenklich:

508 Vgl. Glosse Geheimwissenschaften NJW 1956, 1307, dort werden Verweisungen als Hintertür bezeichnet; Ossenbühl, DVBl. 1967, 401f; kritisch auch Wimmer, NZS 1999, 113; BVerfGE 64, 208, 214; 78, 32, 36.

509 BVerfGE 64, 208, 214.

510 Vgl. Ossenbühl, DVBl. 1967, 401, 406.

511 Ein gleichgelagertes Problem ergibt sich in Bezug auf Verwaltungsvorschriften. Auch diese haben grundsätzlich nur Innenwirkung. Gleichwohl hält der bayerische Verfassungsgerichtshof eine Verweisung auf Verwaltungsvorschriften dann für zulässig, wenn das Publikationserfordernis auf irgendeine andere Weise gewahrt ist.

512 Vgl. Ossenbühl, DVBl. 1967, 401, 405 mit Hinweis auf BVerwGE 7, 330, 337.

513 Vgl. Hill, NJW 1982, 2104.

Die Deklaration wurde in der Fassung aus dem Jahr 1975 (Helsinki) erstmals im Jahr 1976 im Bundesanzeiger veröffentlicht.[514] Die späteren Fassungen der Deklaration, so auch die derzeit in der überwiegenden Anzahl der Berufsordnungen in Bezug genommene Fassung der Deklaration aus dem Jahr 1996 (Somerset West) wurden hingegen nicht mehr im Bundesanzeiger veröffentlicht, obwohl darin wesentliche Neuerungen enthalten sind; dies gilt insbesondere für die derzeit aktuelle Fassung der Deklaration aus dem Jahr 2000, die - wie gezeigt - wesentliche Strukturprinzipien der Deklaration von Helsinki bis zur Fassung aus dem Jahr 1996 (Somerset West) aufgibt.

Sämtliche Fassungen der Deklaration ab dem Jahr 1975 wurden hingegen im offiziellen Mitteilungsblatt der Bundesärztekammern, dem Deutschen Ärzteblatt publiziert. Zusätzlich erfolgte eine Veröffentlichung der aktuellen Deklaration im offiziellen Handbuch des Weltärztebundes. Diese Publikationsmedien genügen jedoch nicht dem Publikationsanforderungen im dargestellten Sinne: Zwar ist sowohl das Deutsche Ärzteblatt als auch das Handbuch des Weltärztebundes grundsätzlich eine für jeden Arzt und Dritten frei zugängliche Erkenntnisquelle. Jedoch ergibt sich aus den einschlägigen landesberufsrechtlichen Bestimmungen an keiner Stelle ein Hinweis auf eine mögliche Fundstelle, die den Betroffenen das Auffinden der Bestimmungen der Deklaration erleichtern könnte. Der betroffene Arzt bzw. die Ärztin, die ein Forschungsprojekt durchführen will, steht deshalb vor dem praktischen Problem, herauszufinden, in welchem Publikationsmedium das Verweisungsobjekt aufzufinden und welche aktuelle Fassung der Deklaration entscheidend ist.

Noch auffälliger wird die fehlende Normklarheit der in Rede stehenden Verweisungen mit Blick auf die Satzungen der Ethikkommissionen. Danach haben diese auf Grundlage der jeweils gültigen Fassung der Deklaration zu arbeiten. In §15 Abs. 2 MBO-Ä 1997 bzw. in den entsprechenden Berufsordnungen der Ärzte wird hingegen festgelegt, dass auf Grundlage einer bestimmten Fassung der Deklaration ein Votum bzw. ein Beratungsergebnis zu treffen ist. Die derzeitigen Regelungen erfüllen im Ergebnis nicht das für die Verfassungsmäßigkeit einer Verweisung erforderliche Kriterium der ordnungsgemäßen Publikation. Es ist zumindest ein Hinweis auf die Fundstelle der Deklaration als Verweisungsobjekts zu fordern.[515]

[514] Bundesanzeiger Jahrg. 28 Nr.152 v. 14. August 1976.
[515] Vgl. Ossenbühl, DVBl. 1967, 401, 406.

Andernfalls ist weder für die betroffenen Arzte noch für die Mitglieder der Ethikkommissionen in zumutbarer Weise feststellbar, welche Bestimmung die in den Landesberufsordnungen in Bezug genommenen Fassung der Deklaration enthält und welche Anforderungen an ein positives Ethikkommissionsvotum zu stellen sind bzw. worauf sich die in einem negativen Votum festgestellten Beanstandungen eines humanmedizinischen Forschungsprojekts gründen.

Gleiches gilt in Bezug auf die in den Satzungen der Ethikkommissionen festgelegten dynamischen Verweisungen auf die Deklaration. Auch hier fehlt jeglicher Hinweis für die Betroffenen, nach dem erkennbar wäre, wo die Bestimmungen der Deklaration einsehbar sind. Darüber hinaus handelt es sich bei den Verweisungen in den Satzungen der öffentlich-rechtlichen Ethikkommissionen um dynamische Verweisungen, die ohnehin verfassungsrechtlich bedenklich sind. Verweist nämlich ein Normgeber auf andere Vorschriften in ihrer jeweils geltenden Fassung, so kann dies dazu führen, dass er den Inhalt seiner Vorschriften nicht mehr in eigener Verantwortung bestimmt und damit der Entscheidung Dritter überlässt. Dynamische Verweisungen sind zwar nicht schlechthin ausgeschlossen, aber nur in dem Rahmen zulässig, den die Prinzipien der Rechtstaatlichkeit, der Demokratie und der Bundesstaatlichkeit ziehen.[516] Grundrechtliche Gesetzesvorbehalte können den Rahmen zulässiger Verweisungen zusätzlich einengen.[517]

Wie festgestellt, stellen die Voten der öffentlich-rechtlichen Ethikkommissionen faktische Eingriffe in die Grundrechte der kammerzugehörigen Ärzte aus Art.12 GG und Art.5 GG dar. Die Votierungstätigkeit der öffentlich-rechtlichen Ethikkommissionen betrifft darüber hinaus auch nicht nur eine Angelegenheit der kammerzugehörigen Ärzte in eigener Sache, sondern auch die Rechte außerhalb der Ärzteschaft stehender Dritter, so der Pharmaindustrie und der von dem Forschungsvorhaben betroffenen Patienten und Probanden. Regelungen, die den Kreis eigener Angelegenheiten der kammerzugehörigen Ärzte überschreiten, müssen jedoch nach der Rechtsprechung des Bundesverfassungsgerichts vom parlamentarischen Gesetzgeber selbst getroffen werden.[518]

Etwas anderes könnte nur dann gelten, wenn sich die belastenden Auswirkungen auf Dritte oder das Allgemeinwohl als geringer bedeutsame bloße Reflexe interner Berufsregeln darstellen.[519] Eine derartige bloße Reflexwirkung ist jedoch in Bezug auf die dargestellten erheblichen faktischen Auswirkungen der Ethikkommissionsvoten abzulehnen. Da der Schutz der Allgemeinheit erklärter

[516] Vgl. Ossenbühl, DVBl. 1967, 401, 406.
[517] BVerfGE 47, 285, 312.
[518] BVerfGE 33, 125, 160.
[519] Vgl. Laufs/Reiling, S.40.

Auftrag der Ärzteschaft ist,[520] erscheint es auch wenig überzeugend, die Regelungen der ärztlichen Berufsordnungen und der Satzungen der öffentlich-rechtlichen Ethikkommissionen zur humanmedizinischen Forschung und die Beurteilung derartiger Forschungsprojekte durch öffentlich-rechtliche Ethikkommissionen lediglich als unbeabsichtigte Nebenfolge für die von den Votierungs- und Beratungsentscheidungen betroffenen Dritten zu sehen.

Die Tätigkeit der öffentlich-rechtlichen Ethikkommissionen im Zusammenhang mit humanmedizinischer Forschung betrifft Lebensbereiche, in denen nicht nur die durch Art.5 Abs.3 GG und Art.12 GG betroffenen Rechte der Forscher und der forschungsfördernden Industrie betroffen sind, sondern in dem an erster Stelle die Rechte und der Schutz der Gesundheit der Patienten und Probanden im Sinne des Art.2 Abs.1 GG zu beachten sind. Auch vor dem Hintergrund der genannten grundrechtlichen Schutzbereiche und ihrer jeweiligen Beschränkungsmöglichkeiten zeigt sich, dass das auf berufsrechtlicher Ebene vorhandene Regelungskonzept in Form von Verweisungen auf die Deklaration von Helsinki nicht den verfassungsrechtlichen Anforderungen, die an Eingriffe in die genannten Grundrechte gestellt werden, genügt.

(2) Die Zulässigkeit der berufsrechtlichen Verweisungen auf die Deklaration von Helsinki mit Blick auf die verfassungsrechtlichen Anforderungen an die Rechtfertigung von Eingriffen in Art.12 GG, Art.5 GG und Art.2 GG

Art.5 Abs.3 GG unterliegt keinem ausdrücklichen Gesetzesvorbehalt, jedoch ist in der Rechtsprechung und Literatur anerkannt, dass auch normtextlich vorbehaltlos garantierte Grundrechte gewissen Einschränkungen unterliegen. Das BVerfG sieht in Übereinstimmung mit der überwiegenden Literatur die Grundrechte systematisch miteinander und mit dem übrigen Verfassungsrecht verschränkt mit der Folge, dass auch die vorbehaltlosen Grundrechte durch kollidierende Grundrechte Dritter und andere mit Verfassungsrang ausgestattete Rechtswerte als im Verfassungsrecht nicht benannte Begrenzungen beschränkt werden können. sog. verfassungsimmanente Schranken.[521] Konflikte mit anderen Verfassungsgütern müssen nach Maßgabe der grundgesetzlichen Wertordnung und unter Berücksichtigung der Einheit dieses Wertsystems durch

520 Vgl. §1 Abs.2 MBO-Ä 1997, dort heißt es: „Aufgabe des Arztes ist es, das Leben zu erhalten, die Gesundheit zu schützen und wiederherzustellen, Leiden zu lindern, Sterbenden Beistand zu leisten und an der Erhaltung der natürlichen Lebensgrundlagen im Hinblick auf ihre Bedeutung für die Gesundheit der Menschen mitzuwirken.“

521 St. Rspr. seit BVerfGE 28, 243, 261; BVerfGE 81, 278, 292; 83, 130, 139; 84, 212, 228. Aus der Literatur: Wipfelder, BayVerwBl. 1981, 417, 457; Richter/Schuppert, S.53f.

Verfassungsauslegung durch Herstellung praktischer Konkordanz gelöst werden.[522] Der Begriff der praktischen Konkordanz bedeutet, dass mittels konkreter Abwägung im Einzelfall am Maßstab des Verhältnismäßigkeitsprinzips den gegenläufigen Wertprinzipien möglichst optimale Wirksamkeit verschafft wird.[523] Die Abwägung der Wertprinzipien der Verfassung soll der Bedeutung der miteinander kollidierenden Grundrechte und des rechtsstaatlichen Grundsatzes der Verhältnismäßigkeit unter Wahrung der Einheit des Grundgesetzes Rechnung tragen.[524] In dem hier interessierenden Bereich der Tätigkeit von öffentlich-rechtlichen Ethikkommissionen im Zusammenhang mit biomedizinischer Forschung kollidiert das Grundrecht der Forschungsfreiheit aus Art.5 Abs.3 GG insbesondere mit dem Grundrecht der Probanden und Patienten auf Leben und körperliche Unversehrtheit aus Art.2 Abs.2 S.1 GG, deren Schutz zu den Pflichten des Staates gehört.[525]

Der Forscher darf sich bei seiner Tätigkeit, insbesondere bei etwaigen Versuchen, nicht über die Rechte seiner Mitbürger auf Leben, Gesundheit oder Eigentum hinwegsetzen.[526] Forschungsvorhaben am Menschen liegen mitten im Bereich eminent wichtiger grundrechtlicher Berührungs- und Verwerfungszonen.[527]

Die bundesgesetzlich und berufsrechtlich festgelegte obligatorische Anrufungspflicht einer Ethikkommission vor Durchführung biomedizinischer Forschungsvorhaben und die anschließende Beurteilung in Form eines Ethikkommissionsvotums bzw. einer Stellungnahme betreffen in erster Linie den Schutz des Probanden bzw. Patienten vor missbräuchlichem und ethisch nicht vertretbarem Forschungshandeln. Die Ethikkommission prüft dabei in Form von Voten, Stellungnahmen und sonstigen Beurteilungen die Voraussetzungen und Umstände humanmedizinischer Forschungsvorhaben.

Da sich die belastenden Auswirkungen der Voten und Stellungsnahmen der Ethikkommissionen, wie gezeigt, nicht nur als bloße Reflexe auf Grundrechtspositionen Dritter darstellen,[528] sondern als faktische Grundrechtseingriffe, handelt es sich auch nicht um eine Materie, die der Autonomie der Selbstverwaltungskörperschaften überlassen wurde. Das vorhandene Regelungskonzept, nach dem die Modalitäten der Votierungsgrundlage der öffentlich-rechtlichen

[522] BVerfGE 47, 327, 369; v. Mangold/ Klein/Starck, GG-Komm. Art.5 Abs.3 Rdn.375.
[523] Dreier-Dreier, Art.5 III Rdn.36 m.w.N. aus Rspr. und Lit.
[524] BVerfG, NJW 1978, 1621f.
[525] BVerfGE 39, 1, 41.
[526] Vgl. Schmidt-Bleibtreu/Klein, Art.5 Rdn.17.
[527] Vgl. Rupp, S.48f.
[528] Vgl. Laufs/Reiling, S.40.

Ethikkommissionen über die jeweiligen Landesgesetze auf die Ebene des ärztlichen Berufsrechts verlagert werden, überlässt es jedoch allein der Ärzteschaft und den kammerangehörigen Ethikkommissionen, ob und in welchem Rahmen die in Art.5 Abs.3 GG geschützte Forschungsfreiheit des Arztes und der Schutz der Probanden auf körperliche Unversehrtheit gemäß Art.2 Abs.2 S.1 GG gewährleistet wird. Für die Votierungstätigkeit der öffentlich-rechtlichen Ethikkommissionen ist daher eine gesetzgeberische Entscheidung aus verfassungsrechtlichen Gründen geboten. Das derzeitige standesrechtliche Konzept betreffend die Tätigkeit der Ethikkommissionen ist im Ergebnis als verfassungswidrig zu bezeichnen.

Gleiches gilt mit Blick auf die festgestellte faktische Beeinträchtigung des Schutzbereichs des Art.12 GG. Art.12 GG enthält einen einfachen Gesetzesvorbehalt, so dass Einschränkungen des Grundrechts aus Art.12 GG nur durch Gesetz oder aufgrund eines Gesetzes erlaubt sind. Der einfache Gesetzesvorbehalt stellt an das eingreifende Gesetz keine besonderen Anforderungen.[529] Wie bereits ausgeführt, gebietet die Verfassung nicht, dass Grundrechtseinschränkungen ausschließlich durch den staatlichen Gesetzgeber oder durch die von ihm ermächtigte staatliche Exekutive angeordnet werden müssen. Grundrechtseinschränkenden Regelungen sind innerhalb bestimmter Grenzen auch in Gestalt von Satzungen zulässig, die von einer mit Autonomie ausgestatteten Körperschaft erlassen werden. Im Hinblick auf das autonome Selbstverwaltungsrecht der Ärzte hat das Bundesverfassungsgericht grundsätzlich festgestellt, dass gegen Normierungen von Regelungen der Berufsausübung in autonomen Satzungen berufsständischer Selbstverwaltungskörperschaften grundsätzlich keine Bedenken bestünden. Das Bundesverfassungsgericht betont dabei jedoch, dass der Verleihung und Ausübung autonomer Satzungsgewalt verfassungsrechtliche Grenzen gesteckt seien. Aus dem Demokratieprinzip, dem Rechtsstaatsprinzip und dem Grundssatz des Vorbehalts des Gesetzes folge, dass es in erster Linie Aufgabe des Gesetzgebers sei, freiheitsbeschränkende Regelungen anzuordnen und damit die Abwägung zu treffen, ob und in welchem Ausmaß die Freiheit des Einzelnen gegenüber den Belangen der Gemeinschaft zurückzutreten habe.[530]

[529] Pieroth/Schlink, §6 IV 2 Rdn.253.
[530] BVerfGE 33, 125, 158 = NJW 1972, 1504f.

Die Entscheidung zwischen notwendiger gesetzgeberischer Entscheidung und sinnvoller autonomer Befugnisse der Verbände stellt dass Bundesverfassungsgericht in entsprechender Anwendung der zu Art.12 GG entwickelten Dreistufenlehre her. Danach gilt, dass sog. statusbildende Regelungen, welche die Freiheit der Berufswahl einschränken, durch den Gesetzgeber selbst getroffen werden müssen, weil dadurch die Rechte anderer, außerhalb des Berufsstandes stehender Dritter, berührt werden.

Demgegenüber können Berufsausübungsregelungen der Autonomie der Selbstverwaltungskörperschaften überlassen werden, weil insoweit lediglich Verbandsmitglieder betroffen sind. Berufsregeln sind ihrerseits nur statthaft, soweit sie durch vernünftige Gründe des Allgemeinwohls gerechtfertigt werden und dem Grundsatz der Verhältnismäßigkeit genügen.[531]

Wie festgestellt, betrifft die Tätigkeit der öffentlich-rechtlichen Ethikkommissionen nicht nur Verbandsmitglieder, sondern auch außerhalb der Kammer stehende Dritte, die Probanden, nämlich Patienten und die Vertreter der Pharmaindustrie. Es handelt sich gerade nicht um eine Materie, die der Autonomie der Selbstverwaltungskörperschaften überlassen ist. Möglicherweise beseitigt aber die Tatsache, dass den Landesärztekammern über die jeweiligen Landesgesetzgebungen die Errichtung der öffentlich-rechtlichen Ethikkommissionen überantwortet wurde, die verfassungsrechtliche Bedenklichkeit des gesamten Regelungskonzepts.

Als grundrechtsbeschränkende Regelungen müssen Berufsausübungsregelungen eine, dem rechtstaatlichen Bestimmtheitsgebot genügende, hinreichend konkrete gesetzliche Grundlage aufweisen.[532] Dabei sind die Anforderungen an die Bestimmtheit der erforderlichen gesetzlichen Ermächtigung umso höher, je empfindlicher der Berufsangehörige in seiner freien beruflichen Betätigung beeinträchtigt wird und je stärker die Interessen der Allgemeinheit an der Art und Weise der Tätigkeit berührt werden.[533] Soweit der parlamentarische Gesetzgeber untergesetzlichen Rechtsnormgebern eine Regelungskompetenz einräumt, muss er daher Inhalt, Zweck und Ausmaß der delegierten Materie mit hinreichender Deutlichkeit bestimmt haben. Das gesetzgeberische Netz an Vorgaben muss dabei umso präziser und deutlicher sein, je empfindlicher die von den Regelungen betroffenen Grundrechtsträger in ihren Grundrechten beeinträchtigt werden.[534]

[531] BVerfGE 61, 291, 312 = NJW 1983, 39; BVerfGE 68, 272, 282 = NJW 1985, 964.
[532] Zum Bestimmtheitsgebot: BVerfGE 48, 210, 222; 49, 89, 129, 138; 58, 257, 278.
[533] BVerfGE 48, 210, 222; 49, 89, 129, 138; 58, 257, 278; ferner BVerfGE 71, 162, 172 = NJW 1986, 1533 m.w.N.
[534] BVerfGE 33, 125, 171f.; vgl. auch Wimmer, NZS 1999, 113f. m.w.N.

Das zulässige Maß für Eingriffe in den Grundrechtbereich muss, um so deutlicher in der gesetzlichen Ermächtigung bestimmt werden, je intensiver eine auf Dauer angelegte Lebensentscheidung des Einzelnen und das Interesse der Allgemeinheit an der Art und Weise der Tätigkeit berührt werden.[535]

Die Ausformung der verfassungsrechtlich gewährleisteten Grundrechte und deren Determinanten ist dem parlamentarischen Gesetzgeber vorbehalten. Die Wesentlichkeit nimmt zu in dem Maße, in dem der Staat nicht nur gewährt, sondern einschränkt oder versagt und wenn widerstreitende Interessen der Bürger im Spiel sind. Die Delegation von Rechtsetzung findet ihre Grenzen stets da, wo der Gesetzgeber allein zur Regelung berufen ist.[536]

Betrachtet man die Landesgesetzgebungen vor diesem Hintergrund, so wird deutlich, dass diese außer der formalen Aufgabenzuweisung an die Landesärztekammern Ethikkommissionen einzurichten sowie deren Verfahren und Organisation zu regeln, keine Vorgaben macht, wie und auf welcher Grundlage die Entscheidungen der öffentlich-rechtlichen Ethikkommissionen zu treffen sind. Die Art und Weise der Tätigkeit der öffentlich-rechtlichen Ethikkommissionen, der Weg und die Grundlage ihrer Entscheidungsfindung berühren jedoch - wie ausgeführt - fundamentale Interessen der Allgemeinheit und damit Nichtverbandsmitglieder.[537] Derartige Regelungen, die außerhalb der Ärzteschaft stehende Dritte nachhaltig betreffen, stehen nicht zur Dispositionen des ärztlichen Berufsrechts.

Hinzu kommt noch folgendes: Die Deklaration von Helsinki wurde nicht von den unmittelbar Normbetroffenen, also den kammerzugehörigen Ärzten in eigener Verantwortung erlassen, sondern durch den Weltärztebund. Die Verweisungen in den Berufsordnungen und den Satzungen der öffentlich-rechtlichen Ethikkommissionen führen aufgrund dieser Tatsache letztlich dazu, dass außenstehende Dritte, die weder demokratisch von den Kammermitgliedern der Landesärztekammern noch auf internationaler Ebene demokratisch legitimiert sind, in grundrechtsrelevanten Bereichen die Voraussetzungen, Umstände und Folgen von Grundrechtseingriffen bestimmen. Die Mitglieder des letztlich normgebenden Gremiums, des Weltärztebundes, leiten ihre Bestellung nicht in einer demokratischen Legitimationskette von den Mitgliedern der deutschen Landesärztekammer ab, sondern setzen sich - wie gezeigt - aus einer Vielzahl nationaler Ärztevertreter zusammen.

535 BVerfGE 33, 125, 160.
536 Vgl. Rupp S. 48ff.; Wimmer, NZS 1999, 113.
537 Zu Recht wird die Tätigkeit der Ethikkommmissionen auch als Dienstleistung für die Allgemeinheit bezeichnet, vgl. Toellner-Toellner, Ethikkommission, S.23.

Auch die mitgliedschaftliche Struktur des Weltärztebundes zeichnet sich nicht durch eine demokratische Legitimierung seitens der einzelnen, von den nationalen Ärztekammern gewählten Vertretern aus, sondern die Einflussmöglichkeiten auf die Entscheidungsfindung des Weltärztebundes hängt - wie ausgeführt - von den geleisteten Beitragszahlungen der jeweiligen Mitglieder ab. Zwischen den abstimmungs-berechtigten Mitgliedern des Weltärztebundes und den Mitgliedern der betreffenden Landesärztekammer besteht keine demokratische Legitimationskette.

Die Deklaration von Helsinki wird im Ergebnis von Mitgliedern eines außerstaatlichen Gremiums beschlossen, deren Legitimation sich nicht von den Bestimmungen der Deklaration letztlich betroffenen Grundrechtsträgern in demokratisch einwandfreier Weise ableiten lässt. Selbst wenn man es als ausreichend erachten würde, dass jedenfalls die von den Landesärztekammern gewählten Vertreter der Bundessärztekammer ihrerseits Vertreter in die Generalversammlung des Weltärztebundes schickten, so erscheint diese Legitimationskette für die in Rede stehenden Grundrechtsbeeinträchtigungen bedenklich lang:

Die Legitimationskette weist folgende Stufen auf: Zunächst entsenden die kammerzugehörige Ärzte Vertreter in die Vertreterversammlung der jeweiligen Landesärztekammer. Die Landesvertreterversammlung entsendet schließlich ihrerseits Vertreter in die Bundesärztekammer. Von dort werden Vertreter in die Generalversammlung des Weltärztebundes und die Kommissionen des Weltärztebundes entsandt. In den Gremien des Weltärztebundes befinden sich neben den deutschen Vertretern sämtliche – ihrerseits mehr oder weniger demokratisch legitimierte – Vertreter anderer nationaler Ärztevereinigungen. Die Länge der Legitimationskette und die dadurch bedingte Bedeutungslosigkeit des ursprünglichen Wählerwillens auf Ebene der einzelnen Landesärztekammern erscheint umso fragwürdiger, als dadurch Regelungen ermöglicht werden, die nicht nur erhebliche Auswirkungen auf die Grundrechte der Ärzte aus Art.5 Abs.3 GG und Art.12 GG haben, sondern auch Grundrechte außerhalb der Landesärztekammern stehender Dritte, nämlich der Probanden und der forschungsfördernden Pharmaindustrie tangieren.

Sowohl die statischen Verweisungen in den Landesberufsordnungen nach dem Vorbild des §15 Abs.2 MBO-Ä als auch die dynamischen Verweisungen in den Satzungen der Ethikkommissionen sind im Ergebnis unter Verfassungsgesichtspunkten äußerst fragwürdig. Dies sowohl im Hinblick auf die Erfordernisse des Demokratieprinzips aus Art.20 Abs.2 GG als auch in Bezug auf das Gebot der Rechtssicherheit als Ausfluss des Rechtsstaatprinzips aus Art.20 Abs.3 GG.

Zum anderen erscheint das Rechtsstaatsprinzip durch das vorhandene Regelungskonzept gefährdet. Die von den Voten und Entscheidungen der öffentlich-rechtlichen Ethikkommission Betroffenen können nicht in zumutbarer Weise feststellen, auf welche Kriterien sich die Entscheidungen der Ethikkommission letztlich stützen. Aufgrund der unterschiedlichen Verweisungstypen in den Satzungen der Ethikkommissionen einerseits und den Landesberufsordnungen andererseits besteht die Gefahr, dass unterschiedliche Fassungen der Deklaration zur Entscheidungsfindung herangezogen werden. Auf welcher Entscheidungsgrundlage ein Votum oder ein Beratungsergebnis basiert, bleibt letztlich völlig unklar. Die derzeitige Gesetzes- und Satzungspraxis und die damit verbundene Rechtsunsicherheit verstärkt sich zusätzlich aufgrund der zwischenzeitig vorliegenden Revision der Deklaration aus dem Jahr 2000 noch weiter, da diese - wie ausgeführt - wesentliche Strukturmerkmale der bisherigen Revisionen der Deklaration aufgibt.

VI. Zusammenfassung

Die Einrichtung von öffentlich-rechtlichen Ethikkommissionen in Deutschland erfolgte ursprünglich mit dem Ziel, Gremien zur Verfügung zu haben, die moralische Standards und Rahmenbedingungen für die im Zusammenhang mit der modernen Biotechnik aufgeworfenen ethischen Probleme entwickeln. Diese Standards sollten möglichst international konsensfähig sein.[538] Die Deklaration von Helsinki fungierte dabei seit ihrem Erlass als maßgebliches Orientierungsmodell des in Deutschland auf dem Gebiet der humanmedizinischen Forschung tätigen Arztes, ohne rechtliche Verbindlichkeit für sich zu beanspruchen.

Die Untersuchung hat gezeigt, dass sich die rechtliche Bedeutung der Deklaration seit ihrem Erlass im Jahre 1964 innerhalb des deutschen Rechts geändert hat. Diese Bedeutungsverschiebung ist einerseits auf den Erlass der 5. AMG-Novelle im Jahr 1994 zurückzuführen. Seit der 5. AMG-Gesetzesnovelle sind die Voten und Beratungsentscheidungen der bei den Ärztekammern und medizinischen Fakultäten gegründeten öffentlich-rechtlichen Ethikkommissionen nicht mehr nur als unverbindliche Stellungnahmen, sondern als verwaltungsrechtliche Entscheidungen über die Durchführung oder Nichtdurchführung humanmedizinischer Forschungsvorhaben zu qualifizieren.

Andererseits stellen die Regelungen der Deklaration - entgegen ihrer allgemeinen Einschätzung - nicht bloß ethische Aussagen über die Vertretbarkeit humanmedizinischer Versuche dar, sondern enthalten überwiegend konkrete Handlungsvorgaben. Dabei ist jedoch die juristische Einordnung in die Systematik der klassischen Rechtsquellen fraglich; die Einordnungsversuche reichen von einer unverbindlichen Empfehlung bis zur Aussage, dass die Deklaration durch ihre Einbeziehung in die Berufsordnungen der jeweiligen Landesärztekammern für die deutschen Ärzte rechtlich verbindlich geworden ist.

Die Arbeit hat gezeigt, dass der Deklaration von Helsinki nicht etwa Gesetzeskraft zukommt, sondern dass sie als Leitlinie vertretbaren Versuchshandelns einzuordnen ist. Damit ist gleichzeitig gesagt, dass ihre Regeln nicht bloß ethische Werturteile sind, sondern konkrete Handlungsanweisungen beinhalten. Mit der Klassifizierung der Deklaration von Helsinki als Leitlinie vertretbaren Versuchshandelns wird ihr Stellenwert im Gesamtrechtssystem festgeschrieben. Dadurch kann die Frage gelöst werden, wie negative Voten, die gemäß den jeweiligen Landesberufsordnungen auf der Grundlage der Deklaration von Helsinki ausgesprochen wurden, rechtlich zu behandeln sind.

[538] Vgl. Thielmann, S.17.

Dies ist bedeutsam, da negative Voten öffentlich-rechtlicher Ethikkommissionen mittelbar faktische Grundrechtseingriffe in Art.5 Abs.3 GG sowie Art.12 GG zu Lasten der Ärzteschaft statuieren.

Grundrechtseingriffe bedürfen nach Art.20 Abs.3 GG zu ihrer Rechtfertigung einer verfassungsrechtlich ausreichenden Rechtsgrundlage. Für den Erlass der Voten der öffentlich-rechtlichen Ethikkommissionen ist daher eine - die festgestellten Grundrechtseingriffe legitimierenden - Ermächtigungsgrundlage zu fordern. Die erforderliche Ermächtigungsgrundlage ist jedoch weder auf bundesgesetzlicher Ebene noch auf landesgesetzlicher Ebene noch im Rahmen des Berufsrechts der Ärzte in verfassungsgemäßer Ausgestaltung zu finden. Vielmehr ist das gesamte Regelungskonzept zur Tätigkeit der Ethikkommissionen auf bundes-, landes- und standesrechtlicher Ebene als verfassungswidrig einzustufen.

Die bundesgesetzlichen Spezialregelungen zur humanmedizinischen Forschung in §40 Abs.1 S.2 AMG und §20 abs.7 S.1 MPG scheiden als Ermächtigungsgrundlage für den Erlass der Ethikkommissionsvoten aus, weil §40 Abs.1 S.2 AMG und §20 Abs.7 S.1 MPG lediglich die Indienstnahme der als bestehend vorausgesetzten öffentlich-rechtlichen Ethikkommissionen festlegen bzw. im Fall des §20 Abs.7 S.1 MPG die Indienstnahme von privaten Ethikkommissionen vorsehen.

Auf bundesgesetzlicher Ebene wird die im Einzelfall zuständige Ethikkommission unterschiedlich bestimmt, und zwar danach, wer Leiter des betreffenden Forschungsvorhaben ist: Kammerzugehörigen Ärzten, die im Rahmen des Anwendungsbereichs des AMG und des MPG humanmedizinische Forschung durchführen wollen, steht - aufgrund der standesrechtlichen Bestimmungen in den Landesberufsordnungen - ausschließlich der Weg zu den öffentlich-rechtlichen Ethikkommissionen offen. Hingegen können Nichtmediziner im Rahmen des MPG auch private Ethikkommissionen anrufen, soweit diese beim Bundesamt für Arzneimittel- und Medizinprodukte registriert sind.

Auch die vorhandenen landesgesetzlichen Regelungen stellen keine ausreichende Ermächtigungsgrundlage für den Erlass der Ethikkommissionsvoten zur Verfügung. Die Heil- und Kammerberufsgesetze weisen den Landesärztekammern lediglich die Aufgabe zu, Ethikkommissionen einzurichten und ihren Aufgabenbereich, ihre Zusammensetzung und ihr Verfahren zu regeln. Normen, die der Verwaltung jedoch lediglich Aufgaben zuweisen, können nicht zu Grundrechtseingriffen ermächtigen.

Die Landesärztekammern haben auf Grundlage der ihnen über die Landesgesetze eingeräumten Kompetenz Satzungen über die Einrichtung, die Zusammensetzung und das Verfahren der bei den Ärztekammern gebildeten Ethikkommissionen erlassen. Nach dem Vorbild des §15 MBO-Ä 1997 wird seit 1988 in den Landesberufsordnungen eine obligatorische Anrufungspflicht der Ethikkommissionen vor Durchführung humanmedizinischer Forschung festgelegt. Dabei wird übereinstimmend - sowohl in den Satzungen der öffentlich-rechtlichen Ethikkommissionen als auch in den ärztlichen Berufsordnungen - die Deklaration von Helsinki als zwingend anzuwendende Entscheidungsgrundlage der Ethikkommissionsvoten festgelegt.

Diese Festlegung erfolgt mittels der Gesetzestechnik der Verweisung, jedoch in unterschiedlicher Ausgestaltung: In den Satzungen der Ethikkommissionen wird über eine dynamische Verweisung auf die Deklaration von Helsinki Bezug genommen, in den Landesberufsordnungen liegen hingegen statische Verweisungen auf die Deklaration von Helsinki in ihrer Fassung von Somerset West aus dem Jahr 1996 vor.

Das gesamte Regelungskonzept auf bundes-, landesgesetzlicher und standesrechtlicher Ebene hat zur Folge, dass den Entscheidungen der Ethikkommissionen unterschiedliche Bestimmungen der Deklaration zu Grunde gelegt werden können: Soweit humanmedizinische Forschung im Rahmen des AMG und MPG zur Begutachtung durch die öffentlich-rechtlichen Ethikkommissionen anstehen, führen die standesrechtlichen Regelungen aufgrund der verschiedenen Verweisungstypen in den Satzungen der Ethikkommissionen einerseits und den ärztlichen Berufsordnungen andererseits zur Anwendung unterschiedlicher Fassungen der Deklaration: Die in den Satzungen der Ethikkommissionen in Bezug genommene aktuelle Fassung der Deklaration stimmt nämlich nicht mit derjenigen Fassung der Deklaration überein, die in den Landesberufsordnungen genannt ist.

Die verfassungsrechtliche Fragwürdigkeit des gesamten derzeitigen Regelungskonzepts wird durch die zwischenzeitig vorliegende Revision der Deklaration aus dem Jahr 2000, die bisher noch in keiner Landesberufsordnung genannt wird, verschärft. Die neugefassten Bestimmungen der Deklaration haben zur Aufgabe wesentlicher Strukturmerkmale der bisherigen Deklaration geführt, vor allem der Unterscheidung zwischen therapeutischem und nicht-therapeutischem Versuch. Außerdem sieht die Deklaration von Helsinki aus dem Jahr 2000 eine erhebliche Erweiterung der Befugnisse der öffentlich-rechtlichen Ethikkommissionen vor.

Aufgrund der unterschiedlichen Verweisungstypen in den Satzungen der Ethikkommissionen einerseits und den Landesberufsordnungen andererseits können deshalb nicht nur die Bestimmungen der Deklaration zeitlich begrenzt bis zur Fassung aus dem Jahr 1996 herangezogen werden, sondern auch die neuen Regelungen aus dem Jahr 2000. Für sämtliche Betroffene ist daher letztlich völlig ungewiss, auf welcher Entscheidungsgrundlage das Beratungsvotum zu stützen ist.

Die Verfassung gebietet zwar nicht, dass Grundrechtseinschränkungen ausschließlich durch den staatlichen Gesetzgeber oder durch die von ihm ermächtigte staatliche Exekutive angeordnet werden müssen. Wie sich aus der Facharztentscheidung des Bundesverfassungsgerichts entnehmen lässt, sind derartige Regelungen innerhalb bestimmter Grenzen auch in Gestalt von Satzungen zulässig, die - wie im Fall der Ärztekammern - von einer mit Autonomie ausgestatteten Körperschaft erlassen werden. Allerdings darf der Gesetzgeber seinen Einfluss auf den Inhalt der von den körperschaftlichen Organen zu erlassenden Normen nicht gänzlich preisgeben und bleibt verpflichtet, in grundlegenden normativen Bereichen, so im Bereich der Grundrechtsausübung alle wesentlichen Entscheidungen selbst zu treffen. Die Regelungspflicht des parlamentarischen Gesetzgebers bei wesentlichen Beeinträchtigungen von Grundrechten und seine Entscheidungspflicht bei grundsätzlichen Satzungsinhalten gilt erst recht, wenn durch die betreffende Satzung Grundrechte der Mitglieder der Körperschaften wesentlich berührt werden und um so mehr, wenn durch sie - wie im Fall der Voten der öffentlich-rechtlichen Ethikkommissionen - Grundrechte Außenstehender in erheblichem Maße beeinträchtigt werden können. Die Tätigkeit der öffentlich-rechtlichen Ethikkommissionen im Zusammenhang mit humanmedizinischer Forschung betrifft Lebensbereiche, in dem nicht nur die durch Art.5 Abs.3 GG und Art.12 GG betroffenen Rechte der Forscher und der forschungsfördernden Industrie betroffen sind, sondern in dem auch besonders die Rechte der Patienten und Probanden aus Art.2 Abs.1 GG zu beachten sind. Die Verweisungen in den Berufsordnungen und den Satzungen der öffentlich-rechtlichen Ethikkommissionen führen letztlich dazu, dass außenstehende Dritte, die weder demokratisch von den Kammermitgliedern der Landesärztekammern noch auf internationaler Ebene demokratisch legitimiert sind, in grundrechtsrelevanten Bereichen die Voraussetzungen, Umstände und Folgen von Grundrechtseingriffen in Form der Ethikkommissionsvoten bestimmen. Das vorhandene Regelungskonzept auf der Ebene ärztlicher Berufsordnungen genügt deshalb insgesamt nicht den verfassungsrechtlichen Anforderungen, die zur Legitimierung von Grundrechtseingriffen notwendig sind.

Die Tätigkeit der Ethikkommissionen und die Grundlage ihrer Entscheidungsfindung betrifft eine Materie, die fundamentale Interessen der Allgemeinheit, d.h. Nichtverbandsmitglieder als Patienten und Probanden berührt und die daher nicht dem Berufsrecht der Ärzte überlassen werden darf. Vor diesem Hintergrund ist auch die Regelung unter A. Ziffer 1 in der revidierten Deklaration aus dem Jahr 2000 einzuordnen: Danach ist vorgesehen, dass die Bestimmungen der Deklaration nicht nur für Ärzte, sondern generell als Richtlinie für alle Personen anzuwenden sind, die in irgendeiner Form an humanmedizinischer Forschung beteiligt sind. Außerhalb der Standesorganisationen stehende Dritte können jedoch aus verfassungsrechtlichen Gründen nicht wirksam an das ärztliche Standesrecht gebunden sein. Die Regelungsbefugnis autonomer Verwaltungsträger beschränkt sich immer auf die Berufsausübung seiner eigenen Mitglieder. In Betracht kommt jedoch die Einführung einer zusätzlichen Regelung in den ärztlichen Berufsordnungen nach der in der biomedizinischen Forschung tätige Ärzte über das Standesrecht verpflichtet werden, nur mit denjenigen Personen Forschungsprojekte umzusetzen, die sich ihrerseits dazu verpflichtet haben, die Grundsätze der Deklaration von Helsinki im Rahmen des durchzuführenden Forschungsobjektes zu berücksichtigen. Die Regelung könnte wie folgt formuliert werden:

„Bei der Durchführung biomedizinischer Forschung am Menschen ist der Arzt verpflichtet, nur mit Personen zusammenzuarbeiten, die sich ihm gegenüber zur Einhaltung der Grundsätze der Deklaration des Weltärztebundes von 1964 (Helsinki) in der revidierten Fassung von 1975 (Tokio), 1983 (Venedig), 1989 (Hongkong), 1996 (Somerset West) und 2000 (Edinburgh) schriftlich verpflichtet haben."

Eine derartige Regelung stellt eine zulässige Berufsausübungsregelung dar und hält sich im Rahmen der Satzungskompetenz der Ärztekammern. Die Bestrebungen der internationalen Ärzteschaft, die Bestimmungen der Deklaration von Helsinki auch auf Nichtmediziner anzuwenden, ist nur einer von vielen Aspekten im Zusammenhang mit der modernen, experimentellen Medizin. Gentechnik, Reproduktionsbiologie und Intensivmedizin dringen zunehmend in Schutzzonen vor, die grundlegende kulturelle Werte und gesellschaftliche Normen in Frage stellen. Es entspricht realistischer Einschätzung des medizinischen Wissenschaftsfortschritts, dass in Zukunft mit einer erheblichen Bedeutungszunahme humanmedizinischer Forschung zu rechnen sein wird.

Letztlich ebnet auch erst die versuchsweise Anwendung medizinwissenschaftlicher Erkenntnisse am Menschen mittels humanmedizinischer Forschungsversuche den Weg zu neuen diagnostischen, therapeutischen und prophylaktischen Verfahren zum Wohl des Menschen.[539]

Umso dringlicher wird die Forderung nach verfassungsrechtlich zulässigen Regelungen in Bezug auf die Tätigkeit der Ethikkommissionen. Ärztliche Standesregeln können dabei zwar grundsätzlich ein sinnvolles Instrument der Kontrolle wissenschaftlicher und ärztlicher Tätigkeit sein. Dies gilt allerdings nur insoweit, als diese Standesregeln sich innerhalb der Satzungskompetenz der Ärztekammern halten und nicht die Rechte außerhalb der Standesorganisation stehender Dritter betreffen. Eine verfassungsrechtlich unbedenkliche Einbindung der Bestimmungen der Deklaration von Helsinki muss mit Blick auf die erhebliche Grundrechtsrelevanz der Gesamtmaterie auf parlamentarischer Ebene vollzogen werden. Gesetzgeberisches Vorbild könnte das französische Loi Huriet vom 20. Dezember 1988 sein, mit dem die Zulässigkeit biomedizinischer Versuche am Menschen umfassend geregelt wurde.[540]

[539] So auch das Vorwort der Deklaration von Helsinki in der Fassung von Somerset West 1996.

[540] Vgl. hierzu ausführlich die rechtsvergleichende Dissertation von Jung, Loi° 88 – 1138 du 20 décembre 1988 sowie Fischer/Lilie, Ärztliche Verantwortung im europäischen Rechtsvergleich, S.77 ff. m.w.N. und Anhang Landesberichte S.253ff. m.w.N.; Maio, Ethik in der Medizin 1994, 143ff.

VII. Literaturverzeichnis

Albers, Marion — Faktische Grundrechtsbeeinträchtigungen als Schutzbereichsproblem, DVBl. 1996, 233

Annas, George/ Grodin, Michael A. — The Nazi Doctors and the Nuremberg Code, Human Rights in Human Experimentation, New York [u.a.] 1992; zit.: Annas/Grodin-Bearbeiter

Appel, Ivo/ Melchiner, Hansjörg — Rechtsanwendung und feststellender Verwaltungsakt, Verw.Arch. 1993, 349

von Bar, Christian — Internationales Privatrecht, 1. Band, Allgemeine Lehren, München, 1987

ders./Fischer, Gerfried — Haftung bei der Planung und Förderung medizinischer Forschungsvorhaben, NJW 1980, 2734

Bausch, Helmut — Die Regelung der Probandenversicherung im neuen Arzneimittelrecht, VersR 1979, 212

Beecher, Henry — Research and the Individual, Boston 1970; zit.: Beecher, Research

ders. — Experimentation in Man. Report to the council, JAMA 1959 (169) 461

ders. — Ethics and clinical Research, The New England Journal of Medicine, 1966 (274) 1354

ders. — Consent in clinical Experimentation: Myth and Reality, JAMA 1966 (195) 34

Berger, Klaus Peter — Formalisierte oder „schleichende" Kodifizierung des transnationalen Wirtschaftsrechts: Zu den methodischen und praktischen Grundlagen der lex mercatoria, Berlin [u.a.] 1999

Bernard, Claude	Introduction à l'étude de la médicine expérimentale, Paris 1865
Bleckmann, Albert	Grundprobleme und Methoden des Völkerrechts, 2. Aufl., Freiburg 1995, zit.: Bleckmann, Völkerrecht
ders.	Staatsrecht II – Die Grundrechte, 4. Aufl., Köln [u.a.] 1997; zit.: Bleckmann, Staatsrecht II
ders./Eckhoff, Rolf	Der „mittelbare" Grundrechtseingriff, DVBl. 1988, 373
Böse, Martin	Das Beratungsmonopol der öffentlich-rechtlichen Ethik-Kommissionen, zugleich Be sprechung des Urteils des VG Stuttgart vom 29.06.2001 – 4 K 5787/00, MedR 2002, 244
Bureau des Ministeriums des Inneren	Ministerial-Blatt für die gesamte innere Verwaltung in den königlich preußischen Staaten, 1891, 52. Jahrgang IV, S.27
Bundesärztekammer	Empfehlung zur Errichtung von Ethik-Kommissionen bei den Ärztekammern, 1979
dies.	Arbeitsdokument für den Vorschlag zur Überarbeitung der Deklaration von Helsinki der Bundesärztekammer vom 7. Juni 2000
Clade, Harald	Medizinische Leitlinien - Kein Disziplinierungsinstrument, DÄBl. 1999, B-1675
ders.	Deklaration von Helsinki – zeitlose Norm, DÄBl. 2004, B-1298
Classen, Claus-Dieter	Ethikkommissionen zur Beurteilung von Versuchen am Menschen: neuer Rahmen, neue Rolle, MedR 1995, 148

Clemens, Thomas | Verfassungsrechtliche Anforderungen an untergesetzliche Rechtsnormen – Bemerkungen zu den Referaten der Rostocker Tagung, MedR 1996, 432

Czwalinna, Joachim | Ethik - Kommissionen: Forschungslegitmation durch Verfahren, Frankfurt am Main, [u.a.], 1987; zit.: Czwalinna, Forschungslegitimation durch Verfahren

ders. | Ethik-Kommissionen für medizinische Forschung am Menschen: Bestand, Struktur und Vorgehensweise, MedR 1986, 306

Deutsch, Erwin | Medizin und Forschung vor Gericht: Kunstfehler, Aufklärung und Experiment im deutschen und amerikanischen Recht; Vortrag 28. Oktober 1977, Heidelberg [u.a.] 1978; zit.: Deutsch, Medizin und Forschung

ders. | Das Recht der klinischen Forschung am Men schen: Zulässigkeit und Folgen der Versuche am Menschen dargestellt im Vergleich zu dem amerikanischen Beispiel und den internationalen Regelungen, Frankfurt am Main [u.a.], 1979; zit.: Deutsch, Recht der klinischen Forschung

ders. | Die zehn Punkte des Nürnberger Ärzteprozesses über die klinische Forschung am Menschen: der sog. Nürnberger Codex in: Festschrift für Rudolf Wassermann zum sechzigsten Geburtstag, Hrsg.: Christian Broda, Erwin Deutsch, Hans-Joachim Schreiber, Hans-Jochen Vogel, Darmstadt, Neuwied 1985; zit.: Deutsch in: Wassermann-FS

ders. | Das internationale Recht der experimentellen Humanmedizin, NJW 1978, 570

ders.	Ethik-Kommissionen für medizinische Versuche am Menschen: Errichtung, Funktion, Verfahren, NJW 1981, 614
ders.	Die rechtlichen Grundlagen und die Funktion der Ethik-Kommissionen, VersR 1989, 429
ders	Die fünfte Novelle zum Arzneimittelgesetz – Gesetzgebung im Vermittlungsausschuss, NJW 1994, 2381
ders.	Das Gesetz über Medizinprodukte von 1994, NJW 1995, 752
ders.	Der Beitrag des Rechts zur klinischen Forschung in der Medizin, NJW 1995, 3019
ders.	Die Bildung von Ethikkommissionen nach §40 AMG, VersR 1995, 121
ders.	Haftungserhebliche Standards, JZ 1997,1032
ders.	Ethik - Kommission und Freiheit der Forschung, VersR 1999, 1
ders.	Klinische Forschung International: Die Deklaration von Helsinki des Weltärztebundes in neuem Gewand, NJW 2001, 857
ders./Lippert, Hans-Dieter	Kommentar zum Arzneimittelgesetz, Berlin [u.a.] 2001; zit.: Deutsch/Lippert-Bearbeiter, AMG-Komm.
dies.	Ethikkommission und klinische Prüfung – Vom Prüfplan zum Prüfvertrag, Berlin [u.a.] 1998; zit.: Deutsch/Lippert-Bearbeiter, Ethik kommission und klinische Prüfung
ders./Lippert, Hans-Dieter/ Ratzel, Rudolf	Medizinproduktegesetz: Kommentar, Köln, Berlin [u.a.] 2002; zit.: Deutsch/ Lippert/ Ratzel-Bearbeiter, MPG-Komm.

ders./Spickhoff, Andreas	Medizinrecht, Arztrecht, Arzneimittelrecht, Medizinprodukterecht und Transfusionrecht, 5. Aufl., Berlin [u.a.] 2003; zit.: Deutsch, Medizinrecht
ders./Taupitz, Jochen	Forschungsfreiheit und Forschungskontrolle in der Medizin - Zur geplanten Revision der Deklaration von Helsinki, Freedom and Control of Biomedical Research - The planned Revision of the Declaration of Helsinki, Berlin, Heidelberg 2000; zit.: Deutsch/Taupitz-Bearbeiter, Revision der Deklaration
dies.	Forschungsfreiheit und Forschungskontrolle in der Medizin – zur geplanten Revision der Deklaration von Helsinki, MedR 1999, 402
Discher, Thomas	Mittelbarer Eingriff, Gesetzesvorbehalt, Verwaltungskompetenz: Die Jugendsekten-Entscheidung BVerwGE 82, 76; BVerwG, NJW 1991, 1770; 1992, 2496; BVerfGE, NJW 1989, 3269; JuS 1993, 463
di Fabio, Udo	Grundrechte im präzeptoralen Staat am Beispiel hoheitlicher Informationstätigkeit, JZ 1993, 689
ders.	Verlust der Steuerungskraft klassischer Rechtsquellen, NZS 1998, 449
Dreier, Horst	Grundgesetz-Kommentar, Bd. I, Art. 1 - 19 Tübingen 1996; zit.: Dreier-Bearbeiter, GG.-Komm.
Doppelfeld, Elmar	Die Nagelprobe, Zukunftsträchtige Verhandlungen des Councils der WMA, DÄBl. 1999, A - 1400
ders.	Offene Fragen, ungelöste Probleme, DÄBl. 1999, B - 2544

ders.	Probe auf die Glaubwürdigkeit, DÄBl. 2000, B - 1346
ders.	Ein Kompromiss „aus politischen Gründen" DÄBl. 2000, B - 2478
ders.	Struktur und Perspektive, DÄBl. 2001, B – 1612
Elzer, Oliver	Die Grundrechte Einwilligungsunfähiger in der klinischen Prüfung - ein Beitrag zum EMRÜ-Biomedizin, MedR 1998, 122
Engel, Christoph	Planungssicherheit für Unternehmen durch Verwaltungsakt, Tübingen 1992
Erichsen, Hans Uwe	Die Umsetzung von Beamten, DVBl. 1982, 96
ders./Ehlers, Dirk	Allgemeines Verwaltungsrecht, 12. Aufl., Berlin 2002 zit.: Erichsen/Ehlers-Bearbeiter
Eser, Albin	Biomedizin und Menschenrecht: die Menschenrechtskonvention des Europarates zur Biomedizin; Dokumentation und Kommentare, Frankfurt am Main 1999; zit.: Eser-Bearbeiter
Fischer, Gerfried	Medizinische Versuche am Menschen, Zulässigkeitsvoraussetzungen und Rechtsfolgen, Göttingen 1979; zit.: Fischer, Medizinische Versuche
ders.	Rechtsprobleme der Trendbeurteilung bei der klinischen Prüfung von Arzneimitteln, MedR 1987, 77
ders. Lilie, Hans	Ärztliche Verantwortung im europäischen Rechtsvergleich, Köln [u.a.] 1999; zit.: Fischer/Lilie, Ärztliche Verantwortung im europäischen Rechtsvergleich

Fishbein, Morris	A history of the American Medical Association 1847 to 1947, Philadelphia/London 1947; zit.: Fishbein, American Medical Association
Fletcher, William	Rice and Beri Beri, The Lancet 1907 (1), 1776
Foucault, Michel	Mikrophysik der Macht. Über Strafjustiz, Psychiatrie und Medizin, Berlin 1976; zit.: Foucault, Mikrophysik
ders.	Überwachen und Strafen. Die Geburt des Gefängnisses, 8. Aufl., Frankfurt am Main 1989,zit.: Foucault, Geburt des Gefängnisses
Freund, Georg	Aus der Arbeit einer Ethik-Kommission: Zur Steuerung von Wissenschaft durch Organisation, MedR 2001, 65
Fried, Charles	Medical Experimention: personal integrity and social policy, 1974
Fröhlich, Uwe	Forschung wider Willen? Rechtsprobleme biomedizinischer Forschung mit nicht- einwilligungsfähigen Personen, 1999
Furkel, Francoise	Bioethik und Menschenrechte, Köln [u.a.] 1993; zit.: Furkel-Bearbeiter
Gallwas, Hans-Ulrich	Faktische Beeinträchtigungen im Bereich der Grundrechte: ein Beitrag zum Begriff der Nebenwirkungen, Berlin 1970
Giesen, Richard	Internationale Maßstäbe für die Zulässigkeit medizinischer Heil- und Forschungseingriffe - Das Vorhaben einer europäischen Bioethik-Konvention, MedR 1995, 353
Glosse	Geheimwissenschaften, NJW 1956, 1307
Gröschner, Rolf	Öffentlichkeitsarbeit als Behördenaufgabe, DVBl. 1990, 619

Gusy, Christoph — Anmerkung zum Urteil des BVerwG vom 23.5.1989 – 7 C 287 (OVG Münster), JZ 1989, 1003

Hart, Dieter — Ärztliche Leitlinien: Empirie und Recht professioneller Normsetzung, Baden-Baden 2000; zit.: Hart, Ärztliche Leitlinien

ders. — Ärztliche Leitlinien - Definitionen, Funktionen, rechtliche Bewertungen. Gleichzeitig ein Betrag zum medizinischen und rechtlichen Standardbegriff, MedR 1998, 8

ders. — Evidenz-basierte Medizin und Gesundheitsrecht Überlegungen zur rechtlichen Konsequenz der Verwissenschaftlichung der Medizin, MedR 2000, 1

Hasskarl, Horst — Klinische Arzneimittelprüfung und Ethikkommissionen - rechtliche Probleme und Entwicklungen - in: Festschrift für Erwin Deutsch zum 70. Geburtstag, Köln [u.a.] 1999, Hrsg.: Hans-Jürgen Ahrens, Christian von Bar, Gerfried Fischer, Andreas Spickhoff, Jochen Taupitz; zit.: Hasskarl in: Deutsch-FS

Heberer, Jörg — Das ärztliche Berufs- und Standesrecht, Lehr - und Handbuch des Arztrechts für Ärzte und Juristen in Ausbildung und Praxis, 2. Aufl., Augsburg 2001

Heinze, Kurt/Schilling, Karl — Die Rechtsprechung der Nürnberger Militärtribunale, Sammlung der Rechtsthesen der Urteile und gesonderten Urteilsbegründungen der dreizehn Nürnberger Prozesse, Bonn/Hamburg 1952

Herber, Rolf — Lex mercatoria und "Principles" – gefährliche Irrlichter im internationalen Kaufrecht, IHR 1/2003, 1

Herdegen, Matthias	Internationales Wirtschaftsrecht, München 1995
Hesse, Hans Albrecht	Der Schutz-Staat geht um, JZ 1991, 744
Heusel, Wolfgang	"Weiches" Völkerrecht: Eine vergleichende Untersuchung typischer Erscheinungsformen, Baden-Baden 1991
Hill, Arthur Bradford	Medical Ethics and controled trials, BMJ 1963, 1043
Hill, Hermann	Zur Verweisung auf Richtlinien im Kassenarztrecht, NJW 1982, 2104
ders.	Abschied von der öffentlichen Ordnung im Polizei- und Ordnungsrecht? DVBl. 1985, 88
Holzhauer, Heinz	Zur klinischen Prüfung von Medikamenten an Betreuten, NJW 1992, 2325
Hesse, Konrad	Grundzüge des Verfassungsrechts der Bundesrepublik Deutschland, 20. Aufl., Heidelberg 1999
Huber, Peter M.	Die Informationstätigkeit der öffentlichen Hand - ein grundrechtliches Sonderregime aus Karlsruhe?, JZ 2003, 290
International Military Tribunal	Der Prozess gegen die Hauptkriegsverbrecher vor dem internationalen Militärgerichtshof, Nürnberg 14. November 1945 - 1. Oktober 1946, Nürnberg 1947, Bd. I, amtlicher Wortlaut in deutscher Sprache, Einführungsband; zit.: Hauptkriegsverbrecher
Ipsen, Jörn	Staatsrecht II Grundrechte, 6. Aufl., München [u.a.] 2003
Isensee, Josef/Kirchhof, Paul	Handbuch des Staatsrecht Bd. III, Heidelberg 1988; Bd. V, Heidelberg 1992; zit.: Isensee/Kirchhof-Bearbeiter, HStR Bd. III bzw. Bd. V

Jahrmärker, Hans	Aufgaben und Bedeutung der Ethik-Kommission, Med. Klinik 1990, 672
Jarass, Hans D./Pieroth, Bodo	Grundgesetz für die Bundsrepublik Deutschland, 6. Aufl., München 2002; zit.: Jarass/Pieroth, GG-Komm.
Jost, Johannes O.	Leitlinien in der Chirurgie: vor dem Spiegel von Qualitätssicherung und Rechtsprechung. GSG-Umsetzung in der Praxis: Bedeutung für die Gefässchirurgie [Titisee-Symposiom 1996], Darmstadt 1997; zit.: Jost-Bearbeiter
Jung, Andrea	Die Zulässigkeit biomedizinischer Versuche am Menschen, Eine rechtsvergleichende Untersuchung auf der Grundlage der Loi n° 88-1138 du 20 décembre 1988 relative à la protection des personnes qui se prétent à des recherches biomédicales, Köln [u.a.] 1996; zit.: Jung, Loi° 88-1138 du 20 décembre 1988
Jung, Heike/Müller-Dietz, Heinz/ Neumann Ulfrid	Recht und Moral, Beiträge zu einer Standortbestimmung (Entscheidungsprozesse bei medizinethischen Grenzfragen: Zur Rolle der Ethik-Kommissionen), Baden-Baden 1991
Kern, Bernd-Rüdiger	Die Bioethik - Konvention des Europarates Bioethik versus Arztrecht?, MedR 1998, 485
Kleinsorge, Hellmuth/ Hirsch, Günter/ Weißauer, Walther	Forschung am Menschen, Berlin/Heidelberg 1985; zit.: Kleinsorge/Hirsch/Weißauer Bearbeiter
Klöpfer, Michael	Der Vorbehalt des Gesetzes im Wandel, JZ 1984, 685

Kloesel, Arno/Cyran, Walter — Arzneimittelrecht-Kommentar Bd. II und Bd. III, Loseblattsammlung, 3. Aufl., 85. Ergänzungslieferung 1. November 2003, Stuttgart; zit.: Kloesel/Cyran-Bearbeiter AMG-Komm. Bd. II bzw. Bd. III

Kluth, Winfried — Funktionale Selbstverwaltung: verfassungsrechtlicher Status – verfassungsrechtlicher Schutz, Tübingen 1997

ders. — Verfassungsrechtliche Vorgaben für die Reglementierung ärztlichen Handelns, ZaeFQ (2004) 98: 232-235

Kollwitz, Arne — Kontrolle medizinischer Forschung durch Ethikkommissionen, Darmstadt 1999

Kopp, Ferdinand O./ Ramsauer, Ulrich — Verwaltungsverfahrensgesetz, 8. Aufl., München 2003

Kramer, Rainer/Zerlett, Georg — Kommentar zur Verordnung über den Schutz vor Schäden durch ionisierende Strahlen mit amtlicher Begründung und zum Gesetz zum vorsorgendem Schutz der Bevölkerung gegen Strahlenbelastung, 3. Aufl., Köln 1990

Laufs, Adolf — Arzt, Patient und Recht am Ende des Jahrhunderts, NJW 1999, 1758

ders./Uhlenbruck, Wilhelm — Handbuch des Arztrechts, 3. Aufl., München 2002,zit.: Laufs/Uhlenbruck-Bearbeiter,Arztrecht

ders./Reiling, Emil — Ethik-Kommissionen -Vorrecht der Ärztekammern?: Das Verhältnis von Berufsordnungsrecht und Ethik-Kommissionen dargestellt am Beispiel des neuen §1 Abs.4 der Muster-Berufsordnung für die deutschen Ärzte, Berlin 1991

Leake, Chauncey Depew — Percival´s Medical Ethics, Baltimore 1927; zit.: Leake, Medical Ethics

Leaning, Jennifer	War crimes and medical science, BMJ 1996 (313) 1413
Leidinger, Tobias	Hoheitliche Warnungen, Empfehlungen und Hinweise im Spektrum staatlichen Informationshandelns, DÖV 1993, 925
Lippert, Hans-Dieter	Voraussetzungen und Grenzen standesrechtlicher Regelungen für die Tätigkeit der Ethik -Kommissionen bei Forschungsvorhaben am Menschen, ZRP 1992, 191
ders.	Die Deklaration von Helsinki ist tot – es lebe die Deklaration von Helsinki, MedR 2003, 681
Lippert, Hans-Dieter/ Eisenmenger, Wolfgang	Forschung am Menschen: der Schutz des Menschen – die Freiheit des Forschers, Berlin 1999; zit.: Lippert/Eisenmenger-Bearbeiter
Lübbe-Wolff, Gertrude	Die Grundrechte als Eingriffsabwehrrechte: Struktur und Reichweite der Eingriffsdogmatik im Bereich staatlicher Leistungen, Baden-Baden 1988; zit.: Lübbe-Wolff, Eingriffsabwehrrechte
dies.	Rechtsprobleme der behördlichen Umweltberatung, NJW 1987, 2705
Maio, Giovanni	Forschung am Menschen. Eine französische Debatte, Ethik in der Medizin, 1994, 143
v. Mangoldt, Hermann/Klein, Friedrich/Starck, Christian	Das Bonner Grundgesetz Kommentar, Bd. I, Präambel Art.1-19, 4. Aufl., München 1999; zit.: v. Mangold/Klein/Starck, GG-Komm. Bd.1
Masse, Ferdinande	Voltaire, Francois Marie Aronet de, Lettres Anglaises, 1964

Maunz, Theodor/Dürig, Günter/ Herzog, Roman — Kommentar zum Grundgesetz, Band I, Art.1 bis 11 GG, 42. Ergänzungslieferung, Februar 2003, München; zit.: Maunz/Dürig/Herzog-Bearbeiter

Maurer, Hartmut — Allgemeines Verwaltungsrecht, 14. Aufl., München 2002

Meyer, Rudolf — Bona fides und lex mercatoria in der europäischen Rechtstradition, Göttingen, 1994

Ministerium der geistlichen Unterrichts- und Medizinalangelegenheiten — Centralblatt für die gesamte Unterrichtsverwaltung in Preußen, Berlin 1901

Minutes of the World Medical Association, Az. 17.C/A/89, Original: English (July 1989)

Mitscherlich, Alexander/ Mielke, Fred — Medizin ohne Menschlichkeit: Dokumente des Nürnberger Ärzteprozesses, Frankfurt am Main 1991; zit.: Mitscherlich/Mielke

Moll, Albert — Ärztliche Ethik: die Pflichten des Arztes in allen Beziehungen seiner Tätigkeit, Stuttgart 1902

Müller, Friedrich — Die Zulässigkeit ärztlicher Versuche an gesunden und kranken Menschen, Aerztliche Standesangelegenheiten, Münch. Med. Wochenschrift, 1931, 104

Müller, Hanswerner — Handbuch der Gesetzgebungstechnik, Köln [u.a.] 1963; zit.: Müller, Gesetzgebungstechnik

v. Münch, Ingo/ Kunig, Philip — Grundgesetz-Kommentar Bd I, Präambel Art. 1-19; 5. Aufl., München 2000; zit.: v. Münch/Kunig-Bearbeiter

Murswiek, Dietrich — Staatliche Warnungen, Wertungen, Kritik als Grundrechtseingriffe - Zur Wirtschafts- und Meinungslenkung durch staatliches Informationshandeln, DVBl. 1997, 1021

MSD Sharp & Dohme GmbH, ein Unternehmen der Merck & Co., Inc. — MSD-Manuel der Diagnositk und Therapie, 5. Aufl., München 1993; zit.: MSD-Manual

Ossenbühl, Fritz — Die verfassungsrechtliche Zulässigkeit der Verweisung als Mittel der Gesetzgebungstechnik, DVBl. 1967, 401

ders. — Richtlinien im Vertragsarztrecht, NZS 1997, 497

Pappworth, Maurice Henry — Menschen als Versuchskaninchen. Experiment und ärztliches Gewissen, München 1973

Pfeiffer, Gerd — Die gegenwärtige und künftige Problematik der Ethik-Kommissionen, VersR 1991, 613

ders. — Fünftes Gesetz zu Änderung des Arzneimit telgesetzes, VersR 1994, 1377

Pieroth, Bodo/ Schlink, Bernhard — Grundrechte, Staatsrecht II, 19. Aufl., Heidelberg 2003

Protokolle zur ersten jährlichen Generalversammlung des Weltärztebundes, 17. - 20. September 1947, Paris

Ratzel, Rudolf — Ärztliches Standesrecht, Eine Darstellung für Klinik und Praxis, Frankfurt am Main 1990; zit.: Ratzel, Standesrecht

ders./Lippert, Hans-Dieter — Medizinproduktegesetz: Eine Einführung, Neuwied [u.a.] 2000; zit.: Ratzel/Lippert, MPG

dies.	Kommentar zur Musterberufsordnung der deutschen Ärzte (MBO), 2. Aufl., Berlin [u.a.] 1998; zit.: Ratzel/Lippert, MBO-Komm.
Rehmann, Wolfgang	Arzneimittelgesetz, München 1999
Richter, Ingo/Schuppert, Gunnar Folke/Bumke, Christian	Casebook Verfassungsrecht, 3. Aufl., Mün chen 2000
Rieger, Hans Jürgen	Lexikon des Arztrechts, 1. Aufl., Berlin [u.a.] 1984; zit.: Rieger, Arztrecht
ders.	Lexikon des Arztrechts, 2. Aufl., Heidelberg; zit.: Rieger, Arztrecht, 2. Aufl.
Roth, Wolfgang	Faktische Eingriff in Freiheit und Eigentum: Struktur und Dogmatik des Grundrechtstatbestandes und der Eingriffsermächtigung; Berlin 1994; zit.: Roth, Faktische Eingriffe
Routley, T. Clarence	I believe in This – The Aims and Objects of The World Medical Associaiton, WMJ 1959 (6), 327
Rupp, Hans-Heinrich	Verfassungsrechtliche Probleme der Ausschließlichkeit der bei den Landesärztekammern und medizinischen Fakultäten gebildeten Ethik-Kommissionen: Rechtsgutachten erstattet im November 1988, Mainz
Sachs, Michael	Grundgesetz: Kommentar, 2. Aufl., München 1999; zit.: Sachs-Bearbeiter, GG.-Komm.
ders.	Die relevanten Grundrechtsbeeinträchtigungen, Jus 1995, 303

Sander, Axel — Arzneimittelrecht, Kommentar für die juristische und pharmazeutische Praxis zum Gesetz über den Verkehr mit Arzneimitteln (Arzneimittelgesetz) sowie mit Betäubungsmitteln (BtmG), Loseblatt-Sammlung, 31. Ergänzungslieferung, Berlin/Köln 1997

Schaupp, Walter — Der ethische Gehalt der Helsinki Deklaration: eine historisch-systematische Untersuchung der Richtlinien des Weltärztebundes über Biomedizinische Forschung am Menschen, Interdisziplinäre Ethik, Frankfurt am Main [u.a.] 1993

Schenke, Wolf-Rüdiger — Öffentliches Recht: Der „versuchte" Spargel, JuS1989, 557

ders. — Rechtliche Grenzen der Rechtsetzungsbefugnisse von Ärztekammern, NJW 1991, 2313

ders. — Verfassungsrechtliche Probleme einer öffentlich-rechtlichen Monopolisierung der ethischen Beratung bei klinischen Versuchen am Menschen, NJW 1996, 745

Schirmer, Dieter — Verfassungsrechtliche Probleme der untergesetzlichen Normsetzung im Kassenarztrecht, MedR 1996, 404

Schlacke, Sabine — Die Pflicht zur Anrufung von Ethik-Kommissionen bei multizentrischen Arzneimittelprüfungen nach der 8. AMG-Novelle, MedR 1999, 551

Schlenker, Rolf-Ulrich — Das Entscheidungsmonopol des Bundesausschusses für neue medizinische Verfahren und Außenseitermethoden – Konsequenzen einer neuen Rechtsprechung des Bundessozialgerichts, NZS 1998, 411

Schloßmann, Arthur	Die Zulässigkeit ärztlicher Versuche an ge Sunden und kranken Menschen, Ärztliche Standesangelegenheiten, Münch.Med. Wochenschrift, 1931, 958
Schmidt-Bleibtreu, Bruno/ Klein, Franz	Kommentar zum Grundgesetz, 9. Aufl., Neuwied [u.a.] 1999; zit.: Schmidt-Bleibtreu/Klein-Bearbeiter
Schnapp, Friedrich E.	Geltung und Auswirkungen des Gesetzesvorbehalts im Vertragsarztrecht, MedR 1996, 418
Schoch, Friedrich	Staatliche Informationspolitik und Berufsfreiheit, DVBl. 1991, 667
Scholz, Karsten/Stoll, Tonio	Bedarfsprüfung und Wirksamkeitskontrolle durch Ethikkommissionen, MedR 1990, 58
Schröder, Michael	Ethik-Kommissionen, Embryonenschutz und In-vitro-Fertilisation: gültige Regelungen im ärztlichen Standesrecht?, VersR 1990, 243
Schulte, Martin	Informales Verwaltungshandeln als Mittel staatlicher Umwelt- und Gesundheitspflege, DVBl. 1988, 512
Schwerdtfeger, Gunther	Die Leistungsansprüche der Versicherten im Rechtskonkretisierungskonzept des SGB V (Teil1), NZS 1998, 49
Seidl-Hohenveldern, Ignaz/ Loibl, Gerhard	Das Recht der internationalen Organisationen einschließlich der supranationalen Gemeinschaften, 7. Aufl., Köln [u.a.] 2000; zit.: Seidl-Hohenveldern/Loibl, Internationale Organisationen
Sigerist, Henry-Ernest	Große Ärzte: eine Geschichte der Heilkunde in Lebensbildern, 4. Aufl., München 1959

Sobota, Katharina	Die Ethik-Kommission - Ein neues Institut des Verwaltungsrechts?, AöR 1996, 229
Stauder, Alfons	Die Zulässigkeit ärztlicher Versuche an gesunden und kranken Menschen, Ärztliche Standesangelegenheiten, Münch. Med. Wochenschrift, 1931, 107
Stelkens, Paul/Bonk, Joachim/ Sachs, Michael	Verwaltungsverfahrensgesetz, 6. Aufl., München 2001; zit.: Stelkens/Bonk/Sachs-Bearbeiter
Stellungnahme des Bundesjustizministeriums	Informationen zu Entstehungsgeschichte, Zielsetzung und Inhalt - Das Übereinkommen über Menschenrechte und Biomedizin des Europarates vom 4. April 1997, Februar 1998, zit.: Übereinkommen über Menschenrechte und Biomedizin des Europarates
Taupitz, Jochen	Die Standesordnungen der freien Berufe: geschichtliche Entwicklung, Funktionen, Stellung im Rechtssystem, Berlin 1991
ders.	Die neue Deklaration von Helsinki, Vergleich mit der bisherigen Fassung, DÄBl. 2001, A 2413
ders.	Note of Clarification, Kaum zu verantworten DÄBl. 2002, B – 332
Thielmann, Lars	Merkmale der Bioethik-Debatte, Zeitschrift für den Disput über Wissen, Schwerpunkt Forschungsfreiheit, 1998, 16

Tiedemann, Klaus/
Tiedemann, Inge — Zur strafrechtlichen Bedeutung des sogenannten kontrollierten Versuches bei der klinischen Arzneimittelprüfung in: Festschrift für Rudolf Schmitt zum 70. Geburtstag, Tübingen 1992, Hrsg.: Klaus Geppert, Joachim Bohnert, Rudolf Rengier; zit.: Tiedemann in: Schmitt-FS

Tiedemann, Inge — Voraussetzungen und Grenzen rechtlicher Regelungen für die Tätigkeit von Ethik-Kommissionen bei Forschungsvorhaben am Menschen, ZRP 1991, 54

Toellner, Richard — Die Ethik-Kommission in der Medizin, Prolemgeschichte, Aufgabenstellung, Arbeitsweise, Rechtsstellung und Organisationsformen medizinischer Ethik-Kommissionen, Stuttgard [u.a.] 1990; zit.: Toellner-Bearbeiter, Ethikkommission

ders./Wiesing, Urban — Geschichte und Ethik in der Medizin: von den Schwierigkeiten einer Kooperation; Dokumentation der Jahresversammlung des Arbeitskreises medizinischer Ethikkommissionen in der Bundesrepublik Deutschland, Köln 1997; Stuttgart [u.a.] 1997; zit.: Toellner/Wiesing-Bearbeiter

Trute, Hans-Heinrich — Die Forschung zwischen grundrechtlicher Freiheit und staatlicher Institutionalisierung: das Wissenschaftsrecht als Recht kooperativer Verwaltungsvorgänge, Tübingen 1994

Ule, Carl-Hermann/
Laubinger, Hans-Werner — Verwaltungsverfahrensrecht: ein Lehrbuch für Studium und Praxis, 4. Aufl., Köln [u.a.] 1995

Verdross, Alfred/Simma, Bruno — Universelles Völkerrecht: Theorie und Praxis, 3. Aufl., Berlin 1984

Vesting, Jan-W.	Die Verbindlichkeit von Richtlinien und Empfehlungen der Ärztekammern nach der Musterberufsordnung 1997, MedR 1998, 168
Vitzthum, Wolfgang Graf	Völkerrecht, Berlin [u.a.] 1997; zit.: Vitzthum-Bearbeiter
Vollmann, Jochen/Winau, Rolf	Informed consent in human experimentation Before the Nuremberg code (Nuremberg Doctors' Trial), BMJ 1996 (313), 1445-47
Wahl, Rainer/Masing, Johannes	Schutz durch Eingriff, JZ 1990, 553
Werle, Gerhard	Völkerstrafrecht, Tübingen 2003; zit.: Werle, Völkerstrafrecht
Weise, Paul-Frank	Lex mercatoria, Frankfurt am Main, 1990
Wienke, Albrecht	Leitlinien als Mittel der Qualitätssicherung in der medizinischen Versorgung, MedR 1998, 172
Wiesemann, Claudia/ Frewer, Andreas	Medizin und Ethik im Zeichen von Auschwitz 50 Jahre Nürnberger Ärzteprozeß, Erlangen und Jena, 1996; zit.: Wiesemann/Frewer-Bearbeiter
Wigge, Peter	Evidenz-basierte Richtlinien und Leitlinien – Qualitätssicherung oder Steuerungselemente in der GKV?, MedR 2000, 574
Wilkening, Almut	Zur aktuellen Praxis der Ethik - Kommissionen – Verbreitung, Besetzung und Beratungsinhalte, MedR 2001, 301
Wille, Siegfried	Grundsätze des Nürnberger Ärzteprozesses, NJW 1949, 377
Wimmer, Raimund	Verfassungsrechtliche Anforderungen an untergesetzliche Rechtsetzung im Vertragsarztrecht, MedR 1996, 425

ders.	Grenzen der Regelungsbefugnis in der vertragsärztlichen Selbstverwaltung, NZS 1999, 113
Winter, Stefan F./ Fenger, Hermann/ Schreiber, Hans-Ludwig	Genmedizin und Recht: Rahmenbedingungen und Regelungen für Forschung, Entwicklung, Klinik, Verwaltung, München 2001; zit.: Bearbeiter-Winter/Fenger/Schreiber, Genmedizin und Recht
Wipfelder, Hans-Jürgen	Ungeschriebene und immanente Schranken der Grundrechte, BayVerwBl. 1981, 417
World Medical Association, Inc.	Articles and Bylaws of the World Medical Association, Stand: Oktober 1996 Handbook of Declarations, englische Originalausgabe, Stand: November 1999; zit. WMA Handbook deutsche Übersetzung, Stand: Oktober 1998 zit.: Weltärztebund Handbuch

Kolibri 360 GmbH
Ferdinand-Jühlke-Straße 7
99095 Erfurt, Deutschland
produktsicherheit@kolibri360.de

Druck:
CPI Druckdienstleistungen GmbH
im Auftrag der
Kolibri 360 GmbH
Ferdinand-Jühlke-Str. 7
99095 Erfurt